Jan Reetze

Medienwelten

Schein und Wirklichkeit in Bild und Ton

Springer-Verlag
Berlin Heidelberg New York
London Paris Tokyo
Hong Kong Barcelona
Budapest

Mit 13 Abbildungen, davon 8 in Farbe

ISBN 3-540-56538-8
Springer-Verlag Berlin Heidelberg New York

© Springer-Verlag Berlin Heidelberg 1993
Printed in Germany

Redaktion: Ilse Wittig, Heidelberg
Umschlaggestaltung: Bayerl & Ost, Frankfurt, unter Verwendung
einer Illustration von Frédéric Voisin/Agentur Hubauer
Innengestaltung: Andreas Gösling, Bärbel Wehner, Heidelberg
Herstellung: Andreas Gösling, Heidelberg
Satz: Datenkonvertierung durch Springer-Verlag
Druck: Druckhaus Beltz, Hemsbach
Bindearbeiten: J. Schäffer GmbH & Co. KG, Grünstadt
67/3130 – 5 4 3 2 1 0 – Gedruckt auf säurefreiem Papier

Inhaltsverzeichnis

Die Medien

Am Heimcomputer sitz' ich hier,
programmier' die Zukunft mir ...
KRAFTWERK

Im Gegensatz zu Lang-, Mittel- und Kurzwellen werden die Wellen, die das Fernsehen verwendet, nicht von der Erdatmosphäre aufgehalten, sondern breiten sich mit Lichtgeschwindigkeit im Weltraum aus. Sollte es einen bewohnten Planeten im System des Sirius geben, so dürften die ersten *Einer-wird-gewinnen*-Shows mit Hans-Joachim Kulenkampff inzwischen dort angekommen sein. Lebewesen in der Nähe des Orion-Nebels hingegen, so es sie gibt, haben noch knapp 1600 Jahre Ruhe vor uns, dann wird Kuli auch sie ereilen. Spätestens dann also werden sie die Wahrheit über uns erfahren – jedenfalls, wenn sie *wirklich* intelligent sind.

Die Gesellschaft, in der wir leben und arbeiten, ist in erster Linie auf weltweit funktionierende Kommunikationssysteme aufgebaut. Sie könnte auf viele Technologien verzichten und würde dennoch weiterfunktionieren – aber schon die einfache Vorstellung, es gäbe kein Telefon oder keine Briefzustellung, zeigt, welche Bedeutung den *Medien* innewohnt.

Spätestens nach dem Golfkrieg jedoch haben wir mit einigem Erschrecken registrieren müssen, daß manche Wirklichkeiten ausschließlich in elektronischen Medien existieren. Wirklichkeiten, die »wirklich« und doch nicht »wahr« sind. Wir haben lernen müssen, daß man

1

nichts begriffen haben muß und sich dennoch bestens informiert fühlen kann.

Medien vermitteln immer gleichzeitig Informationen und Illusionen. Die Information, X habe die Ziellinie nach vierminütigem Abfahrtslauf eine Hundertstelsekunde eher passiert als Y, kann niemand mehr prüfen, aber sie reicht, um X als »den Besten« zu bezeichnen. Daß überhaupt jemand »besser« oder »schlechter«, »Erster« oder »Zweiter« genannt werden kann, nur weil er um eine Hundertstelsekunde »schneller« ist als ein anderer, ist für uns bar jeder greifbaren Wahrnehmbarkeit, doch fällt uns das schon lange nicht mehr auf. Und solche seltsamen Wahrheiten vermitteln uns im Fernsehen regelmäßig Prominente, die prominent sind, weil sie regelmäßig im Fernsehen auftreten.

Eine mit Ölfarbe bemalte Leinwand ist ebenso *Medium* wie eine von einem Projektionsapparat bestrahlte, ein Buch oder eine Skulptur ebenso wie eine Datendiskette, eine Schallplatte oder CD ebenso wie ein Filmstreifen oder eine Videocassette, Kinos und Theater ebenso wie Funk und Fernsehen. Medium ist alles, was Informationen aller Art speichert und/oder vermittelt.

Wir merken es nicht, aber egal, ob wir fernsehen, Radio hören, telefonieren, ein elektronisches Musikinstrument spielen, Zeitung lesen, Telespiele spielen, im Kino einen Film sehen, in einem Popkonzert sitzen: Wir haben es mittlerweile immer mit ein und derselben Technologie zu tun, nämlich der *Computertechnologie.* Wenn diese Technologie hinter allen Medien steckt, dann muß es auch einen gemeinsamen Faktor in allen diesen Medien geben. Den gibt es, und er heißt *Digitalisierung.*

Die Computertechnologie hat im Medienbereich Einzug gehalten, und die mit ihr verbundene Digitalisierung (das Zerlegen von Informationen in elektrische Einheiten, die ein Computer verarbeiten kann) hat dazu

2

geführt, daß *Inhalte* digitalisiert und *technisch* bearbeitet werden können. Diese Erscheinung ist der Grund dafür, daß der allgemein verankerte Begriff *Informationsgesellschaft* die Wirklichkeit kaum noch hinreichend beschreibt. Und darum geht's in diesem Buch. *Mediensynthese* heißt das Stichwort – auch wenn es erst im Schlußkapitel wieder auftauchen wird.

Nicht nur Techniker, Ingenieure und Wirtschaftsunternehmen sind an der Mediensynthese beteiligt, sondern auch und gerade Künstler. Die Kunst nämlich greift entgegen einer noch immer verbreiteten Ansicht neue Technologien und die daraus resultierenden Möglichkeiten nicht einfach nur auf, sondern *initiiert* sie vielfach überhaupt erst. Das wiederum ist kein alleiniges Phänomen der heutigen Zeit; deshalb geht dieses Buch auch auf die historische Entwicklung verschiedener Medien ein.

Im einzelnen sind dies *Film, audiovisuelle Kunst, Musik, Fernsehen* und *Hörfunk,* zudem wird die *Computertechnologie* unter die Lupe genommen. Wie wirken diese Medien zusammen? Nicht alle Teile dieses Buches werden für alle Leser von gleich hohem Interesse sein. Dennoch werden alle genannten Medien in gleichberechtigter Weise behandelt, denn, so lautet die These dieses Buches: Sie gehören zusammen, weil sie sich immer gegenseitig beeinflußt haben.

Wer sich einmal vergegenwärtigt, in welch starkem Maße die künstlerische Auseinandersetzung die Medien zu dem gemacht hat, was sie heute sind, wie die kreative Beschäftigung mit ihren Gegebenheiten ihre inhaltlichen und ästhetischen Entwicklungslinien gesteuert und beeinflußt hat, wird sich ungefähr ausrechnen können, welch wichtige Rolle die Kunst von heute für die Medienlandschaft von morgen spielt. Diese Kontinuität wird in diesem Buch aufgezeigt, und zwar technisch ebenso wie inhaltlich und ästhetisch.

Die Geister, die wir riefen – nie sind wir sie wieder losgeworden. Der alte Geheimrat Goethe hat das schon richtig geahnt. Bei ihm aber gab's immerhin noch den alten Meister, der das Wort kannte. Heute wird kein alter Meister mehr kommen, der uns aus der Patsche hilft. Mit den Geistern, die wir heute rufen, werden wir lange leben müssen. Vielleicht sogar sehr lange – schon Kurt Schwitters wußte: Ewig währt am längsten. Mit den Medien, die wir heute konstruieren, legen wir auch fest, wie die Wirklichkeit konstruiert ist, in der wir morgen leben werden.

Klangfarben und Farbtöne: Frühe visuelle Musik

Die sogenannten akustischen
optischen verbalen und bildenden Künste
Die gesamten Verklärungstechniken
wahrscheinlich alles Fälschungen
schon seit Jahrtausenden
Möchten Sie eine Götterspeise?
Hanns Dieter Hüsch

Offensichtlich haben die Begriffe *Klangfarbe* und *Farbton* etwas gemeinsam. Diese Gemeinsamkeit weist bereits die Richtung, in die der Hase läuft: zur *Synästhesie*. Dieser Begriff ist griechischer Herkunft und bedeutet etwa »Mitempfindung«; gemeint ist damit das Hinüberspielen eines Sinneseindrucks in einen anderen. Wir verfügen im Gehirn über verschiedene Zentren, die auf bestimmte Aufgaben spezialisiert sind. Zu diesen Aufgaben gehört unter anderem die *Interpretation* von Sinneswahrnehmungen, denn eine Wahrnehmung ohne Interpretation ließe uns ziemlich ratlos zurück und wäre wenig hilfreich.

Wenn etwa Schallwellen auf das Trommelfell treffen, wird der Eindruck in chemo-elektrische Impulse umgesetzt und zum Gehirn weitergeleitet. Dort wird der Klang für uns wahrnehmbar. Es folgt die Interpretation: Kennen wir den Klang? Das Gehirn durchstöbert seine Karteikästen und stellt fest: Aha, das Telefon. Nun tritt ein einfacher Fall einer Synästhesie ein: Mit hoher Wahrscheinlichkeit nämlich löst die Hörwahrnehmung »Telefonglocke« auch eine Reaktion des optischen Speichers aus, es erfolgt eine Art »Datenabgleich«: Liegt zu dem

Klang vielleicht auch ein dazugehörendes Bild vor? Im Fall des Telefons dürfte dies so sein, und so wird mit hoher Wahrscheinlichkeit vor dem geistigen Auge des Hörenden kurz ein Bild seines Telefons erscheinen: Ein akustischer Sinneseindruck hat einen optischen mitausgelöst (diesen Fall bezeichnet man als *Photismus*).

Phänomene dieser Art kennt jeder. Man macht sie sich selten bewußt, aber wer seine Reaktionsweisen einmal daraufhin überprüft, kommt schnell dahinter, daß wir ununterbrochen Synästhesien erleben. So kann uns zum Beispiel ein bestimmter Geruch plötzlich in die Erinnerung an eine Situation hineinfallen lassen, die wir in der Kindheit erlebt haben; der Tastsinn kann Geruchsempfindungen oder die Wahrnehmung von Temperaturen auslösen; wenn wir einen Hund bellen hören und/oder sehen, wird die Wahrnehmung sogleich ergänzt mit der Hintergrundinformation, daß das gefährlich werden könnte. Gäbe es diese Information nicht, könnten wir kaum situationsangepaßt reagieren; wir wüßten gar nicht, was uns diese Wahrnehmung sagen will.

Bekannt sind *musikalische* Synästhesien: Wir ergänzen Musikstücke im Geiste mit optischen Wahrnehmungen. Das kann konkret, aber auch abstrakt vor sich gehen. In etlichen klassischen Musikstücken werden mit Flöten Vogelstimmen imitiert, und jeder Hörer wird wahrscheinlich beim Hören einige dieser Tiere auf seiner inneren Leinwand wahrnehmen. Auch die Musik beispielsweise der Gruppe PINK FLOYD ist ohne innerliche optische Ergänzungen kaum vorstellbar; speziell bei ihren frühen Aufnahmen dürften sich die Synästhesien irgendwo zwischen Vulkanausbruch und Supernova bewegen. Als Beispiel für abstrakte Synästhesien ließen sich die Schlußtakte des vierten Satzes aus Beethovens 7. Sinfonie anführen: Mit Sicherheit erlebt dort jeder Hörer seine eigene, individuelle Synästhesie, und er wird kaum in der Lage sein, sie einem anderen Menschen klar zu vermitteln. Dennoch kann man beinahe darauf wetten, daß sie in irgendeiner Art und Weise mit »Licht« und »strahlender Helligkeit«, mit hellen und warmen Farben verbunden ist. Der Aufbau des Stückes, seine Instrumentierung und harmonische Durchführung sind einfach zwingend – das Assoziieren ist nicht einmal eine aktive Angelegenheit, sondern da assoziiert etwas in uns, und selbst, wenn wir wollten, wir könnten es gar nicht verhindern.

Ein reizvolles Phänomen. Kein Wunder, daß es Künstler ebenso wie Wissenschaftler immer fasziniert und beschäftigt hat. Denn wenn es möglich ist, solche Synästhesien auszulösen, dann muß es zwischen dem Auslöser einer Synästhesie und den ausgelösten Assoziationen gemeinsame Faktoren geben. Und wenn das stimmt, sollte es auch möglich sein, mit bestimmten »Vorgaben« bestimmte Assoziationen zu *provozieren*.

Es verwundert nicht, daß speziell die Mystiker und Esoteriker jedweder Couleur sich angesprochen fühlten, wobei es manchmal schwierig ist, Esoteriker und Wissenschaftler klar zu trennen, da das nicht zwangsläufig ein Widerspruch ist. Ein Johannes Kepler konnte das gesamte Weltbild der Astronomie umkrempeln, ohne daß sein Glaube an die Astrologie dabei ins Wanken geraten wäre. Bereits im 15. Jahrhundert taucht der Begriff *Farbenmusik* auf, der auf der Idee basiert, daß es zu jedem Ton, zu jedem Klang eine ihm entsprechende Farbe gebe (und umgekehrt!). Schon Pythagoras muß etwas in dieser Richtung durch den Kopf gegangen sein, als er seine Lehre der harmonischen geometrischen Proportionen aufstellte, die der Welt und dem Kosmos zugrundelägen. Der englische Physiker Sir Isaac Newton ist die Sache sogar noch um einige Grade handfester angegangen. Er hat mit Hilfe mathematischer Rechenmodelle nachzuweisen versucht, daß das Licht und seine Spektralfarben den gleichen Gesetzen gehorchen wie die Schallwellen und Tonleitern. Seiner Theorie zufolge entsprachen die Spektralfarben den gleichen Proportionsverhältnissen wie die Intervalle einer Tonleiter. Weiterhin sei verwiesen auf Goethes bekannte Farbenlehre; in neuerer Zeit wäre auch Rudolf Steiner zu erwähnen, der im Rahmen seiner anthroposophischen Grundsätze die Ansicht vertrat, Farben seien geistige Töne. Ebensolches dürfte auch bereits dem genialen Allround-Künstler Leonardo da Vinci eingefallen sein. Es ist in seinen Arbeitstagebüchern überliefert, daß er mit Linsen und farbigen Lichtern experimentierte, daß er sich Gedanken darüber machte, wie sich farbiges Licht verhält, wenn es auf andersfarbige Flächen fällt. Durchaus möglich sogar, daß er bereits über so etwas wie einen Projektor verfügte.

Kleiner Zeitsprung ins Jahr 1729: Zu jener Zeit lebte in Frankreich ein Jesuitenpater namens Louis-Bertrand Castel, der ein Cembalo dergestalt umkonstruierte, daß es zu jedem angeschlagenen Ton eine passende Farbe zeigte. Auf das Instrument war ein Rahmen aufgesetzt, der 61 kleine, mit farbigem Glas ausgestattete Fenster enthielt, ein Fenster also für jede Taste des Cembalos. Wenn eine Taste gedrückt wurde, öffnete sich eine Abdeckung vor dem zugehörigen Fenster und Licht schien hindurch. Trotz des komplizierten Hebelsystems, mit dem der Tastendruck auf die Abdeckungen übertragen wurde, hat dieses *Licht-Cembalo* funktioniert; beim Spiel etwa einer Fuge müssen sich beeindruckende Lichtmuster ergeben haben.

Aber es gibt noch andere Möglichkeiten synästhetischer Kunst. Diese führen uns nun bereits in unser Jahrhundert; um 1910 herum muß es eine wahre »Initialzündung« gegeben haben. Allerdings versuchte man es nun weniger mit speziellen (Musik-) Instrumenten als mit der

Kombination verschiedener und prinzipiell voneinander unabhängiger Kunstformen.

Der russische Komponist Aleksandr Skrjabin etwa, begeisterter Esoteriker und Erfinder des »mystischen Akkordes« (C-Fis-B-e-a-d), schrieb 1911 die sinfonische Dichtung *Prometheus, le poème du feu* für Orchester und Farbklavier. Es sollten zur Vervollkommnung neben dem Instrumentarium des Orchesters auch Wort, Farbe und Duft eingesetzt werden; »Mensch und Natur und Kunst und Mystik sollten gemeinsam zum großen Erlösungswerk führen« (Lindlar 1985). Das Werk bestand neben der Orchesterpartitur folglich auch aus einer kompletten Lichtpartitur; jedem Ton, jeder Klangfarbe war eine bestimmte Lichtfarbe sowie ihre Position im Raum zugeordnet. Die Musiker sollten umgeben sein von Tüchern, Projektionsflächen und Tüllgardinen, auf die farbiges Licht projiziert werden konnte. Leider hat Skrjabin die Uraufführung des *Prometheus*-Spektakels im März 1915 in New York nicht mehr erleben dürfen, so daß nicht bekannt ist, ob die Umsetzung seinen Intentionen entsprach. Realisiert wurde die Aufführung mit Hilfe einer *Farborgel* des britischen Künstlers Wallace Rimington.

Es ist leider ein Ding der Unmöglichkeit, an dieser Stelle erschöpfend über die unendlich vielen Versuche zu berichten, die im Zeitraum zwischen 1910 und 1930 im Sinne synästhetischer Kunstformen und -darstellungen sonst noch unternommen worden sind; einige Stichworte müssen genügen.

Alexander Laszlo etwa, ein ungarischer Künstler, arbeitete in den 20er Jahren an einer »Farblichtmusik«. Die Zusammenarbeit von Künstlern unterschiedlicher Fakultäten führte ebenfalls zu mancherlei überraschenden Ergebnissen; so heckten etwa der Komponist Josef Matthias Hauer (er entwickelte zeitgleich mit Schönberg die *Zwölftonmusik*) und der Maler Johannes Itten ge-

9

meinsame Konzeptionen aus. Itten malte Bilder nach Kompositionen von Hauer, und Hauer bezog von Anfang an die Bilder als »Bestandteil« in seine Kompositionen ein.

Paul Klee sprach von »polyphonischer Malerei«; eines seiner Bilder bezeichnete er als »im Bachschen Stil« (vgl. Emmerling 1985). 1921/22 analysierte er im Rahmen seiner Bauhaus-»Beiträge zur bildnerischen Formenlehre« das *Adagio* aus der 6. Sonate für Violine und Cembalo von Johann Sebastian Bach. Sowohl Dynamik als auch Tonhöhen und Notenwerte übertrug er in ein graphisches System und formte so aus der Musik ein Bild. Das darf man sich natürlich nicht allzu statisch vorstellen, als erste Assoziation beim Betrachter dürfte sich »eindeutig Klee« und nicht »ganz klar Bach« eingestellt haben. Dennoch ist es möglich, mit einiger Phantasie darauf zu kommen, daß hier musikalische Strukturen verarbeitet wurden. Andere Maler haben das fortgesetzt und variiert, etwa der Tscheche Frantisek Kupka, der ebenfalls Bilder nach dem Vorbild musikalischer Fugen herstellte.

Der Blaue Reiter, ursprünglich nur Titel eines 1911 von Wassily Kandinsky und Franz Marc herausgegeben Almanachs, später Name einer der wichtigsten Künstlergruppierungen jener Zeit (unter anderem gehörten Albert Bloch, Robert Delaunay, Elisabeth Epstein und August Macke dazu) trug ebenfalls zur Synästhetisierung der Kunst bei: »Neben Malerei und Skulptur sollten vor allem die zeitgenössische Musik sowie poetische und philosophische Theorien mit einbezogen werden« (Lüttichau 1988). In jenem erwähnten Almanach veröffentlichte Arnold Schönberg die Komposition *Herzgewächse* nebst einem Artikel zur Musiktheorie; Kandinsky steuerte *Der Gelbe Klang* bei (hier verweist bereits der Titel auf eine synästhetische Sichtweise).

Auch László Moholy-Nagy gehörte zu jenen visionären Künstlern, die neue Dimensionen in ihre Werke einbezogen, zum Beispiel mit der (heute leider nur noch in einer Rekonstruktion vorliegenden) Skulptur *Raum-Licht-Modulator*, welche zwischen 1922 und 1930 entstand: Moholy-Nagy »griff zum Film wie zum Fotogramm wie zur Schreibmaschine wie zum Bild und zur Skulptur: Das war, aktuell gesprochen, ein Netzwerk, ein kybernetisches System, in dem die Elemente der Gestaltung aufeinander reagierten« (Claus 1988). Damals bereits entwickelte Moholy-Nagy Ideen, die erst heute, beispielsweise mit der *Lasertechnologie* oder *Holographie*, realisier bar wären: Er wollte farbiges Licht auf Wolken oder fallen des Wasser projizieren, stellte sich mit fließendem, oszillierendem Licht in verschiedenen Farben »gemalte« Bilder vor. Moholy-Nagy hatte bereits 1927 den Einfall, den Fernseher, der damals gerade in einigen Prototypen, vorrangig aber noch in den Köpfen einiger Ingenieure existierte, als künstlerisches Medium einzusetzen. Damit versetzte er selbst aufgeschlossene Kollegen gelegentlich in leichte Panik; so schrieb etwa Lyonel Feininger, der Moholy-Nagy am Bauhaus kennengelernt hatte, in einem Brief an seine Frau: »Immer und immer wieder wird von Kino, Optik, Mechanik, Projektion und Fortbewegung geredet. Klee war gestern ganz beklommen, als er von Moholy sprach« (zit. n. Claus 1988).

Das *Bauhaus* spielte überhaupt eine kaum hoch genug einzuschätzende Rolle, und in diesem Zusammenhang soll ein letzter Name dieses Kapitel abschließen: Oskar Schlemmer, Maler und Bildhauer, der seit Ende 1921 in der Bühnenwerkstatt des Bauhaus-Theaters wirkte, schuf gemeinsam mit Kollegen wie zum Beispiel Kandinsky Synthesen künstlerischer Darstellungsformen. In Werken wie *Das Figurale Kabinett* oder dem berühmten *Triadischen Ballett* »hat er Tänzer(innen) in Masken und Kostümen wie Skulpturen behandelt, die Bewegung der menschlichen Körper im Raum in Geometrie und Mechanik verwandelt« (Weibel 1988). Über Langeweile werden die Zuschauer kaum zu klagen gehabt haben, denn da gab es zum Beispiel Treppen auf der Bühne, die auf jeder Stufe einen anderen Klang von sich gaben; die Bewegungsabläufe der Tanzenden erzeugten melodische Linien. Die Darsteller waren in phantastische Kostüme verpackt und bewegten sich als Dreiecke, Kreise, Quadrate, Kegel und andere geometrische Figuren über die Bühne; Bewegung wurde in Klang umgesetzt, Klang in Licht, Licht in Farbe, Farbe in Bewegung.

Die Musiken hierfür wurden teils eigens komponiert (unter anderem von Paul Hindemith), aber auch bereits vorhandene Musiken wurden einbezogen; etwa die *Bilder einer Ausstellung* von Modest Mussorgsky (vgl. Emmerling 1985). Wobei, nebenbei bemerkt, letzteres Werk ja selbst bereits eine Form von Synästhesie ist, denn in ihm hat Mussorgsky Bilder in Musik transformiert, die er tatsächlich bei einer Ausstellung gesehen hatte.

Man sieht: Die Idee der Synästhesie, des »Multi-Mediums«, ist alles andere als neu. Im Gegenteil, sie scheint, wenn man den Lauf der Dinge verfolgt, eine fast unausweichliche Entwicklung zu sein. Man sieht auch, daß das Phänomen der Synästhesie keineswegs an technische Medien gebunden ist; es dürfte im Gegenteil zu den Urerlebnissen aller wahrnehmungsfähigen Lebewesen gehören. Jedes Gewitter zeigt das; auf den Blitz folgt Donner, Optik und Akustik sind untrennbar miteinander verbunden, jedes Wahrnehmen eines Blitzes läßt uns bereits den unweigerlich folgenden Donner geistig vorwegnehmen. Es gibt sogar die Theorie, die gesamte Existenz und Entwicklung der Musik sei auf zwei »Urklänge« zurückzuführen: Donner und Sturm, und völlig abwegig ist das ja tatsächlich nicht. Oder, um synästhetisch zu sprechen: Bei Licht besehen hört sich das logisch an.

In diesem Buch geht es vorrangig um die synästhetische Nutzung von Technologien und Medien. Einen Riesensprung nach vorn erlebte diese Angelegenheit mit der Entwicklung des Mediums *Film*. In ihm gibt es erstmals eine *technische* Form von Synästhesie, indem er die Kombination verschiedener Darstellungsformen im Rahmen *eines* Mediums zuläßt.

Agitation und Wahnsinn:
Der Film

Ein mittelmäßiger oder auch guter Regisseur sagt dem Publikum: »Zwei und zwei ist vier.« *Der Lubitsch hat nur* »Zwei und Zwei« *gesagt, und das Publikum hat es selbst zusammengezählt:* »Aha, vier.«
Billy Wilder

Was kann der Film, und welche Faktoren ermöglichen es ihm? Im wesentlichen wird es in diesem Kapitel um die Kinder- und Jugendjahre des Films gehen. Der Film nämlich hat seine wesentlichen Mittel bereits recht früh relativ vollständig entdeckt; die Filme der 60er Jahre wurden grundsätzlich nicht anders hergestellt als auch schon jene der 30er. Außerdem lassen sich Entwicklungen immer optimal am Beispiel jener Filme zeigen, in denen sie erstmals zum Tragen kamen. Erst heute, in der Verbindung des Mediums Film mit Video-, Musik- und Computertechnologien, gibt es wirklich neue Möglichkeiten – aber die, um mit Lehrer Bömmel zu sprechen, »kriegen mir später«.

Der frühe Film

Wer der definitive Erfinder der Idee des Films war, wird wohl nie mehr zu klären sein. Ziemlich sicher ist jedoch, daß es in den USA passierte; ein möglicher Kandidat wäre Henry Renno Heyl, der vor zahlendem Publikum bereits 1870 Photoserien projizierte, die Bewegungsabläufe zeigten. Heyl hatte diese mit verschiedenen Kameras, die in »Serie« geschaltet waren, abgelichtet. 1873 entwickelte Eadweard Muybridge eine technisch perfektere Methode, Bewegungsabläufe »stroboskopisch« zu fotografieren; bekannt ist die Bilderfolge der Bewegungen eines Pferdes, die erstmals belegt, daß es beim Galopp einen Moment gibt, da das Pferd mit keinem seiner vier Hufe Bodenkontakt hat. Muybridge entwarf auch ein Gerät namens *Zoopraxiscope*, mit dem man diese Bilderserien so zeigen konnte, daß sich die Illusion einer kontinuierlichen Bewegung ergab.

1889 stellte George Eastman den Rollfilm aus Zelluloid vor, ein Prinzip, das eigentlich für die Photographie bestimmt war und die photographische Platte ablösen sollte. An den Film im Sinne eines Mediums, welches bewegte Bilder zeigen könnte, hatte Eastman überhaupt noch nicht gedacht. Da mußte erst, angeregt wahrscheinlich durch Muybridges Zoopraxiscope, Thomas Alva Edison kommen, der allerdings eigentlich »nur« auf der Suche nach einer optischen Ergänzung zu seinem Grammophon war – er wollte den Hörern auch zeigen können, wer da schmetterte. Dazu kam es jedoch erst sehr viel später, denn die ganze Sache entwickelte eine unvorhersehbare Eigendynamik, und zwar ausgelöst durch ein herzhaftes Niesen.

Allerdings war es weder irgendwer, den da die Nase juckte, noch geschah dies zufällig. Den Nieser entbot der Ingenieur Fred Ott im New Yorker Edison-Labor, und zwar vor der Linse des soeben von Edison und seinem Laborleiter William Kennedy Laurie Dickson aus der Taufe gehobenen *Kinematographen*. 1891 patentiert, war dies die erste brauchbare Filmkamera der Welt. *The Sneeze* gilt als der erste Film aller Zeiten – etwa 30 Sekunden lang, vielleicht ein wenig handlungsarm, aber dafür immerhin realistisch. Am 9. Januar 1894 ließ sich

15

Edison diesen Film und die dazugehörigen Geräte patentieren. Ein Atelier, aufgrund seiner äußeren Dachpappenverkleidung »Black Mary« getauft, hatte er bereits ein Jahr vorher in West Orange, New Jersey, in Betrieb genommen. Auch der erste Western wurde der Welt vom Hause Edison serviert: *Bucking Broncho*. »Ein Cowboy reitet auf einem Pferd, und ein anderer feuert eine Pistole ab. Das war auch schon alles« (Prokop 1988). Immerhin – sehr viel mehr hat schließlich auch mancher spätere Western nicht zu bieten.

Projektionsapparate im heutigen Sinne gab es noch nicht. Edison (oder, um der in diesem Fall vielfach unterschlagenen Wahrheit die Ehre zu geben: wiederum Dickson) hatte jedoch das *Kinetoscope* erfunden; jenen berühmten »Guckkasten«, in den man durch eine Art Okular hineinschauen konnte. Die kurzen Filmstreifen liefen als Endlosschleife immer wieder ab. Die Konkurrenz allerdings ließ nicht lange auf sich warten. Dickson, der seine Fähigkeiten bei der Edison Company nicht hinreichend gewürdigt sah, verließ die Firma und gründete eine eigene: die American Mutoscope and Biograph Company. Mit ihr widmete er sich der kommerziellen Auswertung einer seiner früheren Erfindungen, die bei Edison untergegangen war: des *Mutoscopes*. Auch dies ein Guckkasten, jedoch einer nach dem Prinzip des Daumenkinos: Eine Reihe von Zeichnungen oder Photos, die auf einer Walze befestigt waren, wurde in schneller Folge automatisch durchgeblättert. Für den Zuschauer ergab sich ein ähnlicher Effekt wie beim Kinetoscope.

Diese beiden Geräte waren beim Publikum recht erfolgreich. Es gab Ladengeschäfte, vergleichbar den heutigen Automatenspielhallen, in denen jeweils ganze Reihen solcher Geräte mit verschiedenen Filmen aufgestellt waren. Gegen Einwurf einer Münze konnte man diese Bilderstories besichtigen, weshalb sich schon nach kurzer

Zeit die Bezeichnung *Penny Arcade* für diese Läden einbürgerte. Einen kleinen Haken hatten die Guckkästen: Es konnte immer nur eine Person hineinschauen. Dies und die Tatsache, daß die Edison Company die lästige Mutoscope-Konkurrenz abhängen wollte, brachte Edison auf die Idee, sich einen Projektions-Apparat einfallen zu lassen.»Am 13.4.1896 zeigte er seine Dreißig- Sekunden-Streifen in Koster and Bial's Music Hall in New York – auf eine Leinwand projiziert« (Prokop 1988). Damit war zwar noch nicht das Kino, immerhin aber die Leinwandprojektion geboren.

Das erste »richtige« Kino gab es erst Jahre später. Thomas Tally, Inhaber einer Penny Arcade in Los Angeles, erklärte seine Kinetoskope zum Sperrmüll und stellte stattdessen einen Projektor und eine Leinwand auf. So wurde 1902 in der Spring Street in Los Angeles das erste *Electric Theater* eröffnet – »See the Great Corbett fight!«, wie großformatige Schilder über dem Eingang (sogenannte *Billboards)* lockten. Der Spaß kostete 10 Cents Eintritt (= 2 Nickels), so daß Kinos dieser Art alsbald den Namen *Nickelodeon* erhielten. Es waren vorrangig die zu jener Zeit massenhaft in die Staaten einwandernden Arbeiter aus Europa und anderen Ländern, die das Publikum bildeten; Menschen also, die vielfach die Landessprache nicht oder nur unvollständig beherrschten. Die Filme aber waren stumm, sie konnte man auch ohne Sprachkenntnisse verstehen. Nickelodeons wurden ein Renner, und das blitzschnell: Bereits 1907 (also nur fünf Jahre nach der Eröffnung des ersten) gab es in den Vereinigten Staaten bereits rund 5000 davon, und ihre Ausstattung wurde zunehmend luxuriöser.

Zu diesem Zeitpunkt tauchten auch die ersten gestalteten Filme auf. Bis dahin hatte man mehr oder minder gehaltvolle, in der Regel komische Einzelszenen gedreht. Für das Kinetoscope reichte das, für das Nickelodeon nicht mehr. Welches der erste tatsächlich *inszenierte* Film war, dürfte historisch kaum noch festzustellen sein, denn zu jener Zeit herrschte bereits ein starker und teilweise recht rabiat ausgetragener Konkurrenzkampf verschiedener Anbieterfirmen. Die »wahren Western« dürften dabei eher hinter als vor den Kameras stattgefunden haben; die Edison Company beispielsweise ging schnell dazu über, unerwünschten Konkurrenten, die ohne Lizenz des Hauses Edison Filme, Geräte oder Verfahrensweisen kopierten, den Maschinenpark zu zerschießen. Daß auf diese Weise sehr viel Material auf Nimmerwiedersehen verloren ging, läßt sich denken. Soweit es sich aber rekonstruieren läßt, dürfte der erste bewußt gestaltete Film *The Life of an American Fireman*, 1900 von Edwin S. Porter für die Edison Company produziert, gewesen sein (vgl. Prokop 1988). Allerdings handelte es sich da eher um Resteverwertung, denn Porter setzte lediglich verschiedene der kurzen Kinetoscope-Filme zu einem Handlungsfaden zusammen: Die Erlebnisse eines Feuerwehrmannes, 12 Minuten lang und ohne Rücksicht darauf zusammengeschnitten, daß es sich in Wahrheit um mehrere Feuerwehrleute mit unterschiedlichen Uniformen handelte. Dieser – aus heutiger Sicht – sehr herbe Schnitzer tat jedoch dem Erfolg des Streifens keinen Abbruch, erzählte er doch dafür die rührende Story von der Rettung einer jungen Mutter und ihrem Kind aus einer gar schröcklichen Feuersbrunst – und »human touch« kam halt auch damals schon gut an.

In Europa lief die Entwicklung ähnlich ab. Hier lag die Pionierfunktion bei Auguste und Louis Lumière, die in der Lyoner Photoartikelfabrik ihres Vaters arbeiteten. Sie lernten Edisons Kinetoscope 1894 kennen und entwickelten das Gerät weiter. Am 28. Dezember 1895 stellten sie in Paris ein Gerät vor, das Projektor und Kamera zugleich sein konnte: den *Cinématographen.*

In Deutschland tourten um die Jahrhundertwende diverse Schausteller mit Filmen durch örtliche Gasthäuser und Varietés. Zudem gab es *Wanderkinos* in Gestalt bunter Jahrmarktbuden, die über vorwiegend dörfliche Kirmesveranstaltungen zogen; aber auch abendliche Freilicht-Vorführungen sind überliefert. Allerdings ging das nicht lange gut, denn es kam – wie auch schon in den USA – nach Pannen bei der Vorführung wiederholt zu Brandkatastrophen. Das lag an dem damals einzig zur Verfügung stehenden Filmmaterial, dem sogenannten *Nitrofilm* auf Nitrozellulosebasis, der Erhitzung nur für Sekundenbruchteile vertrug und sich bei unsachgemäßer Behandlung zersetzen und sogar selbst entzünden konnte. Deshalb führten viele Gemeinden für Wanderkinos und Vorführungen in geschlossenen Räumen eine polizeiliche Meldepflicht ein – und die war kostenpflichtig. So gingen etliche Wanderkinobesitzer dazu über, sich in gemieteten Räumen fest einzurichten, vorrangig in den Arbeiterwohnvierteln und Vorstädten. Das kam gut an und sprach sich auch zu Geschäftsleuten herum, die bis dahin mit Kino nichts am Hut hatten, nun aber Bargeld lachen hörten. So breiteten sich Häuser dieser Art um 1907 mit enormer Geschwindigkeit aus.

Mit dem nun etablierten *festen Kinosaal* war es nicht mehr länger praktikabel, dem Publikum nur zusammenhanglose Filmschnipsel vorzuführen, sondern man mußte längere, womöglich sogar abendfüllende Programme anbieten, um ein breiteres Publikum für das Kino zu begeistern. Dies geschah, nachdem in Deutschland Max Davidson, Besitzer einer Filmproduktionsgesellschaft namens Projektion AG-Union ab etwa 1910 dazu überging, renommierte Theaterschauspieler für den Film zu verpflichten. Das lag nahe und brachte auch durchaus den gewünschten Erfolg; so zogen die Kinos alsbald aus den Vorstädten in die Innenstädte um und wurden zu architektonisch abenteuerlichen Filmpalästen. (Angemerkt sei aber, daß man hierbei in Deutschland nur »nachzog«, entsprechende Entwicklungen waren in den USA bereits längst im Gange.) Als sehr knapper Abriß der »Story des Films« muß dies für's erste genügen. Denn hier soll ja untersucht werden, welche neuen (synästhetischen) Gestaltungsmöglichkeiten dieses neue Medium bot und worauf sie basierten.

Tonung und Virage

In der Frühzeit des Films gab es natürlich noch keine Farbfilme. Das heißt aber nicht, daß die Filme seinerzeit ohne Farbe auskommen mußten; eine Tatsache allerdings, die heute normalerweise nur noch Filmhistorikern oder eingefleischten »Film-Freaks« bekannt ist.

Die Zauberworte heißen *Virage* und *Tonung,* worunter die Einfärbung des Filmmaterials auf chemischem oder graphischem Weg zu verstehen ist (englisch *tinting* bzw. *toning* genannt). Die Begriffe sind im Laufe der Filmgeschichte ein wenig durcheinandergeraten, dabei sind sie eigentlich durchaus trennscharf: Das *tinting,* also die eigentliche, klassische *Virage,* könnte man mit »Kolorierung« übersetzen; gemeint ist damit das exakte Ausmalen einer Fläche im Filmbild mit einem transparenten Farbstoff – und zwar mit dem Pinsel, Bild für Bild; und das auf jeder Kopie. Das war eine Heidenarbeit und wurde deshalb nur sporadisch gemacht, wenn etwas besonders hervorgehoben werden mußte. Die Bedeutung etwa der roten Fahne in dem berühmten *Panzerkreuzer Potemkin*[1] (die Fahne trennt leitmotivisch die einzelnen Akte des Films) wurde so hoch eingeschätzt, daß man sie rot viragiert hat; zumindest auf jenen Kopien, die für die

Abb. 1. Die rote Fahne aus *Panzerkreuzer Potemkin.*

großen Uraufführungskinos bestimmt waren (kleine Provinzkinos wurden und werden mit qualitativ schlechteren Kopien versorgt). Die heute dank der Arbeit des Filmmuseums München vorliegende Rekonstruktion des Films enthält diese Virage wieder (Abb. 1); in der aus den 50er Jahren stammenden deutschen Tonfassung sucht man sie vergeblich. Dort könnte man die Fahne auch für weiß halten – und eine weiße Fahne ist inhaltlich vielleicht nicht ganz dasselbe wie eine rote.

Die andere Art der Einfärbung ist die *Tonung* (wenn heute von einer Virage die Rede ist, ist in Wahrheit meist sie gemeint). In diesem Fall wurde der Filmstreifen

---

[1] *Bronenosec Potemkin (Panzerkreuzer Potemkin)*; UdSSR 1925; Regie: Sergej M. Eisenstein; 75 Minuten; schwarzweiß; mit Alexander Antonow, Wladimir Barski, Grigori Alexandrow, Repnikowa, Michail Gornorow.

einem Farbbad oder chemischen Substanzen ausgesetzt, so daß ganze Szenen mit einem bestimmten Farbton unterlegt werden konnten. Bereits in den 10er Jahren kristallisierten sich dafür bestimmte Konventionen heraus: So wurden Nachtszenen blau getont, für in Kunstlicht spielende Szenen (also etwa ein abendliches Zimmer mit Lampen- oder Kerzenlicht, aber auch nächtliche Straßen mit Straßenlaternen) verwendete man einen Sepia-Farbton, eine bräunliche Mischung irgendwo zwischen Ocker und Bernstein. Szenen, die bei hellem Sonnenlicht spielten, wurden oftmals strohgelb unterlegt, und um Feuerschein wiederzugeben, griff man gern zu einem knalligen Rot. Weitere Farben waren Grün (auch gelegentlich für »Nacht« eingesetzt), Rosa (für Sonnenuntergänge oder romantische Liebesszenen), Grau (für morgendliche Dämmerung) und diverse andere Farbtöne.

Man darf sich das Ergebnis von Tonungen oder Viragen nicht so vorstellen, daß aus Schwarzweiß-Filmen Farbfilme im heutigen Sinne würden. Der grundsätzliche Schwarzweiß-Effekt bleibt bestehen. Aber der pure Naturalismus war auch nicht Sinn der Sache. Farben können einerseits Informationen faktischer Art geben: Wechselt in einer Einstellung die Tonung plötzlich von Sepia zu Blau, darf der Zuschauer daraus schließen, daß das Licht ausgegangen ist. Eine solche Szene finden wir beispielsweise in der vom Filmmuseum München rekonstruierten Version des Murnau-Klassikers *Nosferatu – Eine Symphonie des Grauens*[2], als der Wind eine Kerze ausbläst. Besser noch aber können Farben auch Atmosphären, Stimmungsinhalte oder -umstürze andeuten oder erzeugen: Die handgeschriebenen Seiten aus dem Buch des

---

[2] *Nosferatu – Eine Symphonie des Grauens;* Deutschland 1922; Regie: Friedrich Wilhelm Murnau; 85 Minuten; schwarzweiß; mit Max Schreck, Gustav v. Wangenheim, Greta Schröder.

anonymen Chronisten etwa, die zur Erklärung der Handlung in *Nosferatu* als Inserts gezeigt werden, würden ohne ihre grüne Tonung weit weniger unheimlich und bedrohlich wirken.

Die Farbe ist also nicht da, weil der Anonymus seine Chronik wirklich auf grünem Papier geschrieben hätte, sondern der Film spielt mit *Assoziationen;* er verlangt dem Zuschauer eine Zusatzleistung ab, die im Kopf erbracht werden muß!

Man hatte derlei Effekte auch schon früher immer wieder einmal zu erzielen versucht, indem man Farbfilter vor den Projektor stellte, doch erwies sich das als wenig zweckmäßig, da es nicht kontrollierbar war. Man konnte schließlich nicht sicher sein, daß jeder Provinzvorführer seine gesamte Aufmerksamkeit wirklich allabendlich dem Film schenkte und nicht doch lieber der Kartenabreißerin. Außerdem bot das chemische Verfahren einen weiteren Vorteil gegenüber dem Glasfilter: die Möglichkeit der *Doppelvirage.* Sie basiert darauf, daß das Filmmaterial im wesentlichen aus zwei Komponenten besteht, die unterschiedlich reagieren. So hat man den gewünschten Filmabschnitt beispielsweise zuerst durch ein chemisches Kupfertonbad gezogen, so daß sich die Silberkornbeschichtung verfärbte. Dadurch nahm alles Graue oder Dunkle auf dem Filmstreifen eine Sepiatonung an, was jedoch weiß oder hell war (etwa Lampen), blieb ungefärbt. In einem zweiten Schritt durchlief der Film ein Farbbad, etwa ein gelbes. Dieser Farbstoff wurde nur von den hellen, unbeschichteten Flächen angenommen. So erhielt man als Ergebnis einen zweifarbigen Film: Sepia, um darzustellen, daß die Szene bei Kunstlicht spielte, und gelb, um den Lichtquellen ein halbwegs realistisches Aussehen zu verpassen.

Auch Kombinationen von Tonung und Virage gab es. Das Münchner Filmmuseum verfügt zum Beispiel über eine guterhaltene doppelt viragierte Kopie von Robert Wienes *Das Cabinet des Dr. Caligari*[3] (vgl. Ledig und Ullmann 1988), ».. . und wenn im letzten Akt von *Gli ultimi giorni di Pompeji*[4] der Vesuv mit roten und orangen Flammen gegen einen blauen Hintergrund ausbricht, dann kann das auch moderne Zuschauer noch in Begeisterung versetzen« (rororo Filmlexikon 1978). Wohl wahr. Aber das sind Glücksfälle; im Normalfall kennt man die Farben früher Filme nicht mehr. Sie verlieren sich im Laufe der Jahre, und es ist ausgesprochene Detektivarbeit, herauszufinden, ob es sie gab.

▨ Farbfilm

Der wirkliche *Farbfilm*, der in der Lage war, natürliche Farben so wiederzugeben, wie sie waren, kam erst viel später. Auch hier gab es viele Versuche; überliefert ist etwa das *Kinemacolor*-Verfahren, um 1906 von Claude Urban und G. Albert Smith entwickelt. Es war dies ein *additives* Prinzip, bei dem Primärfarben (Rot und Grün) optisch gemischt wurden. Die Einzelbilder des (mit doppelter Geschwindigkeit laufenden) Films wurden abwechselnd durch Rot- und Grünfilter belichtet; vorgeführt wurde der Film dann mit rotierenden Farbscheiben im Projektor. Auf ähnliche Weise funktionierte auch das *Prizma-Color*-Verfahren, 1918 in den USA präsentiert. Durchsetzen konnte sich aber weder dieses noch jenes

---

[3] *Das Cabinet des Dr. Caligari*; Deutschland 1919/20; Regie: Robert Wiene; ca. 75 Minuten; schwarzweiß; mit Werner Krauß, Conrad Veidt, Lil Dagover, Friedrich Feher, Rudolf Lettinger.
[4] *Gli ultimi giorni di Pompeji (Die letzten Tage von Pompeji)*; Italien 1913; Regie: Mario Caserini; weitere cinegraphische Daten nicht bekannt.

Verfahren, was einfach mit dem enormen Aufwand zusammenhängen dürfte, zumal das Ergebnis der fehlenden dritten Primärfarbe wegen nicht überzeugte. Als effektiver erwiesen sich *subtraktive* Farbverfahren. Sie basieren darauf, daß man Primärfarben nicht – wie oben – im Projektor, sondern bereits auf dem Filmstreifen mischt. Das erste noch recht einfache *Technicolor*-System, in den frühen 20er Jahren erstmals präsentiert, arbeitete mit zwei Primärfarben, die auf zwei Filmstreifen aufgezeichnet wurden. Sodann klebte man diese beiden Streifen aufeinander, so daß sie gemeinsam durch den Projektor liefen. Später hat man das Verfahren verbessert, indem man statt zweier Filmstreifen die Vorder- und Rückseite eines Streifens einsetzte (bekannt geworden als *Cinecolor*-Verfahren); aber es fehlte noch immer die dritte Primärfarbe.

Diese lieferte erstmals *Gasparcolor,* ein Verfahren, das um 1932 von Béla Gaspar in England entwickelt wurde. Es basierte auf einem Träger mit drei Emulsionsschichten, die je nach der zu erzielenden Farbe chemisch ausgebleicht werden mußten. Da jedoch erwies sich das *Technicolor*-Verfahren als einfacher. In den 30er Jahren war es ausgereift. Man setzte Kameras ein, die drei Filmstreifen parallel belichten konnten. Jeder dieser drei Streifen sprach auf eine der drei Primärfarben Rot, Gelb oder Blau an, später im Labor wurden diese drei Filme übereinanderkopiert (der Rot-Film in Rot, der Blau-Film in Blau, der Gelb-Film in Gelb) – und so ergaben sich Farbbilder, wie man sie so klar bis dahin noch nicht gesehen hatte. Erstmals wurde das Verfahren 1932 von Walt Disney im Rahmen seiner *Silly Symphonies* für den Zeichentrick-Kurzfilm *Flowers And Trees* eingesetzt.

Andere Unternehmen waren ebenfalls nicht faul. Parallel zur Firma Technicolor entwickelte Kodak ein anderes, *Kodachrome* genanntes System, das eigentlich für den Amateurmarkt gedacht war. Hier konnte ein einziger Filmstreifen gleichzeitig alle drei Primärfarben aufzeichnen, da er dreifach beschichtet war. Das war eine beträchtliche Vereinfachung und setzte sich ab etwa 1950 unter dem Namen *Eastman-Color* durch. Auch die heutigen Technicolor-Filme bedienen sich mittlerweile einer Variation des Eastman-Verfahrens; das Dreifilm-Technicolorsystem gibt es nicht mehr. Wenn heute noch von »Technicolor« die Rede ist, bezeichnet dies lediglich einen Markennamen.

▨ Kinomusik

Das Gerücht hält sich hartnäckig, die Filmmusik sei vor allem erfunden worden, um die Laufgeräusche der Projektionsmaschine zu überdecken. Das ist sicherlich nicht falsch, aber nur die halbe Wahrheit. Tatsächlich haben Film und Musik vom ersten Moment an zueinander gefunden. Erinnert sei an den Anstoß, der Edison überhaupt erst die Idee eingab, den »Film« zu erfinden: Er suchte eine optische Ergänzung für sein Grammophon. Man denke weiterhin zurück an die ersten Abspielstätten der frühen Filme: Music-Halls, Vaudeville-Theater und Showbühnen, wo es immer auch Orchester gab. Es ist kaum anzunehmen, daß man die Pausenfilme ohne Musikbegleitung vorgeführt hat. Auch die Schausteller mit ihren Wanderkinos wußten bei ihren Auftritten in Gasthäusern etc. dort vorhandene Musiker sofort einzusetzen, und sei es auch nur ein einzelner Pianist gewesen. Es ist unwahrscheinlich, daß jemals einem »Normalpublikum« Filme stumm gezeigt wurden.

Die Nickelodeons in den USA verfügten vielfach sogar über spezielle *Kino-Orgeln,* die einer modifizierten Sakralorgel vergleichbar waren, dem Organisten jedoch

Abb. 2. Gerhard Gregor an der Welte-Unterhaltungsorgel (1932).

andere Klangfarben zur Verfügung stellten. Außerdem mußten sie architektonisch anders in den Raum eingepaßt werden als dies in Kirchen üblich ist: Während dort sich die Orgel meist komplett am rückwärtigen Ende des Kirchenschiffs befindet, mußten im Nickelodeon Spieltisch und Pfeifen getrennt angeordnet werden. Aus klanglichen Gründen werden die Pfeifen solcher Kino- oder Unterhaltungsorgeln mit erheblich höherem Luftdruck betrieben als Kirchenorgeln und mußten sich obendrein in Leinwandnähe, also vorn im Saal, befinden. Der Spieltisch hingegen mußte so gebaut sein, daß der Organist freie Sicht auf die Leinwand hatte. Einige wenige dieser Traum-Instrumente existieren noch heute; der NDR in Hamburg etwa ist stolz auf seine voll funktionstüchtige, gut gepflegte *Welte-Unterhaltungsorgel* (Abb. 2).

In den Uraufführungs-Kinos der großen Städte standen vollständige Orchester zur Verfugung, 60 bis 70

Musiker stark, zeitweilig noch um Chöre ergänzt. Sie wurden geleitet von festangestellten, gutbezahlten Dirigenten, die häufig auch selbst Filmmusiken schrieben. Damit stellte die Musik auch einen erheblichen Kostenfaktor dar; Friedrich P. Kahlenberg, Leiter des Bundesarchivs in Koblenz, der Archive nach diesbezüglichem Material durchstöbert hat, schätzt den Anteil der Ausgaben für Musikbegleitung in den 42 Berliner Kinos auf durchschnittlich zehn Prozent ihrer Gesamtausgaben im Jahr 1924 (vgl. Kahlenberg 1977); in einzelnen Großkinos lag er sogar noch höher, da vor dem Hauptfilm noch Revue-Programme gezeigt wurden.

Solcher Aufwand wurde natürlich nur in großen Kinos betrieben; Provinzkinos mußten mit kleinen Ensembles oder einem Pianisten auskommen. Im übrigen setzt natürlich der Aufwand speziell ausgebildete Musiker nebst einigen technischen Möglichkeiten voraus. Der Dirigent und Filmkomponist Werner Schmidt-Boelcke, seinerzeit Chefdirigent im Berliner Metropol, berichtet zum Beispiel von einer großen Schalttafel, die ihm neben dem Pult zur Verfügung stand: »Das *Switchboard* bestand aus einer Reihe von etwa 20 Druckknöpfen mit Lichtfenstern, die, wenn ich einen Knopf drückte, aufleuchteten, damit ich auch sehen konnte, daß ich den richtigen betätigt habe. Diese Apparatur diente in erster Linie der Verbindung zwischen Kapellmeister und Vorführraum. Erster Knopf: *Anfang*. Der Vorführer mußte ja wissen, wann's losgeht. Zweiter Knopf: *Halt*. Auf den Proben mußte man ja den Film anhalten und mit Hilfe des dritten Knopfs zurücklaufen lassen können. Es gab Knöpfe für Bildstrich und Schärfe. ... Es kam vor, daß eine Szene im Verhältnis zur Musik entweder zu kurz oder zu lang war. Wenn die Musik zu kurz war, ließ man den Film eine Kleinigkeit schneller laufen, das merkte man im Publikum gar nicht, und umgekehrt, wenn die

Musik zu lang war, dann lief der Film eben etwas langsamer, so daß man in Ruhe zu Ende spielen konnte.« Man sieht, daß das Orchester nicht unbedingt stur dem Film folgen mußte, sondern im Zweifelsfall auch der Film der Musik angepaßt werden konnte! Es gab auch Möglichkeiten für den Dirigenten, sich mit den Musikern zu verständigen (per Zuruf ging es naheliegenderweise nicht, jedenfalls nicht während der Vorstellung). So stand ihm ein Fußpedal zur Verfügung, mit dem er ein rotes Licht an den Notenpulten der Musiker aufleuchten lassen konnte. »Das hieß«, so Schmidt-Boelcke, »jetzt passiert gleich was. ... Man hatte ja nur eine einzige Probe, so daß es in der Premiere eben doch vorkam, daß man merkte, die Szene ist gleich zu Ende, mit der Musik biste aber noch nicht fertig. Wenn die Lampe aufleuchtete, paßten die Musiker auf wie die Schießhunde. Es war unwahrscheinlich, wie das Orchester reagierte, mitten in einer Phrase einen Schluß zu komponieren, jeder einzelne machte da mit.« So ausgefuchste Musiker ließ man sich etwas kosten: Sie wurden besser bezahlt als die Musiker der BERLINER PHILHARMONIKER.

Aber dafür war damals der Kinobesuch ein viel intensiveres Erlebnis als heute. Auch dafür hat Schmidt-Boelcke ein Beispiel parat: *Sturm über Asien*[5], den er musikalisch illustrierte: »Ich hatte das Glück, in meiner Jugend mal eine tibetanische Tempelkapelle gehört zu haben, wußte also, wie das klingt, und habe nun mit vorhandenen Orchesterinstrumenten diese Musik nachgeahmt. Ohne Noten. Ich habe gesagt, du machst das, und du machst das, allein für die Tempelmusik habe ich

---

[5] *Potomok Tschingis-Chana (Sturm über Asien)*; UdSSR 1928; Regie: Wsewolod I. Pudowkin; 88 Minuten; schwarzweiß; mit Inkischinoff, L. Dedinzeff; L. Billinskaja.

zehn Schlagzeuger gebraucht. ... Ich habe in dieser Premiere die stärkste Reaktion des Publikums erlebt, die ich jemals in meiner Stummfilmzeit erlebt habe. In den letzten zwei, drei Minuten vor Schluß – da hielt es die Leute nicht mehr auf ihren Sitzen, sie sind spontan aufgestanden und haben den Schluß stehend erlebt und sind dann in einen unglaublichen Jubel ausgebrochen. Das war der enormen Regiearbeit dieses Filmgenies Pudowkin zu danken. Einen kleinen Teil habe ich wohl dazu beigetragen durch meine sehr eindringliche Musik und die dazugehörigen Geräusche, die wir damals hinter der Bühne gemacht haben, mit Windmaschinen und dergleichen« (alle Schmidt-Boelcke-Zitate n. Gandert 1977). – Seit einigen Jahren werden von Zeit zu Zeit in einigen Städten, etwa in Berlin, Hamburg oder München, gelegentlich Stummfilme wieder mit einem Live-Pianisten, einem Live-Ensemble oder sogar einem großen Live-Orchester aufgeführt. Eine solche Gelegenheit sollte sich niemand entgehen lassen – wer das einmal erlebt hat, sieht Filme zukünftig mit anderen Augen.

Filmerklärer, Zwischentitel, Inserts

Ein weiteres Problem des stummen Films war die Vermittlung sprachlicher Mitteilungen. In der ganz frühen Zeit des Kinos, etwa zwischen 1908 und 1910, behalf man sich mit *Filmerklärern*, geschulten Männern, die während der Vorstellung neben der Leinwand standen, dem Publikum mittels eines Zeigestocks Personen und Inhalt erklärten und im Zweifelsfall auch Fragen der Zuschauer beantworten konnten. Eine andere, allerdings noch kurzlebigere Variante des »Erzählkinos« in diesem wortwörtlichen Sinne war jene, hinter der Leinwand einige Sprecher zu verstecken, die den Film sozusagen in jeder Vorstellung aufs Neue live synchronisierten.

Da erwies es sich dann doch als einfacher, schriftliche Mitteilungen in den Film einzubauen, und zwar in Gestalt von *Inserts* und *Zwischentiteln*. Unter ersterem versteht man die Einblendung einer geschriebenen Mitteilung, die einen Teil der unmittelbaren Handlung darstellt und auch für die handelnden Schauspieler sichtbar ist. Ein in zahllosen Filmen auftauchendes Beispiel für ein Insert wäre ein Brief, den der Akteur erhält, öffnet und liest – und der dann in einer Großaufnahme so gezeigt wird, daß ihn auch die Zuschauer im Kino lesen können. Die Zwischentitel hingegen enthalten Informationen, die nur für den Zuschauer bestimmt sind: Dialoge, Erklärungen, Situationsbeschreibungen, die Aufmerksamkeit steuernde Begriffe (etwa »Jetzt!« oder »Aber da!« o. ä.), etc.

Damit hatte man eine einfache Möglichkeit, die Medien Film und Sprache zu kombinieren. Der wahre Jakob allerdings war das nicht; man hatte mit allerlei Schwierigkeiten zu kämpfen. Denn Zwischentitel bedeuten immer eine Unterbrechung des Films, der Zuschauer ist gezwungen, auf eine andere Form der Wahrnehmung umzuschalten. Der Filmkundler Herbert Birett hat durch statistische Analysen ermittelt, daß ein Zwischentitel durchschnittlich erst einmal 1,9 Sekunden »stehen« muß, bis der Zuschauer überhaupt registriert, daß ein Zwischentitel vorliegt (vgl. Birett 1988). Dann muß er ihn lesen (u. U. mehr als einmal; nicht alle Zwischentitel sind ganz einfach, denn sie müssen in knapper Form oft recht komplexe Sachverhalte verständlich vermitteln), muß ihn verbinden mit dem Handlungsgeschehen, und er muß wieder »zurückschalten« in den bildlichen Film. Das ist mehr Arbeit als man glaubt, denn für Wort und Bild sind nicht dieselben Gehirnhälften zuständig. Man merkt es, wenn man einem Stummfilm wirklich aufmerksam zu folgen versucht. Ihn sich »nebenbei« anzuschauen ist ausgeschlossen.

Man hat deswegen gelegentlich versucht, die Zwischentitel auch optisch besser in den Film einzubinden, beispielsweise durch geschickte Aufmachung der Zwischentitel in Anlehnung an das optische »Design« des Films, zu dem sie gehören. In Robert Wienes *Das Cabinet des Dr. Caligari* etwa sind Zwischen- und Rolltitel typographisch so gestaltet, daß sie einen ähnlichen Charakter aufweisen wie die expressionistisch verzerrten Kulissen des Films mit ihren beklemmenden perspektivischen Verfälschungen; auch sind die Titel nicht auf schwarzem, sondern grauem Grund zu lesen, der zusätzlich mit Symbolen und Ornamenten versehen ist.

Einen Höhepunkt hat die Gestaltung der Zwischentitel fraglos in Fritz Langs *Metropolis*[6] erreicht. Denn hier werden die Titel nicht nur typographisch dem Film angepaßt, sondern zum Teil sogar tricktechnisch bewegt, und zwar in einer Weise, die denotativ und konnotativ mit der optischen Gestaltung des Films übereinstimmt. Um hier nicht selber schwärmen zu müssen, sei es gestattet, dies dem Regisseur Luis Buñuel zu überlassen: »Was für eine begeisternde Symphonie von Bewegung! Wie singen die Maschinen, wunderbar durchsichtig im Zentrum, durch die elektrischen Entladungen Triumphbögen gleich! . . . Das äußerst lebhafte Funkeln des Stahls, die rhythmische Abfolge von Rädern, Kolben, von noch nicht erschaffenen mechanischen Formen, das ist eine bewundernswerte Ode, eine ganz neue Poesie für unsere Augen . . . Selbst die Zwischentitel, die auf- und abstei-

---

[6] *Metropolis*; Deutschland 1927; Regie: Fritz Lang; wahrscheinlich ca. 204 Minuten (in der Urfassung, später in verschiedenen Fassungen gekürzt bis auf unter 90 Minuten); schwarzweiß; mit Brigitte Helm, Gustav Fröhlich, Heinrich George, Rudolf Klein-Rogge, Theodor Loos, Alfred Abel, Fritz Rasp.

32

gen, sich drehen, bald in Licht zerlegt werden oder in Schatten verschwinden, vereinigen sich in der allgemeinen Bewegung und werden selbst Bilder« (zit. n. Töteberg 1985). – Womit endgültig klargeworden sein sollte, daß Zwischentitel weit mehr sein können als bloße »Informationsträger« oder ein notwendiges Übel, das man als »Ersatz-Ton« einsetzen mußte.

Wie überhaupt festzustellen ist, daß der Stummfilm keinesfalls als »Film, dem der Ton fehlt«, angesehen werden darf. Stummfilme sind eine eigenständige und hochkarätige Kunstform. Daß es heute dennoch keine mehr gibt, hat mit der Eigendynamik technischer Produktionsbedingungen zu tun: Von einem bestimmten Zeitpunkt an waren Stummfilme nicht mehr durchsetzbar, die Kinos wurden mit Tonanlagen ausgerüstet, das Publikum gewöhnte sich an den Ton und akzeptierte Stummfilme nicht mehr.

Tonfilmsysteme

Trotz aller noch so phantastischen Zwischentitelgestaltung und Filmmusik von riesigen Kinoorchestern bestand immer schon der Wunsch, Klänge und Sprache in Filme einzubeziehen. Zu diesem Behufe ersann man verschiedene Tonsysteme, die auf sehr unterschiedliche Weise arbeiteten. Und die meisten vermochten sich nicht durchzusetzen.

Das früheste professionelle Tonsystem hieß *Vitaphone.* Es wurde um 1925 von den Bell Telephone Laboratories (USA) entwickelt und später von dem (wie die meisten US-Filmfirmen des öfteren) wieder einmal in einer Krise steckenden Unternehmen Warner Bros. gekauft – man mußte dringend etwas Innovatives auf den stummfilmübersättigten Markt werfen, um wieder Boden unter die Füße zu bekommen. Vitaphone, auch als *Nadeltonsystem* bekannt, kombinierte stumme Filme mit Schallplatten, auf denen der Ton aufgezeichnet war (und zwar, im Gegensatz zu heutigen Schallplatten, von innen nach außen). Der Kinovorführer mußte den Tonarm auf eine bestimmte, mit einem Pfeil markierte Stelle der Platte aufsetzen und sie in dem Augenblick abfahren, da eine Startmarkierung im Film erschien. Das Verfahren war jedoch nicht ohne Tücken, denn erstens war die Spieldauer einer Vitaphoneplatte begrenzt, zweitens konnte die Nadel hängenbleiben, und drittens liefen Film und Platte gern auseinander, Ton und Bild wurden asynchron. 1927 erschien der erste Langfilm mit Vitaphone-Ton in den Kinos: *The Jazz Singer*[7], ein sentimentaler Schinken mit dem Sänger Al Jolson. Aber lediglich Teile des Filmes waren mit Musik und (zwei Zeilen!) Dialog vertont. Der Gangsterfilm *Lights of New York*[8] ging ein Jahr später als der erste vollständig mit Dialog, Musik und Geräusch vertonte Spielfilm in die Geschichte ein.

Für Warner Bros. erwies sich Vitaphone dennoch erneut als Fehlinvestition, denn schon bald lief ihm das *Lichttonverfahren* den Rang ab. Dieses war einfacher und filmgeeigneter, da es ohne zusätzliche Trägermedien auskam. Der Lichtton geht zurück auf eine Erfindung des Amerikaners Lee DeForest, der ein solches Verfahren bereits 1922 unter der Bezeichnung *Phonofilm* vorstellte. Lichtton heißt: Der per Mikrophon eingefangene Ton wird in optische Signale umgewandelt – ähnlich wie bei einer Schallplatte, nur wird der Klang nicht in Gestalt

---

[7] *The Jazz Singer (Der Jazz-Sänger)*; USA 1927; Regie: Alan Crosland; 89 Minuten; schwarzweiß; mit Al Jolson, May McAvoy, Warner Oland, Eugenie Besserer.
[8] *Lights Of New York (Die Lichter von New York)*; USA 1928; Regie: Mervyn LeRoy; schwarzweiß.

von Wellen auf einen Träger graviert, sondern in Form entsprechender Hell-Dunkel-Schwankungen auf einer Spur zwischen dem Bild und der Perforation auf dem Film untergebracht. Bei der Vorführung wird diese Spur *(Tonpiste* genannt) mittels Fotozelle, Verstärker und Lautsprecher hörbar gemacht. Vorteile: Erstens ist der Ton nunmehr direkt auf dem Film untergebracht, es kann keine Asynchronität mehr auftreten. Zweitens ist der Ton photographisch festgehalten und kann gemeinsam mit dem Bild kopiert werden. In Deutschland setzte sich der Lichtton relativ schnell durch; nicht zuletzt aufgrund der Aktivitäten der Firma Ton-Bild-Syndikat (»Tobis Klangfilm«).

Der erste Lichtton-Langfilm aus deutschen Landen war *Melodie der Welt*[9], interessanterweise kein Spiel- oder Dokumentarfilm, sondern ein experimentell angelegter Werbefilm für eine Hamburger Reederei. Der Regisseur war Walther Ruttmann, auf den noch einzugehen sein wird.

Das Lichttonverfahren ist noch heute gebräuchlich. Für gehobene Ansprüche (etwa Musik- oder Stereoton-Filme) wäre noch das *Magnetton*-Verfahren zu erwähnen. Hier wird der Ton auf eine magnetische Tonspur aufgezeichnet, genauso wie beim allseits bekannten Tonband. Nur wird das Band in diesem Fall neben dem Bild auf den Filmstreifen geklebt. Man hat allerdings dadurch einen erhöhten Arbeitsaufwand, da man die Magnetspur nicht photographisch kopieren kann wie die Lichttonpiste. Dafür ist aber die Tonqualität der des Lichttons weit überlegen. In der Regel ist es eine Kostenfrage, wofür man sich entscheidet. Eine neuere Variante des Magnetton-Verfahrens ist das *Dolby-Mehrkanal-System,* das

---

[9] *Melodie der Welt;* Deutschland 1929; Regie: Walther Ruttmann; 73 Minuten; schwarzweiß.

nicht nur eine Verbesserung des Klanges mit sich bringt, sondern auch bis zu fünf Tonkanäle ermöglicht (im Kino befinden sich dann Lautsprecher vorn links, vorn mitte und vorn rechts sowie hinten links und rechts). Seit einiger Zeit ist das Verfahren der Rauschunterdrückung per Dolby auch auf den Lichtton anwendbar, so daß man nunmehr auch Stereoton in passabler Qualität auf Lichttonbasis aufzeichnen kann (allerdings sind dann nur zwei Spuren möglich, keine fünf). Da allerdings in vielen Vorstadt- und Provinzkinos noch heute Tonanlagen aus der Vorkriegszeit (!) betrieben werden, spielt das häufig gar keine Rolle . . .

Stumme Synästhesie

Dem Film standen und stehen viele technische Mittel zur Verfügung, um bestimmte Wirkungen zu erzielen. Besonders interessant sind jene, die *nur* dem Film zur Verfügung stehen, denn erst durch sie wird er zu einem Medium, das sich von anderen abhebt. Filmisch kann man Dinge auf die Leinwand bringen, die auf einer Theaterbühne undenkbar wären, die den Zuschauer nicht nur fesseln oder auf's optische Glatteis führen, sondern sogar zum »Teilnehmer« machen können. Dies funktioniert, weil der Film dem Betrachter Assoziationen »unterjubeln« kann, ohne daß er es merkt.

Kehren wir kurz zum Stummfilm zurück. Hier gab es natürlich neben der Musik auch Toneffekte. Hammerschläge oder Schüsse zum Beispiel wurden in aller Regel vom Schlagzeuger des Orchesters imitiert und waren somit »real« zu hören. Es gibt aber noch einen spannenderen Aspekt des Tons im Stummfilm: den *synästhetischen* Ton, der gar nicht real vorhanden ist, aber dennoch

Abb. 3. Die Fabriksirene aus *Metropolis*.

»gehört« wird. Hier muß also mit der Kraft der Bildgestaltung der Zuschauer so manipuliert werden, daß er
sich den dazu passenden Ton einfach einbildet.
Bilderbuchbeispiel: einmal mehr *Metropolis*. Es
sind Fälle überliefert, da unvoreingenommene Betrachter
des Filmes Stein und Bein schworen, Klänge und Geräusche gehört zu haben. Wie ist das möglich? Das Geheim-
nis liegt in der Handhabung von Architektur und Licht
sowie dem Zusammenspiel dieser beiden Elemente; Faktoren, die Lang einzusetzen wußte wie kaum ein zweiter.
(Das ist kein Zufall, denn er kam nicht – wie viele andere
Regisseure – vom Theater, sondern hatte Architektur und
Malerei studiert.) »Mit Licht scheint sogar der Ton erzeugt zu werden: Das Pfeifen der Fabriksirenen wird
durch vier grelle Strahlenbündel, die in vier Richtungen
vorstoßen, anschaulich zum Ausdruck gebracht, und
man glaubt sie fast zu hören« (Eisner 1980; s. Abb. 3).
Effekte dieser Art reißen nicht ab, *Metropolis* ist gerade-

zu synästhetisch choreographiert; die Dynamik der Bilder läßt den Zuschauer zu keinem Zeitpunkt los.

▦ Montage

Mit der im Grunde genommen simplen Tatsache, daß man einen Film schneiden kann, soll es weitergehen. Denn *Schnitt* heißt auch *Gestaltung*, und das ist weit mehr als nur ein schlichtes Aneinanderkleben einzelner Filmschnipsel.

Der erste, der das verstanden hatte, war David Wark Griffith. In Zusammenarbeit mit dem Kameramann Billy Bitzer entwickelte er neue filmsprachliche Ausdrucksformen: Die Änderung der Kameraperspektive *innerhalb* einer Szene gehörte ebenso dazu wie die *Parallelmontage*. Letztere bedeutet, zeitgleich ablaufende Ereignisse im ständigen Wechsel zu zeigen, so daß der Film mehrere rote Fäden gleichzeitig verfolgen kann. In *Intolerance*[10] werden vier prinzipiell voneinander unabhängige Handlungsebenen (angesiedelt in den USA der Gegenwart, den Slums des 20. Jahrhunderts, im Frankreich des 16. Jahrhunderts und im antiken Babylon) parallel montiert und mittels einer fünften Ebene (der »Frau an der Wiege«) miteinander verklammert. *Intolerance* wurde an der Kasse ein Flop; er war zu lang und verlangte von den damaligen Zuschauern zu viel. Er gilt heute als erster Monumentalfilm der Filmgeschichte, »kam durch Lenin in die Sowjetunion, wurde dort jahrelang gezeigt und

---

[10] *Intolerance (Intoleranz – Die Tragödie der Menschheit)*; USA 1915/16; Regie: David Wark Griffith; 191 Minuten; schwarzweiß; mit Lillian Gish und vielen weiteren Darstellern, unter ihnen Erich v. Stroheim.

38

beeinflußte die Filme von Eisenstein und Pudowkin« (Lexikon des Internationlaen Films 1987/88).

Sergej M. Eisenstein entwickelte eine Schnittechnik auf der Basis einer eigenen Montagetheorie. Ausgehend von experimentellen Werken Pudowkins und Lew Kuleschows sowie seinen eigenen Erfahrungen als Filmregisseur stellte Eisenstein die These auf, es sei manchmal notwendig, den Film mit Bildern anzureichern, die sich nicht unmittelbar auf die Handlung beziehen, wenn damit Intentionen emotionaler oder intellektueller Art eingebracht werden könnten.« Zur Erklärung dieses Konzepts zog Eisenstein die Obertöne in der Musik heran und zitierte als deutliches Beispiel die orientalische Zeichenschrift, in der die Kombination der Zeichen für *Hund* und *Schnauze* nicht einfach *Hundeschnauze* bedeutet, sondern *bellen*« (rororo Filmlexikon 1978).

Fritz Lang hat das Prinzip der Parallelmontage in seinem ersten Tonfilm *M – Eine Stadt sucht einen Mörder*[11] in einer gleichermaßen vergnüglichen wie boshaften Weise satirisch eingesetzt: Ein Kindermörder verunsichert Berlin. Die Polizei vermag ihn nicht zu fassen, stört aber mit ständigen Razzien die Kreise der »normalen« Verbrecher, die kaum noch in Ruhe ihrer Arbeit nachgehen können. So verfallen diese auf die Idee, den Mörder selber zu fangen. Hierzu hält der »Ringverein« (die zentrale Verbrecherorganisation Berlins, die es wirklich gab) unter dem Vorsitz des »Schränkers« eine Konferenz ab, auf der beraten wird, wie man seiner habhaft werden könnte. Eine ähnliche Konferenz findet zum selben Zeitpunkt auch im Polizeipräsidium statt. Lang beobachtet in

---

[11] *M – Eine Stadt sucht einen Mörder;* Deutschland 1931; Regie: Fritz Lang; 95 Minuten; schwarzweiß; mit Peter Lorre, Gustaf Gründgens, Otto Wernicke, Theo Lingen, Paul Kemp, Rosa Valetti, Ellen Widmann, Inge Landgut, Fritz Gnaß.

einer Parallelmontage beide Konferenzen und bedient sich hierbei zusätzlich des szenenüberlappenden Dialogs: Zunächst befinden wir uns bei der Konferenz des Ringvereins und hören den (von Gustaf Gründgens mit eisiger Präzision dargestellten) Schränker:»Meine Herren! Unsere Mitglieder müssen wieder ihren Geschäften nachgehen können, ohne durch die überhandnehmende Nervosität der Kriminalpolizei andauernd gestört zu werden. Ich bitte . . .« – Schnitt; wir sehen nun den Polizeipräsidenten als Vorsitzenden der Polizeikonferenz, der den Satz fortführt:». . . sich dazu zu äußern, meine Herren!« Dieses Spielchen wird eine ganze Weile im Pingpong-System fortgesetzt. Der satirische Säuregehalt dieser Szenenfolge liegt natürlich nicht nur in der Gleich*zeitigkeit* der Konferenzen, sondern Lang suggeriert durch identische Verhaltensweisen der Teilnehmer auf beiden Seiten und den überlappenden Dialog auch die Gleich*wertigkeit* der Konferenzen.

In *Das Testament des Dr. Mabuse*[12] läßt Lang etliche Szenen offen enden, um sie per Schnitt mit dem ersten Bild der folgenden Szene aufzulösen. Da will etwa Hauptdarsteller Kent aus der Bande des Dr. Mabuse aussteigen. Nur leider hat er dies ein wenig zu deutlich zu erkennen gegeben und wird vom Boß zusammengestaucht:»Sie werden schon in kürzester Zeit zu beweisen haben, daß Sie wissen, wofür man Sie bezahlt!« – Schnitt; die folgende Szene beginnt mit der lakonischen Großaufnahme der Schlagzeile eines Fahndungsplakates an einer Litfaßsäule:»MORD«.

---

[12] *Das Testament des Dr. Mabuse*; Deutschland 1932; Regie: Fritz Lang; 115 Minuten; schwarzweiß; mit Rudolf Klein-Rogge, Otto Wernicke, Theo Lingen, Rudolf Schündler, Wera Liessem, Gustav Diessl, Camilla Spira.

Und schließlich kann die Montage auch das *Zeitempfinden* des Zuschauers steuern und beeinflussen; mit schnellen Schnitten erzielt man eine hohe Dynamik und den Eindruck sich überstürzender Ereignisse. Man denke etwa an den legendären »Duschmord« in Hitchcocks *Psycho*[13]; eine 2 Minuten und 16 Sekunden während Sequenz. Wieviele Schnitte enthält sie von Marions Eintritt ins Bad des Motelzimmers bis zu dem Moment, da die Sequenz durch die Großaufnahme des Abflusses der Badewanne beendet wird?[14]

Subjektives Objektiv

Eine weitere filmspezifische Eigenart sind der *objektive* bzw. *subjektive* Einsatz sowohl des *Tones* als auch der *Kamera*. Der Film bietet die Möglichkeit, den Zuschauer nicht »jeden« Klang hören zu lassen; je nachdem, wie der Zuschauer den Film wahrnehmen soll. Entsprechendes gilt für die Optik; auch hier kann der Film manipulieren, was der Zuschauer sehen soll und was nicht – und aus welcher Perspektive.

Beispiele für den subjektiven Ton finden wir eindrucksvoll in *M – Eine Stadt sucht einen Mörder*. So hat Hans Beckert (der Mörder, Peter Lorres wohl genialste darstellerische Leistung) die entnervende Eigenschaft, auf seinen Streifzügen unablässig das bekannte Griegsche

---

[13] *Psycho*; USA 1960; Regie: Alfred Hitchcock; 110 Minuten; schwarzweiß; mit Anthony Perkins, Janet Leigh, Vera Miles, John Gavin, John McIntire.
[14] Es sind 48 Schnitte! Bei einer Szenendauer von 2'16" ergibt sich eine Schnittfrequenz von 2,8 Sekunden. Tatsächlich allerdings ist die Frequenz zeitweise weitaus höher (bis zu zwei Schnitte pro Sekunde!), da sie zur Mitte hin dramatisch zunimmt und nach dem Mord allmählich wieder zurückgenommen wird.

Peer-Gynt-Motiv *(In der Halle des Bergkönigs)* vor sich hinzupfeifen. Nun ist ihm ein anvisiertes Opfer entwischt: »Wenn der Mörder sich die Ohren zuhält, um sein eigenes, ihm unerträg liches Pfeifen nicht zu hören, dann läßt Lang dies Pfeifen im gleichen Augenblick auch für die Zuschauer leiser werden. Dieser Effekt ist inzwischen klassisch geworden« (Maibohm 1988).

Etwas anders ist es mit der *subjektiven Kamera.* Denn dieses Prinzip kann auf verschiedene Weise auftreten. Die einfachste Einsatzweise ist jene, in der die Kamera nicht als beobachtendes Element »über den Dingen« schwebt, sondern zum Teilnehmer wird. Ein allseits bekanntes Beispiel bietet Wolfgang Petersens *Das Boot*[15], in dem bei Alarm die Kamera immer wieder mit der gesamten Mannschaft durch die Enge des U-Bootes rennt, bis den Zuschauer klaustrophobische Gefühle anwandeln. Das ist effektvoll, wird hier allerdings arg überstrapaziert und verliert dadurch schnell an Wirkung.

Ergiebiger ist der Einsatz der subjektiven Kamera dann, wenn sie die Stelle eines Darstellers einnimmt, wie zum Beispiel in Wolfgang Staudtes wunderbarer Heinrich-Mann-Verfilmung *Der Untertan*[16]. Zu Beginn des Films sehen wir Untertan Heßling als Kind, wobei die Kamera zeitweise die Position des Kindes einnimmt: Vater, Mutter, Pastor, Polizist, der Onkel Doktor – sie alle werden von unten gefilmt, beugen sich zur Kamera herunter und gewinnen dadurch überdimensionale Größe und Bedrohlichkeit.

---

[15] *Das Boot;* BRD 1979/81; Regie: Wolfgang Petersen; 149 Minuten; farbig; mit Jürgen Prochnow, Herbert Grönemeyer, Klaus Wennemann, Hubertus Bengsch, Martin Semmelrogge.

[16] *Der Untertan;* DDR 1951; Regie: Wolfgang Staudte; 104 Minuten; schwarzweiß; mit Werner Peters, Paul Esser, Renate Fischer, Sabine Thalbach.

Ein besonders exquisiter Wurf ist wiederum Fritz Lang mit der geschickten Kombination solcher Elemente gelungen. So knüpft er in *Scarlet Street*[17] ein dichtes Netz aus subjektivem und objektivem Kamera- und Toneinsatz.

Christopher Cross, ein bieder-sympathischer Kassierer, verliebt sich durch Zufall in eine Halbweltdame namens Kitty, die sich ihm gegenüber als Schauspielerin ausgibt. Sie und ihr Beschützer Johnny kochen Cross nach allen Regeln der Kunst ab. Als der das Spiel schließlich durchschaut, ersticht er die Frau in einem Blackout, besitzt aber gerade noch Geistesgegenwart genug, die Tat so hinzudrehen, daß nicht er, sondern Johnny auf den elektrischen Stuhl wandert. Damit allerdings tappt Cross seinem eigenen Gewissen in die Falle, denn von nun an wird er unaufhörlich von den Stimmen Kittys und Johnnys verfolgt, die ihm immer wieder seine Schuld vorhalten. Erstmals überfällt ihn diese Halluzination in einem schäbigen Hotelzimmer mit flackernder Neonreklame vor dem Fenster. Cross sitzt auf dem Bett oder läuft im Kreis herum – soweit also eine objektive Darstellung. Zu *hören* hingegen sind drei Stimmen: Cross' eigene, und die verzerrten, verhallten Stimmen Kittys und Johnnys; wir erleben gleichsam Cross' inneren Zustand von außen. Ein Selbstmordversuch mißlingt.

In der Schlußsequenz des Films sehen wir den mittlerweile völlig heruntergekommenen Cross, wie ihn zwei Polizisten von einer Parkbank vertreiben und er sodann eine belebte nächtliche Straße hinabschlurft. Bis hierhin sind Kamera und Ton wiederum objektiv, sie bilden ab.

---

[17] *Scarlet Street (Strasse der Versuchung)*; USA 1945; Regie: Fritz Lang; ursprünglich 102 Minuten; später gekürzt auf ca. 84 Minuten; schwarzweiß; mit Edward G. Robinson, Joan Bennett, Dan Duryea, Margaret Lindsay, Rosalind Ivan.

43

Dann aber verschwinden wie von Geisterhand sämtliche Passanten von der Straße, nichts mehr ist zu hören (von der üblichen schaurigen Filmmusik einmal abgesehen). In einigen Einstellungen nimmt die Kamera die Position des Darstellers ein, wir sehen mit seinen Augen. Und nun hören wir auch wieder die Stimmen, die ihn noch immer pausenlos verfolgen. Das eigentlich nicht Vermittelbare wird plötzlich doch erlebbar, subjektive Kamera und subjektiver Ton zwingen den Zuschauer dazu, die Position des Darstellers anzunehmen.

Die filmische Zeichensprache kann jedoch auch ganz anders eingesetzt werden, beispielsweise zur karikierenden Verzerrung der Wirklichkeit.

Ungeschlagener Meister dieses Metiers dürfte der französische Schaupieler und Regisseur Jacques Tati gewesen sein. Ihm ist der Einsatz des Mediums Film in diesem Sinne unübertrefflich gelungen. Tati hat eine Methodik entwickelt, dem Alltagsgeschehen Komik abzuluchsen, die ausschließlich im Film möglich ist, und er bedient sich dabei vorrangig der Gegensätzlichkeit zweier Elemente: der neutralen Beobachtung mit der Kamera, verbunden mit der grotesk übertreibenden technischen Nachbearbeitung des Tons. In voller Blüte steht dieses Prinzip in *Die Ferien des Monsieur Hulot*[18]; Tatis zweitem Langfilm, in welchem erstmals jener liebenswerte Monsieur Hulot auftaucht: Eine ewig pfeiferauchende Kunstfigur mit Hütchen, Staubmantel und latent Hochwasser signalisierenden Hosen; eine wandelnde Antithese zur kalten Wirklichkeit. Hulot schlägt sich ohne einen Vornamen und meist wortlos durchs Leben. In allen

---

[18] *Les Vacances de Monsieur Hulot (Die Ferien des Monsieur Hulot)*; Frankreich 1953; Regie: Jacques Tati; 84 Minuten; schwarzweiß; mit Jacques Tati, Louis Perrault, Andre Dubois und etlichen Laiendarstellern.

seinen Filmen spricht er jeweils nur ein einziges Wort; in diesem Fall einfach »Hulot« – das ist nur konsequent, denn Tati war, bevor er sich dem Film zuwandte, als Pantomime in Varietés tätig; seine Spezialität war die persiflierende Darstellung von Sportarten und Berufen. Fast alle Gags ergeben sich bei Tati aus planvoll konstruierten Gegensätzen zwischen der optischen und der akustischen Ebene. Kaum ein Klang ist wirklich während der Dreharbeiten aufgezeichnet worden, sondern Tati hat in monatelanger Arbeit die Tonspur im Tonstudio erst hergestellt. Genannt sei die in einer langen Totale gedrehte Bahnhofsszene, in welcher eine vollkommen unverständliche Lautsprecherdurchsage ein heilloses Chaos unter den Reisenden auslöst: Die nämlich rennen ihrem Herdentrieb folgend zweimal auf den jeweils anderen Bahnsteig, obwohl sie kein Wort verstanden haben können. – Ein hübscher akustischer »running gag« ist mit der Schwingtür zum Eingang des Speisesaals in der kleinen Strandpension verknüpft: Bei jedem Öffnen gibt sie den Ton einer gezupften Kontrabass-Saite von sich. An einer Stelle des Films bleibt dieser Ton jedoch aus, und Tati betreibt ein gleichsam »interaktives« Spiel mit den Zuschauern, die das Fehlen des Geräusches natürlich bemerken: Der neben der Schwingtür stehende Besitzer der Pension reagiert mit kurzer Zeitverzögerung – so, als irritiere ihn wiederum die Reaktion der Zuschauer! (Klar, daß dieser Effekt nur im Kino funktionieren kann, im Fernsehen geht er verloren.)

Tati hat Gestaltungselemente dieser Art von Film zu Film weiter perfektioniert, insbesondere in *Playtime*[19]

---

[19] *Playtime (Tatis Herrliche Zeiten)*; Frankreich 1965–67; Regie: Jacques Tati; 112 Minuten (in der heute im Umlauf befindlichen gekürzten Fassung); Farbe; mit Jacques Tati, Barbara Dennek, Jacqueline Lecomte, Valerie Camille u. v. a.

45

übertrifft er sich in diesem Punkt selbst. Es ist unmöglich, hier auch nur eine Auswahl von Beispielen aufzuführen. Selbst Buster Keaton wollte schließlich seine Filme von Tati nachvertonen lassen, wozu es dann aber doch nicht kam.

Animation und Tricks

Der Leser möge geistig kurz die im ersten Kapitel geschilderten Bemühungen zur Schaffung *visueller Musik* Revue passieren lassen, denn dorthin wird jetzt zurückgegriffen. Fast alle Trick- und Animationstechniken sind bereits sehr früh entwickelt worden. Es wird an dieser Stelle nicht möglich sein, die Geschichte des Trickfilms und seine Verfahrensweisen vollständig darzulegen. Die wichtigsten seien aber genannt.

Fast alle Animations-Tricks basieren auf der Tatsache, daß sich im Film die Bewegungsabläufe aus Einzelbildern ergeben. Wenn man nämlich Bildabläufe entsprechend arrangiert, kann man auch mit gezeichneten Bilderfolgen oder realen, aber normalerweise unbeweglichen Gegenständen einen Bewegungseffekt erzielen. Man kann ihnen sozusagen »Leben einhauchen« – und nichts anderes als »Belebung« heißt ja der Begriff *Animation*. Nicht wirklich ablaufende Bewegungen werden gefilmt, sondern der Bewegungsablauf wird künstlich hergestellt, indem jedes Filmbild einzeln fotografiert und die Bewegung durch die Veränderung der Bildvorlage erzeugt wird. Beispiel: Man stellt eine Blumenvase links auf den Tisch, belichtet ein Bild auf dem Filmstreifen, rückt dann die Vase ein Stückchen nach rechts, belichtet das zweite Bild auf dem Film, rückt die Vase wieder ein Stück weiter – und so weiter, bis sie schließlich am rechten Ende des Tisches steht. Wenn man sich den Film ansieht, entsteht der Eindruck, die Vase wandere von links nach rechts über den Tisch. Dieses auch *Stop-Motion-Animation* genannte Verfahren dürfte allgemein vom Zeichentrickfilm her bekannt sein. Dort basiert es natürlich nicht auf realen Gegenständen, sondern auf einzelnen Zeichnungen. Man bedient sich hierzu eines speziell konstruierten Tricktisches und einer ebenso speziellen Kamera, die auf Einzelbildaufnahmen dressiert ist.

Man kann Zeichentrickaufnahmen dieser Art, aber auch Modellanimationen, sogar in Realfilme einkopieren, also gezeichnete Gegenstände o. ä. in einen Film mit realen Schauspielern einbauen. Es gibt aber noch wesentlich raffiniertere Systeme; als Beispiel sei das sogenannte *Matte-Painting* genannt. Ein *Matte* ist ein auf Glas gemaltes Bild, das in Realszenen hineingezaubert wird. Zu diesem Zweck wird bei den Dreharbeiten vor der Kamera ein Rahmen aufgestellt. Die Teile des Bildes, die später durch das Matte ersetzt werden sollen, werden mit einer »Maske« aus schwarzer Pappe, die in den Rahmen geklebt wird, abgedeckt. (Diese Abdeckung heißt *Kasch*, man sagt auch: der Hintergrund wird *abgekascht).* Wird nun die Szene gefilmt, bleiben die abgekaschten Bildteile auf dem Film schwarz (= unbelichtet). Dann wird der Film zurückgespult und die unbelichteten Bildteile mit dem Glasgemälde »aufgefüllt«, es stellt sozusagen eine »Gegen-Maske« zum Kasch dar. Ergebnis: Ein vollständiges Bild mit künstlichem Hintergrund. Unangefochtener Meister des Matte-Paintings dürfte der amerikanische Maler Albert Whitlock sein, der unter anderem für etliche Filme Alfred Hitchcocks tätig war. Aber auch weite Teile der Straßenlandschaften in der Gaunerkomödie *Der Clou*[20] hat Whitlock gemalt; so etwa fast alle Häuserfassaden in der oberen Bildhälfte! Selbst wenn man's weiß, sieht man es kaum.

Eine Variation des Matte-Painting ist das unter anderem in *Metropolis* eingesetzte *Schüfftan-Verfahren,* das ohne Doppelbelichtung auskommt und zudem auch die Einblendung bewegter Gegenstände (auch verkleinerter Modelle) in einen Film ermöglicht. Der Kameramann Eugen Schüfftan entwickelte diesen Spiegeltrick: Eine Szene wird durch einen Einweg-Spiegel oder das durch teilweises Abkratzen der Beschichtung entstandene »Loch« eines normalen Spiegels hindurch so gefilmt, daß gleichzeitig Modelle u. ä. mit ins Bild »eingespiegelt« werden können.

Die Geschichte des Trickfilmes würde ein eigenes Buch füllen, sie kann deshalb hier nicht dargestellt werden. Lediglich einige Beispiele früher synästhetischer Trickfilme und ihre Schöpfer sollen genannt werden, da diese Werke als stilprägend angesehen werden müssen – ohne sie würden die heutigen Pop-Videoclips sicher anders aussehen! Richtungsweisend für das Genre des Zeichentrickfilms waren ohne Frage die Pionierarbeiten Walt Disneys und seines kongenialen Mitarbeiters Ub Iwerks; insbesondere sei hingewiesen auf die Reihen *Alice in Cartoonland* (60 Kurzfilme, 1924-27), *Oswald the Lucky Rabbit* (26 Kurzfilme, 1927/28) sowie die *Silly Symphonies* (77 Kurzfilme, 1928-39). Letztere kulminierten schließlich in dem Langfilm *Fantasia*[21], der besonders in seinen abstrakten Passagen noch heute zu den Sternstunden des Animationsfilms gezählt werden darf.

---

[20] *The Sting (Der Clou);* USA 1973; Regie: George Roy Hill; farbig; 129 Minuten; mit Paul Newman, Robert Redford, Robert Shaw, Charles Durning, Ray Walston.

[21] *Fantasia;* USA 1940; Regie: Joe Grant, Dick Huemer; 113 Minuten; Farbe; Zeichentrickfilm; musikalische Ausführung: PHILADELPHIA ORCHESTRA; Ltg. Leopold Stokowski.

Und hierzulande? Im Umfeld des Bauhauses gab es verschiedene Künstler, die mit dem eben entwickelten Medium Film synästhetisch experimentierten, jedoch nicht im Sinne von Spielfilmen, um welche es bisher in diesem Kapitel ging. Viking Eggeling etwa, eigentlich Maler, legte mit der *Diagonal-Symphonie* 1923/24 seinen ersten Film vor, knapp acht Minuten lang und schwarzweiß. »Wegen seiner musikalischen Zeit- und Tempoeinteilung, aber auch wegen seiner auf Helldunkelkontrasten, Richtungsveränderungen etc. aufgebauten linearen Formdramatik, die aus Kurven, Linien, Harfen, Dreiecken kontrapunktische abstrakte Formen entwickelte, übte Eggelings Meisterwerk bald großen Einfluß auf Künstler von Moholy-Nagy bis Eisenstein aus« (Weibel 1987). Es war durchaus konsequent von Eggeling, auf Film umzusteigen; hatte er doch zuvor lange Papierrollen zum Durchkurbeln bemalt, die bereits so etwas ähnliches wie ein »Film« waren, nur eben nicht projizierbar.

Auch nach heutigen Maßstäben ein »Muß« ist der Kurzfilm *Vormittagsspuk* (1927/28) von Hans Richter, Dada-Künstler und Pionier des abstrakten Films in Zürich; ein außerordentlich raffinierter Animationsfilm mit Schauspielern, die hinter Laternenpfählen verschwinden, Hüten, die in einer Art Formationsflug durch die Gegend sausen, einer Krawatte, die ihrem Träger ständig um den Hals rotiert und vielerlei anderem vergnüglichem Unfug.

Oskar Fischinger entwickelte das Stop-Motion-Verfahren mit Gegenständen bis an den Rand der Perfektion. In seiner *Komposition in Blau* (1933) werden Schachteln, Kegel, Klötze und Papierscheiben perfekt zu einem abstrakten Farbmusikrausch animiert. Bekannt ist auch Fischingers Werbespot *Muratti greift ein*, in welchem tricktechnisch animierte Zigaretten ein Ballett tanzen – perfekt auf die Musik synchronisiert, was schon für sich genommen eine phantastische Leistung darstellt, wenn man bedenkt, daß seinerzeit keine anderen Mittel als Stoppuhr und Schneidetisch vorhanden waren! Auf ähnliche Weise ging auch Walther Ruttmann vor. Er bemalte kein Papier, sondern gleich direkt das Filmmaterial. Sein erster farbiger Trickfilm war *Lichtspiel Opus 1* (von 1921, leider verschollen), »schillernd fließende Farbigkeit . . ., ein Gemeng von schwebend-schrumpfend-zuckenden Kringeln, Ringeln, Kugeln, Spitzheiten, Rundheiten; von erglühtem Umriß, schwindsamer Füllung, bunten Erglänzungen; von Tauchendem und Sinkendem«, wie es der Kritiker Alfred Kerr im »Berliner Tageblatt« vom 16. Juni 1921 beschrieb (zit. n. Goergen 1987). Max Butting, Komponist, schrieb die Musik zu dem Film: »Ich war ursprünglich gar nicht überzeugt, daß zu dem Film, den er mir gezeigt hatte, Musik notwendig sei, denn tatsächlich war der Film eine dreiteilige Sonate. Als Maler, dem die Zeitkomponente in seinem Werk fremd war, hatte Ruttmann eine zeitlich aufgelöste Form suchen müssen, und da hielt er sich an seine musikalischen Erfahrungen« (zit. n. Goergen 1987).

Während hier die Musik dem Film folgte, lieferten die *Silly Symphonies* der Disney-Studios das Gegenstück: insgesamt 77 kurze Zeichentrickfilme, als deren erster *Skeleton Dance* von 1928, als letzter der mit einem Oscar ausgezeichnete *The Ugly Duckling* von 1939 gelten. »Gegenstück« deshalb, weil Disney hier die Musik zur Grundlage des Films machte; alle Bilder und Bewegungsabläufe sind an der Musik orientiert und auf das Perfekteste mit ihr synchronisiert. Aus den Erfahrungen, die dabei gesammelt werden konnten, resultiert die noch heute übliche Arbeitsweise bei der Zeichentrickfilmproduktion: Da werden in aller Regel gar nicht, wie man als Laie meist vermutet, zuerst die Bilder gezeichnet und animiert, sondern der erste Arbeitsschritt ist die Herstellung der *Tonspur* – es ist nämlich einfacher, die Bilder an den Ton anzupassen als umgekehrt!

Dieses Phänomen wird uns im Abschnitt über die Filmmusik wiederbegegnen. Im nächsten Kapitel jedoch geht es zunächst um ein Medium, das zur Zeit dabei ist, den Film abzulösen: Video – und damit auch um eine Kunstform, die mit diesem neuen Medium das Licht der Welt erblickte: die Videokunst.

Der elektronische Tuschkasten: Video, audiovisuelle Kunst und Computer

They say that heaven is like TV
A perfect little world
that doesn't really need you
And everything there is made of light
And the days keep going by . . .
Laurie Anderson

Die Idee des Fernsehens geisterte bereits im vorigen Jahrhundert durch die Köpfe einiger findiger Ingenieure. Schon 1843 kam der schottische Philosoph Alexander Bain darauf, daß die Fernübertragung von Bildern nicht als komplette Einheit erfolgen sollte, sondern man mit der Zerlegung des Bildes in einzelne Zeilen besser führe. Das war die Grundidee. 1928 flimmerte bei der US-Firma RCA (Radio Corporation of America) die Comicfigur *Felix the Cat* als sehr grobzeiliges Testbild über eine Mattscheibe. Der Startschuß für das Fernsehen fiel nach der Entwicklung einer wirklich hochzeiligen Bildwiedergabe mit der ein wenig umkonstruierten Braunschen Röhre (in Deutschland 1930 durch Manfred v. Ardenne und zeitgleich in den USA durch Vladimir Kosma Zworykin). Letzterem schließlich gelang es 1931, mit der *Ikonoskop-Röhre* eine Kamera zu entwickeln, die Bilder sofort fernsehgerecht in Zeilen zerlegte und sie in Form elektrischer Impulse ausgab. Diese konnte man sogleich (nach einer Verstärkung) dem Sender zuleiten – die *elektronische Fernsehkamera* war da, und mit ihr die *Live-Übertragung*.

Magnetaufzeichnung und Video

Lange Zeit blieb der Film das einzige Speichermedium, mit dem das Fernsehen arbeiten konnte. Aufgrund seiner relativ langen Bearbeitungsdauer jedoch war er nicht optimal geeignet für das Fernsehen, das schon recht früh eine aktuelle Berichterstattung anstrebte. Etwas anderes mußte her, und so tauchte schließlich in den 50er Jahren das Prinzip der *Magnetaufzeichnung* auf, für die sich alsbald die Bezeichnung *Video* einbürgerte. Video (lat.: »ich sehe«) wäre ohne die Entwicklung elektronischer Medien nicht denkbar. Der Unterschied zwischen Film und Video liegt in erster Linie darin, daß ersteres Medium ein photographisches, letzteres hingegen ein magnetisches Aufzeichnungsverfahren ist. Daraus ergeben sich einige Konsequenzen nicht nur technischer, sondern insbesondere auch ästhetischer Art.

Video speichert die von der elektronischen Kamera gelieferten Bildimpulse auf einem magnetisierten Träger, so wie man dies von der Tonaufzeichnung auf Tonbändern kennt. Die wichtigsten an der Entwicklung beteiligten Unternehmen waren Ampex und die schon erwähnte RCA. 1964 entwickelte die US-Firma Mactronics die *Schrägspuraufzeichnung*. Dieses Prinzip ist noch heute gültig: Es beinhaltet einen rotierenden Aufzeichnungskopf; das Band wird nicht wie beim Tonband am Kopf vorbei-, sondern um ihn herumgeführt. Dabei entsteht auf dem Band eine Magnetspur in Gestalt einer Art engen »Schraffur«, man nutzt also das Band viel effektiver aus.

Um 1966 stellte der japanische Hersteller Sony ein verkleinertes Videosystem unter dem Namen *Portapack* vor, doch auch dieses war ohne Auto nur schwer transportabel. Erst 1971 entwickelte wiederum Sony das *U-matic*-System und löste damit auch die US-Hersteller in ihrer bis dahin führenden Rolle ab. Hier gab es erstmals kein auf offenen Spulen befindliches Band mehr, sondern man verwendete *Kassetten*. Dadurch wurde die Videoausrüstung relativ handlich und vor allem transportabel. U-matic ist noch heute gebräuchlich, diese Norm gilt als unterster Standard für den professionellen Einsatz und ist bereits »fernsehtauglich«.

Im professionellen Sektor hat man sich heute weltweit mit fast fünfzig Videonormen herumzuschlagen. Darüber hinaus wird die Videotechnik ständig verbessert und erweitert. Die Videosysteme für den privaten Gebrauch, als da wären *VHS* (Video Home System, 1977 von der japanischen Unternehmensgruppe Matsushita vorgestellt) und Sonys *Betamax* von 1976, sind hervorgegangen aus der U-matic-Technologie, kommen qualitativ jedoch nicht an diese heran. Besser war das von Grundig entwickelte System *Video 2000*, das noch dazu längere Spieldauern der Kassetten ermöglichte. Was exemplarisch zeigt, daß die Durchsetzung technischer Standards nicht immer eine Frage der Qualität ist: Mit geballter Markt-Power ist es einigen großen japanischen Anbietern gelungen, für den Amateurmarkt das qualitativ mäßige VHS weltweit gegen vorhandene bessere Entwicklungen durchzusetzen.

VHS wiederum wird momentan abgelöst von einerseits *Hi-8* und andererseits *Super-VHS*, kurz *S-VHS* genannt. Dieses immerhin ist abwärtskompatibel; man kann VHS-Kassetten auch auf einem S-VHS-Recorder abspielen. Umgekehrt allerdings geht es nicht; ein VHS-Recorder kann S-VHS-Kassetten nicht entziffern.

Demnächst jedoch könnte Schluß sein mit dem Systemsalat: Auf der Photokina 90 in Köln hat Panasonic die erste *digitale MAZ*[22] vorgestellt. Dazu gehört ein *Camcorder*[23], der Bild- und Tonsignale ohne analoge Zwischenstufen digital auf das Band bannt. 1993 soll die digitale Magnetaufzeichnung auch den Amateurmarkt erreichen und die herkömmlichen Analog-Videosysteme verdrängen.

Und im professionellen Bereich? Neue Bildformate und *hochauflösendes Fernsehen* (High Definition TV, kurz *HDTV)* geistern durch die Presse. Das europäische HDTV-System soll im Januar 1995 gestartet werden, so jedenfalls haben Ende 1991 die europäischen Postminister beschlossen. Ende 1992 allerdings existierten europaweit erst rund 50 HDTV-taugliche Fernsehgeräte, und obendrein, wie sollte es anders sein, konkurriert das europäische HDTV (eine gemeinsame Entwicklung des französischen Staatskonzerns Thomson mit dem niederländischen Elektronikriesen Philips) mit technisch abweichenden HDTV-Systemen aus Japan und den USA. Man darf gespannt sein, wer sich letztlich durchsetzt.

Soviel zunächst zur technischen Seite. Im folgenden soll gezeigt werden, was man mit Fernsehen und Video so alles angestellt hat, um seine Möglichkeiten zu ergründen.

Fernsehen + Video = Videokunst?

Videokunst ist ohne Fernsehen nicht vorstellbar. Dessen Rolle liegt dabei aber weniger in technischen als in gesellschaftspolitischen Implikationen des Mediums. Im Fernsehen wurde Video zwar massiv eingesetzt, aber

---

[22] Beim Fernsehen spricht man nicht von *Video,* sondern von der *MAZ.* Die Abkürzung steht für *Magnetaufzeichnung* und dient einfach der Unterscheidung von professionellem Material und dem Amateurvideo.

[23] Ein Kunstwort aus »Camera« und »Recorder«, gemeint sind damit Kameras mit eingebautem Laufwerk für die Videokassette; im Gegensatz zu jenen Nur-Kameras, die per Kabel an einen externen Recorder angeschlossen werden müssen.

lediglich als reines Aufzeichnungsmedium, das sich als besonders geeignet als transportables und schnelles Reportage-Equipment erwies.

Zum Objekt künstlerischer Auseinandersetzung wurde das Fernsehen eher durch seine Bedeutung im öffentlichen Leben. Da es sich in den 60er Jahren zu einem Massenmedium entwickelte, das immer mehr Menschen rund um die Uhr erreichte, wurde es als gesellschaftliches Phänomen interessant. Zunehmend besonders in den USA prägte es schon bald die Vermittlung politischer Informationen, die vorher in erster Linie durch Radio oder Zeitungen unter das Volk gebracht wurden und veränderte darüber hinaus das Freizeitverhalten breiter Bevölkerungskreise. Dabei hat das Fernsehen die fatale Tendenz, den Anschein größtmöglicher Objektivität selbst dann zu erwecken, wenn es die Wirklichkeit mit Absicht verzerrt: Denn Fernsehen liefert Bilder und vermittelt dem Zuschauer dadurch unweigerlich den Eindruck, er habe am Ereignis selber teilgenommen, es mit seinen eigenen Augen gesehen. Nun sprach man in den USA der 60er Jahre dem Fernsehen überhaupt wahre Wunderwirkungen zu, und diese, ob vermeintlich oder real, machten das Medium zu einer heißumstrittenen Angelegenheit.

Vor allem aber war das Medium *neu*, seine Grenzen waren noch nicht abgesteckt, mit ihnen konnte man spielen. Dadurch wurde es schließlich auch für viele Künstler jener Jahre interessant. Manche versuchten, diese vermuteten Wirkungen für sich zu nutzen, andere Künstler glaubten nicht an diese Allmacht des Fernsehens und versuchten, seine »wahren« Funktionsweisen herauszufinden. Dafür bot sich das Medium Video an.

Es gilt allerdings kurz einige Unterschiede zwischen Film und Video herauszustellen: Zunächst einmal muß man einen Film *bearbeiten*, bevor man ihn sehen kann:

Er muß entwickelt und kopiert werden, wobei diese Vorgänge niemals manipulationsfrei ausgeführt werden können. Schon die unvermeidliche *Lichtbestimmung* beim Kopieren bedeutet immer eine Beeinflussung von Farben und Kontrasten. Ein Video hingegen ist im Augenblick der Aufzeichnung »fertig« und kann angesehen werden. Das einzige, was vor der Aufnahme gemacht werden muß, ist der *Weißabgleich,* mit welchem Kamera und Recorder auf den hellsten aufzuzeichnenden Farbwert eingepegelt werden, damit keine Überbelichtungen oder Farbverfälschungen entstehen (es sei denn, sie seien erwünscht!). Das entspricht etwa dem Einstellen der Blende beim Fotoapparat; viele Videokameras erledigen diesen Arbeitsgang mittlerweile auch automatisch.

Eine *Nachbearbeitung* der Videoaufzeichnung ist natürlich möglich und wird im Regelfall auch erfolgen, zwingend notwendig aber ist sie nicht. Und sie sieht anders aus als beim Film: Videobänder können – anders als Tonbänder oder Filme – nicht mechanisch geschnitten werden (eine Folge der Schrägspuraufzeichnung). Will man Videoaufzeichnungen dennoch eine Montage angedeihen lassen, benötigt man dazu im einfachsten Fall bereits zwei Videorecorder: Man überspielt die jeweiligen Sequenzen oder Szenen vom Ur-Band in der gewünschten Reihenfolge und Länge auf ein zweites Band. Leider aber ergab dies lange Zeit keinen messerscharfen Schnitt, wie man ihn vom Film kennt, sondern der Übergang zwischen den hintereinandergespielten Szenen war unsauber; das Schlußbild war nicht plötzlich »weg«, sondern es fiel sichtbar in sich zusammen. Entsprechend umgekehrt baute sich das erste Bild der neuen Szene auf – dies sind zwar Vorgänge, die sich innerhalb von Sekundenbruchteilen abspielen, die man jedoch auch mit nichtprofessionellen Augen wahrnehmen und als störend empfinden konnte. Bei heutigen Amateurvideorecordern gibt es dieses Problem inzwischen nicht mehr. Zwar gab es auch damals bereits recht schnell auch elektronische Schnitt-vorrichtungen, die diesen Effekt kompensieren konnten, doch waren diese so teuer und umfangreich, daß sie dem Fernsehen, der Werbung und dem Militär vorbehalten blieben. Dort jedoch hatte man in der Regel andere Sorgen als die Nachbearbeitung von Künstlervideos, so daß in den 60er Jahren die meisten Videokünstler auf solche Annehmlichkeiten verzichten mußten.

Moon Is The Oldest TV – das ist nicht nur wahr, sondern auch Titel einer Installation des koreanischen Künstlers Nam June Paik. Zwölf im Halbrund nebenein-anderstehende Schwarzweiß-Fernseher zeigen an Mond-phasen erinnernde Formen, die durch das Verschieben der Zeilenschreiber an den Bildröhren entstehen. Paik, 1932 in Seoul geboren, gilt als Pionier der Videokunst, wenngleich er selbst lieber von »Electronic Television« spricht, um einen Gegenpol zur »Electronic Music« her-zustellen. Das ist konsequent, denn begonnen hat Paik seine künstlerische Laufbahn als Komponist und Musi-ker; eine Tatsache, die sein späteres Video-Schaffen stark beeinflußte.

Während Paik nach Kontakten zu Karlheinz Stock-hausen und John Cage mit Fluxus-Performances einer-seits seinen Ruf als »eine Art Kulturterrorist« (Decker 1988) festigte, begann er andererseits, sich mit dem Me-dium Fernsehen zu befassen. Da ein Videorecorder und eine Kamera damals für ihn außerhalb des finanziell Machbaren lagen, wandte er sich zunächst dem Fernseh-gerät als solchem zu. 1962 legte er sich zwölf gebrauchte Fernsehgeräte und bastelte diese auf einem extra ange-mieteten Bensberger Dachboden mit Hilfe eines Fern-sehtechnikers um. Mit Paiks Ausstellung *Exposition of Music – Electronic Television* in der Wuppertaler Galerie Parnass schlug im März 1963 die Geburtsstunde einer neuen Kunstrichtung, der *Videokunst.* Daß es sich da wirklich um eine neue Kunstrichtung handelte, wurde damals noch kaum erkannt; man betrachtete die TV-Installationen eher als eine Variante von Paiks musikalischer Arbeit, denn sie machten, wie schon der Titel verrät, nur einen Teil der Ausstellung aus.

Zwei der Fernsehgeräte waren beim Transport kaputtgegangen. Das eine zeigte gar nichts mehr, und so wurde es einfach mit der Bildröhre nach unten auf den Boden gelegt. Ein anderes zeigte nur noch eine waagerechte Linie, was Paik auf die Idee brachte, das Gerät um 90 Grad zu drehen und mit *Zen for TV* zu betiteln. Die restlichen zehn Geräte lagen verstreut auf dem Fußboden herum, flimmerten das 1. Programm vor sich hin und gaben seltsame Geräusche von sich – so jedenfalls sah es auf den ersten Blick aus. Tatsächlich aber hatte das Chaos System, denn die Geräte waren auf drei unterschiedliche Weisen gestört. Zum Teil konnten die Ausstellungsbesucher auch mit den Geräten spielen – ein Konzept, das Paik als »Participation TV« bezeichnet. Vier Fernseher waren durch Veränderungen an der Ablenkeinheit der Bildröhre so modifiziert, daß ihre Bilder »in negativer Umkehrung erschienen, sich um die senkrechte bzw. waagrechte Mittelachse zusammenrollten und von Sinusschwingungen gestört wurden« (Decker 1988). Bei einer zweiten Gruppe von Apparaten waren Tonbänder bzw. Radios als Störfaktoren mit dem Bild gekoppelt: In *Kuba TV* wurde das Bild gemäß der Musik größer und kleiner, im *Point Of Light* war ein Lichtpunkt zu sehen, der nach der Musik tanzte. Die Geräte einer dritten Gruppe waren gezielt so modifiziert, daß der Zuschauer irgendetwas tun mußte, damit sich auf dem Fernsehschirm etwas regte: Sprechen in ein Mikrophon bzw. ein Tritt auf einen Fußschalter lösten »ein Punktefeuerwerk auf dem Bildschirm« (Decker 1988) aus.

Immer neu verdeutlichte Paik diese seine Sicht des Mediums, indem er dem Besucher seiner Ausstellungen die Möglichkeit gab, aktiv einzugreifen: Die Skulptur *Magnet TV* von 1965 beispielsweise bestand aus einem Fernsehgerät, auf dem ein großer Hufeisenmagnet stand, mit welchem man das Bild verzerren und Wellenlinien auf den Bildschirm zaubern konnte[24].

Einen umgekehrten Weg ging Wolf Vostell: In einer *TV-dé-coll/age* (1963) beließ er Fernsehgeräte zwar in ihrer normalen Umgebung (nämlich in einem Kaufhaus in Paris), löste sie jedoch aus ihrer alltäglichen Funktion durch Veränderung des auf ihnen gezeigten Programmes. Zeitliche Verzögerungen sorgten dafür, daß sich die Bilder gegenseitig beeinflußten, veränderten und sogar auslöschten. Vostell hat Aktionen dieser Art in verschiedenen Variationen oft wiederholt, hat Fernseher zerlegt, zertrümmert oder erschossen.

Häufig, nachdem Videorecorder und Kameras erschwinglich geworden waren, wurde Video auch dazu eingesetzt, Aktionen dieser Art festzuhalten. Die daraus entstandenen Videobänder (englisch auch *Videotapes* genannt) wurden meist in Museen oder Galerien gezeigt und machten die Aktionen zumindest indirekt wiederholbar. Aber auch eigenständige, einfach zum Ansehen gedachte Videobänder wurden hergestellt. Da die technischen Möglichkeiten, wie geschildert, anfangs begrenzt waren, fielen die ersten Künstlervideos – zumindest aus heutiger Sicht betrachtet – eher schlicht gestrickt aus. Da

---

[24] Es sei ausdrücklich davor gewarnt, dies zu Hause am privaten Fernsehgerät auszuprobieren; nicht alle Fernsehgeräte vertragen den Magneten ohne bleibende Bildstörungen. Wer es dennoch nicht lassen kann: Das Innere des Fernsehers ist tabu; spielen Sie *keinesfalls* mit dem Magneten oder anderen Gegenständen im Gehäuse herum – es könnte eine *sehr* endgültige Performance werden!

wurden Fernsehprogramme mitgeschnitten und künstlich verzerrt; man videographierte Personen, Köpfe oder Ereignisse, um sie mit Farb- oder Schwarzweißkontrasten zu verfremden; man probierte Über- und Unterbelichtungen aus; spielte verschiedene Ereignisse gleichzeitig auf ein Band; ebenso versuchte man natürlich, die technischen Unzulänglichkeiten des noch jungen Videos zu einer Tugend zu machen, etwa den *Nachzieheffekt,* der sich als heller, nachleuchtender »Schweif« bemerkbar macht, wenn eine Lichtquelle durch das Bild geführt wird – und vieles andere.

Paik hat nur relativ wenige Kamera-Videos im eigentlichen Sinne hergestellt; etwa *Guadalcanal Requiem* (1977–79). Lieber hat er sich der Veränderung, Collage und optisch-akustischen Zerstörung vorhandenen Materials gewidmet; besonders gern Ausschnitten aus Fernsehprogrammen. *Global Groove* (1973) etwa zeigt unter anderem einen Richard Nixon, der mit einem Magneten verzerrt worden war. Es gab aber auch interessante Verfremdungseffekte, die »aus Versehen« entstanden: So hat Paik für manche seiner frühen Arbeiten aus Kostengründen kein reguläres Videobandmaterial, sondern gebrauchte Computerbänder benutzt. Das hatte eine eigenartig-grobkörnige Bildauflösung zur Folge, wie sie mit normalem Videoband gar nicht zu erzielen gewesen wäre.

Aus der Idee, daß man das Medium Video auch direkt innerhalb von Aktionen, Happenings oder Performances einsetzen könnte, resultierte schließlich das Konzept der *Closed-Circuit-Installation.* »Closed Circuit« bedeutet »geschlossener Kreislauf« und basiert darauf, daß man eine Videokamera natürlich nicht nur an ein Aufzeichnungsgerät anschließen kann, sondern auch unmittelbar an einen oder mehrere Monitore. Dort ist dann ohne Zeitverzögerung zu sehen, was die Kamera sieht;

man kennt dieses Prinzip von Video-Überwachungsanlagen in Kaufhäusern oder U-Bahnhöfen.

Eine der ersten Closed-Circuit-Installationen stammte von Frank Gillette in Zusammenarbeit mit Ira Schneider: *Wipe Cycle* von 1969. In diese Installation waren neun Monitore, eine Kamera, zwei Videobänder, sechs Videorecorder, ein Tonbandgerät sowie eine automatische Umschaltvorrichtung integriert. Das Werk stand in der New Yorker Howard-Wise-Gallery; wer dort aus dem Fahrstuhl trat, sah sich auf neun Monitoren selbst – teils live, teils um acht, teils um sechzehn Sekunden zeitverzögert. Dazu kamen vorproduzierte Bilder vom Band nebst einer ebenfalls vorproduzierten Tonkulisse. Die Umschaltvorrichtung ließ die Bilder in vier Zyklen im Uhrzeigersinn über die Monitore rotieren. Alle zwei Sekunden wirbelte zudem ein grauer Lichtimpuls gegen den Uhrzeigersinn über die Monitore und löschte die Bilder kurz aus. – Ein recht komplexes System also, das den Zuschauer sicherlich eine Weile zur Konzentration zwang, bis er das Prinzip durchschaut hatte, und unterhaltsam obendrein (vgl. Decker 1989).

Andere Closed-Circuit-Installationen nutzten ganze Räume. Ebenfalls 1969 etwa ließ Bruce Nauman in der Nicolas Wilder Gallery, Los Angeles, die Besucher in seinen *Live/Taped Video Corridor* laufen: Fünf Korridore unterschiedlicher Breite, drei davon so schmal, daß man sie nicht betreten konnte. Den vierten Korridor konnte man betreten, doch er endete im Nichts. Am Ende des fünften hingegen standen übereinander zwei Monitore: Der obere zeigte nichts als ein vorproduziertes Bild eben dieses leeren Korridores, auf dem unteren erblickte der Besucher seine eigene Rückenansicht, die von einer Videokamera über dem Eingang kam. Wenn man nun aber auf den Monitor zuging, wurde das Bild entgegen der vorhandenen Erwartung gemeinerweise nicht etwa

größer, sondern kleiner – je näher man also seinem eigenen Bild kam, desto mehr »entfernte« man sich von sich
selbst. Man könnte auch sagen: Das Monitorbild kehrte
seinem Original nicht nur den Rücken zu, sondern lief
auch noch vor ihm davon; ein Erlebnis, das viele Besucher als unangenehm empfanden.

Der Amerikaner Bill Viola hat unter dem Titel *He
Weeps For You* (1976) eine Closed-Circuit-Installation
gebastelt, die den Betrachter dadurch einbezieht, daß sie
dessen Abbild verzerrt: Der Betrachter spiegelt sich in
einem langsam, aber ständig sich vergrößernden Wasser-
tropfen. Diese Spiegelung wird von einer Kamera beobachtet und mit einem Video-Projektor auf eine Leinwand
projiziert – bis der Tropfen schließlich abstürzt und hörbar auf ein Tambourin fällt. Das Spiel kann von vorn
beginnen.

Das Reizvolle an den meisten Closed-Circuit-Installationen oder -Skulpturen ist, daß sie den Betrachter
zwingen, sich zu »verhalten« – wobei ihm in der Regel
genau in solchen Momenten deutlich wird, daß er sich zu
jedem beliebigen Zeitpunkt »verhält«, ohne es zu bemerken. Das Closed-Circuit-Prinzip konfrontiert den Betrachter mit sich selbst in einer Weise, wie sie unter
normalen Umständen nicht gegeben ist.

Aber es gibt auch *Video-Skulpturen* ohne Closed-
Circuit-Charakter. Sie sind eine besondere Spezialität
Paiks. Als Beispiel sei *My Faust* genannt, entworfen und
gebaut eigens für die Paik-Retrospektive *Video Time –
Video Space* (1991/92 in Zürich, Düsseldorf und Wien
gezeigt). Diese Installation besteht aus nicht weniger als
13 im Rund aufgestellten sogenannten »Schreinen« von
erheblicher Größe und bezieht auch den Faktor »Zeit«
ein: Holzrahmen mit Postament aus einer neogotischen
Kirche in Cincinnati enthalten jeweils 25 Monitore, die
von drei Laser-Disc-Geräten mit Bildern versorgt wer-

63

den. Schließlich, so Paik, werde er nun bald 60, da werde es allmählich »Zeit, meinen Faust zu machen – genau wie Goethe und Thomas Mann« (zit. n. Wolff 1991). Besonders der dreizehnte Schrein, *UHF (Ultra High Frequency)* betitelt, weist offensichtliche autobiographische Komponenten auf: Ein Fernsehgerät von 1948 ist dort verarbeitet, ein farbverschmierter Schal und ein altes Tweed-Sakko Paiks, seine mit etlichen Sicherheitsnadeln und einer daran baumelnden »Swatch-Uhr« gespickten Hosenträger (Paiks Markenzeichen), die Noten einiger seiner Kompositionen und etliche Fotos. Auf den Monitoren laufen drei auf ca. 30 Minuten komprimierte Collagen etlicher seiner Bänder (vgl. auch Decker 1991).

In den ausgehenden 60er und frühen 70er Jahren standen die vorherrschenden künstlerischen Spielarten, denen überwiegend auch die genannten Beispiele zuzurechnen sind, unter dem Oberbegriff *Fluxus* (von lat. »fluere« = fließen); eine Kunstform, die *Pop-Art, Happenings, kinetische Kunst* etc. sofort einbezog und durchweg im Sinne des nach wie vor zu verfolgenden roten Fadens synästhetische Ziele im Visier hatte. Viele Künstler dieser Zeit sind denn auch nur schwer einem bestimmten, fest umreißbaren Gebiet zuzuordnen. So kam es auch zu »Kreuzmodulationen« diverser Kunstrichtungen, viele Elemente tauchten in ganz anderen Bereichen wieder auf. Der Erfolg beispielsweise von *Lightshows* mit Dia- und Filmprojektionen, Stroboskoplicht und allerlei pyrotechnischen Spielereien bei Konzertauftritten von Rockgruppen (insbesondere sei hier an JEFFERSON AIRPLANE und die frühen PINK FLOYD erinnert) veranlaßte wiederum etliche Künstler, Ereignisse dieser Art in ihre eigenen Werke einzubauen, so daß es durchaus einen erheblichen Ideenaustausch zwischen verschiedenen Kunstbereichen gab – Aleksandr Skrjabin oder László Moholy-Nagy (vgl. Klangfarben und Farbtöne) hätten sich die Augen gerie-

Abb. 4. Nam June Paik: *Albert Einstein* (1991), eine Videoskulptur aus der *Family of Robots*.

ben, hätten sie noch erleben dürfen, wie ihre Ideen allmählich Gestalt annahmen.

Mit der Videokunst war Fernsehen plötzlich nicht mehr »Fernsehen«. Sie enthob das Medium seinem normalen Umfeld und nahm ihm so den Sinn, den man ihm unausgesprochen als seinen einzigen zuordnet: Insbesondere Paik (aber nicht nur er) befreite den Fernseher von seiner ausschließlichen Rolle als Bilder-Transportkiste. Die Videokunst hat damit im Laufe etlicher Jahre unsere

Sicht des Mediums Fernsehen wahrscheinlich stärker verändert als dies jedem noch so avantgardistischem Film oder Fernsehspiel möglich gewesen wäre – und zwar einfach deshalb, weil das Fernsehspiel, was immer sonst es tun mag, niemals die Funktion des Fernsehgerätes hinterfragen kann, auf dem es zu sehen ist. Die Videokunst aber kann das. Heute, nach dreißig Jahren Videokunst, wird man das sagen dürfen.

Von nun an – auch technologisch bedingt – streben alle bisher erwähnten Medien massiv aufeinander zu, und daran sind nicht nur Techniker, sondern auch Künstler beteiligt. Die Entwicklung verläuft rasant und wird uns in Nullkommanichts zum heutigen Stand der Technik bringen. Wer sich im übrigen für die visuelle und musikalische Ästhetik des hier hauptsächlich angesprochenen Zeitraumes zwischen den späten 60ern und frühen 70ern interessiert, sollte sich auch den Film *200 Motels*[25] aus der Hexenküche Frank Zappas zu Gemüte führen. Der Film ist der erste vollständig auf Video hergestellte Kinofilm und nutzt alle videospezifischen Möglichkeiten der Bildgestaltung, die es zu jener Zeit gab.

Video, Mikroelektronik und Computer

200 Motels stellte so ziemlich das Ausgefeiltste dar, was vor 1972 mit dem Bild- und Tonträger Video überhaupt zu realisieren war. Erst nach der kompletten Fertigstellung des Films wurden die Bilder auf herkömmli-

---

[25] *200 Motels;* Großbritannien 1968–71; Regie: Frank Zappa und Tony Palmer; 95 Minuten; farbig; mit Frank Zappa, THE MOTHERS OF INVENTION, Ringo Starr, George Duke, Keith Moon.

ches 35-mm-Filmmaterial überspielt, da es die Möglichkeit der *Video-Projektion* in den Kinos damals noch nicht gab. – Auch an der Verwirklichung der Video-Projektion übrigens ist Nam June Paik nicht ganz unbeteiligt: Seine Bänder *Laser Video Space I* (von 1980) und *II* (von 1981) hat er als Laserprojektion präsentiert, die er gemeinsam mit dem Photographen Horst H. Baumann ausgetüftelt hatte. Es dürfte dies einer der frühesten gelungenen Versuche sein, das Videobild von Monitoren oder Fernsehgeräten abzukoppeln.

Ab etwa Mitte der 70er Jahre griff dann die *Mikroelektronik* ins videotechnologische Geschehen ein, und zwar massiv. Video wurde ein bequemes Medium, dank der Mikroelektronik klein und einfach zu handhaben. Das heißt nicht, daß die Geräte zu diesem Zeitpunkt bereits computerisiert gewesen wären, aber die Unterhaltungselektronik profitierte von den Ergebnissen der fortschreitenden Computertechnologie. In erster Linie betraf das die Bauteile, auch die Bedienungselemente wurden vereinfacht. Aber dabei blieb es nicht.

Auch hier spielt wiederum der Video-Pionier Nam June Paik eine Rolle. Wie gezeigt, lag ihm mehr an der Veränderung als an der »Ablichtung« der Wirklichkeit. Für seine Sendung *The Medium is the Medium* im US-Sender WGBH-TV hatte Paik erstmals mit professioneller Studiotechnik arbeiten können. So sehr ihn die dort gegebenen Möglichkeiten einerseits faszinierten, so sehr empfand er sie andererseits als zu schwerfällig und unflexibel. So erinnerte er sich an eine frühere Zusammenarbeit mit dem japanischen Ingenieur Shuya Abe und entwarf mit ihm den *Paik/Abe-Video-Synthesizer*. Das erste Modell war 1970 fertig. Das 30-minütige Video *Paik/Abe Video-Synthesizer with Charlotte Moorman* von 1971 zeigt einige der Möglichkeiten dieses Gerätes, und viele seiner Effekte sind heute noch Teil des Standard-Effektrepertoires moderner Videobearbeitungsanlagen, wie wir sie im folgenden kennenlernen werden.

Mit dem Paik/Abe-Synthesizer war es kein Problem mehr, ein vollständiges Videobild zu beeinflussen; sei es durch Verzerrungen, Veränderungen der Farbkontraste, farbliche Überlagerungen, Mischungen, Überblendungen und so weiter; schwieriger zu bewerkstelligen aber waren Bearbeitungen von *Teilausschnitten* eines Videobildes. Das lag daran, daß man seinerzeit noch nicht auf die Möglichkeiten des Computers zurückgreifen konnte. Dies änderte sich erstmals 1972 mit dem *Scanimate*-Computer. Mit diesem Gerät konnte man auf einzelne *Zeilen* eines Bildes zugreifen, sie verändern, untereinander austauschen, farblich neu gestalten – oder sie auch völlig entfernen und durch Zeilen aus anderen Bildern ersetzen. Zu besichtigen sind die Möglichkeiten dieses Gerätes unter anderem in *Animation I*, einem 14-minütigen Video des Amerikaners Keith Sonnier aus dem Jahr 1973.

▩ Chroma-Key

Den nächsten großen »Schlag« lieferte Mitte der 70er Jahre das *Chroma-Key*-Verfahren, auch *Blue-Box*- oder *Blue-Screen*-Verfahren genannt. Gemeint ist damit ein elektronisches Verfahren, mit dem man eine bestimmte Farbe (meist Blau) aus einem vorhandenen Fernsehbild entfernen kann. Die so entstandenen Lücken lassen sich nun mit einem zweiten Videobild ausfüllen. Ein Beispiel für die Anwendung dieses Verfahrens ist die *tagesschau* der ARD: Da sitzt der Sprecher nicht, wie man vermuten könnte, vor einer Leinwand, auf die mit starken Projektoren die jeweiligen Nachrichtendias geworfen werden, sondern vor einer blauen Wand. Diese Wand wird am

Bildmischpult mit der Blue Box elektronisch entfernt und durch die gewünschten Bilder, Schrifteinblendungen, Landkarten etc. (im Studiojargon *Hintersetzer* genannt) ersetzt. Im Prinzip ist Chroma-Key eine Art elektronische Fortsetzung des früher erwähnten *Matte-Paintings* bzw. des *Schüfftan-Verfahrens,* ist jedoch sehr viel leichter zu handhaben.

Die Chroma-Key-Technik ermöglicht es, Schauspieler in beliebige Kulissen zu stellen, ohne daß man im Atelier real welche aufbauen müßte. Film, Video, Foto oder Zeichnung genügt, und schon befindet sich unser Protagonist wahlweise auf dem Wiener Zentralfriedhof, vor Onkel Dagoberts Geldspeicher in Entenhausen oder fliegt durch den amerikanischen Grand Canyon. Wenn in der *tagesschau* der USA-Korrespondent seine Reportage vor dem Hintergrund des Weißen Hauses spricht, handelt es sich in aller Regel um eine Illusion: Tatsächlich steht er vor der blauen Wand im Washingtoner ARD-Büro und wird per Chroma-Key technisch in ein Foto des Weißen Hauses *eingestanzt* (wie man dies nennt; auf englisch wird es als *keying in* bezeichnet).

Daß man sich beim Chroma-Key-Verfahren übrigens meist für den Farbton *Blau* entscheidet, hat einen praktischen Grund; grundsätzlich ist der Trick mit jedem beliebigen Farbton möglich (deswegen ist die Bezeichnung »Blue-Box«-Verfahren auch nicht treffend): Dieses spezielle, hier zum Einsatz kommende Blau ist der Farbton, der am Lichtspektrum der diversen menschlichen Hautfarben den geringsten Anteil hat. Nähme man statt seiner etwa Rot, käme es zu Störungen des Bildes, da Rot in allen Hautfarben vertreten ist.

Die Anwendung des Chroma-Key-Verfahrens bedeutet im übrigen auch, daß vor der Kamera bestimmte Kleidungsstücke nicht getragen werden können. Das sind nicht unbedingt nur solche, die genau jenen spezifischen

Blauton aufweisen; es gab auch einmal eine *tagesschau*-Ausgabe, in welcher die Sprecherin Dagmar Berghoff einen Glitzerpullover trug, der die Farbe der blauen Wände widerspiegelte. Das Ergebnis: Lediglich Kopf, Hände und Manuskriptblätter waren noch zu sehen, der restliche Oberkörper war verschwunden oder wurde durch die jeweiligen Hintersetzer ersetzt. Man kann sich diesen Effekt natürlich auch zunutze machen, etwa, um eine Person komplett oder teilweise per Chroma-Key unsichtbar zu machen oder sie mit beliebigen Bildern »aufzufüllen«, indem man sie bewußt blaue Kleidung oder Accessoires tragen läßt. Paik zum Beispiel hat dies zusammen mit der Cellistin Charlotte Moorman in Videos und Performances mit *Chroma Key Glasses* oder dem *Chroma Key Bra* ausprobiert.

Die weitere Entwicklung der Videotechnologie ist verknüpft mit der *Digitalisierung* des Bildes. Das Bild wird nicht mehr nur in Zeilen zerlegt, sondern wird unterteilt in kleine, *Pixels* genannte Bildpunkte. Damit ein hinreichend fein aufgelöstes Bild entsteht, sind rund 700.000 Pixels erforderlich. Der Computer kann nunmehr jeden einzelnen dieser Punkte ansprechen, bearbeiten und verändern. (Damit es hier nicht zu Mißverständnissen kommt: Die Zerlegung des Bildes in Pixels ist eine geräteinterne Angelegenheit, wiedergegeben wird es selbstverständlich nach wie vor in Zeilen, wie der Blick auf einen beliebigen Fernseher zeigt!) Das erwies sich als »Quantensprung« in der Bildbearbeitung; von jetzt an war der Computer untrennbarer Bestandteil der Video- und Fernsehtechnik und hat sie radikal umgekrempelt. Wie und was der Computer da umgekrempelt hat, ist Inhalt der folgenden Abschnitte – damit ist der Ausflug in die Vergangenheit beendet, wir befinden uns nunmehr im Hier und Jetzt.

▰ Paintbox und Harry

1983 wurde von der britischen High-Tech-Firma Quantel die erste *Paintbox* vorgestellt (und zwar als ein Abfallprodukt militärischer Forschung; was, nebenbei bemerkt, typisch ist für Entwicklungen dieser Art). Der Stückpreis eines solchen Gerätes ist deftig; das ZDF etwa hat in seine beiden Paintbox-Anlagen über zwei Millionen Mark investiert, die ARD verfügt sogar über fünf solcher Anlagen.

Dabei ist da an Hardware gar nicht so viel zu sehen: Außer der Zentraleinheit (also dem eigentlichen Computer) gibt es einen Farbmonitor und ein Graphiktablett, welches einfach aus einer Plastikplatte besteht, die mit einem Stift *(Stencil* genannt) »beschrieben« wird. Auf der Platte wird natürlich nicht real gemalt, sondern die auf dem Tablett ausgeführten Schreib- oder Zeichenbewegungen werden auf dem Monitor von einem Cursor nachvollzogen. Schließlich gehören noch eine alphanumerische Tastatur sowie das *Digital Library System* (DLS) zur Hardware, ein elektronischer Speicher, der alle mit der Paintbox hergestellten Ergebnisse festhält. Was einmal im DLS gespeichert ist, kann immer wieder verwendet und überallhin überspielt werden – eine Art großer Karteikasten, den man per Kamera, mit Fotos, Zeichnungen, Schriftvorlagen, aber auch Datensätzen von einer Diskette füttern kann.

Eine Paintbox leistet im wesentlichen alles das, was auch ein gutes Graphikatelier leistet. Lediglich arbeitet die Paintbox im Gegensatz zu jenem vollelektronisch und papierlos. Die Möglichkeiten der Paintbox erstrecken sich vorrangig auf zwei Gebiete: die *Erstellung* von Bildern und die Veränderung bzw. *Bearbeitung* von Bildern.

Ersteres geschieht mit dem Stift via Graphiktablett; die Paintbox unterscheidet sich hierin kaum von guten

71

Heimcomputer-Graphikprogrammen. Interessanter sind die Möglichkeiten der *Bildbearbeitung*. Will man beispielsweise ein Foto bearbeiten, so wird es zunächst vom DLS oder mit einer Kamera in die Paintbox geladen, so daß es auf dem Monitor zu sehen ist. Von jetzt ab läßt sich alles mit ihm anstellen, was auch rein graphisch möglich wäre – und manches, was darüber hinausgeht.

So lassen sich zum Beispiel bestimmte Bildteile mit einer Schablone abdecken. Dazu werden die Umrisse mit dem Stift nachgezeichnet, was sehr sorgfältig geschehen muß und folglich recht zeitaufwendig sein kann. Sodann erscheinen die entsprechenden Teile des Bildes mit einer transparenten roten Farbe überdeckt. Die freien Bildteile kann man nun ausschneiden, sie verschieben, vervielfachen, spiegeln, vergrößern, verkleinern, drehen, verzerren – wie und was immer man will.

Mit einer ähnlichen Schablonenmarkierung ist es auch möglich, bestimmte Bildteile zum *Hinter*- bzw. *Vordergrund* zu erklären. Damit läßt sich etwa ein ausgeschnittenes Objekt unter oder über ein anderes schieben, so daß ein Bild vollkommen neu arrangiert werden kann. Ein Mensch, der auf dem Originalfoto *vor* seinem Auto stand, kann per Paintbox *hinter* sein Auto gestellt und die dadurch im Vordergrund entstehende Lücke mit etwas anderem aufgefüllt werden. Genauso lassen sich natürlich auch Teile aus anderen Bildern einfügen – so kann man etwa Herrn Lehmann die Nase des Herrn Schröder verpassen. Und wenn dann Schröders Nase auch die Farbe von Lehmanns Nase hat (das ist ohne weiteres zu machen), wird niemand mehr erkennen können, daß Lehmann auf dem neuarrangierten Bild Schröders Nase hat. Das ist zwar knifflige Arbeit, aber technisch kein Problem. Ebensogut ist es natürlich auch möglich, Bildteile nach Belieben zu *colorieren*.

Die Paintbox ist in erster Linie für stehende Bilder gedacht. Ihre Domäne ist die Erstellung von Kombinationen aus Fotos, Zeichnungen und Beschriftungen; als Beispiel sei hier wiederum auf die *tagesschau* verwiesen. Deren Hintergrundbilder werden nicht manuell-graphisch erstellt, sondern mit der Paintbox. Direkt aus dem Digital Library System, in dem sie gespeichert sind, werden sie per Chroma-Key ins Bild eingestanzt und erscheinen anstelle der blauen Wand hinter dem Nachrichtensprecher.

Für bewegte Bilder ist die Paintbox eigentlich nicht vorgesehen. Aufgrund der Möglichkeit, Bildteile beliebig oft zu vervielfältigen, zu verändern und zu verschieben, ist es zwar möglich, aber doch sehr umständlich. Im Jahr 1988 stellte deshalb wiederum die Firma Quantel *Harry* vor. Das ist nicht etwa der Chef des Unternehmens, sondern eine Erweiterung der Paintbox, mit der es nunmehr möglich ist, *bewegte* Bilder, also Film- und Videoausschnitte zu bearbeiten. Damit hat sich die Paintbox zu einem universellen elektronischen Bearbeitungsgerät entwickelt, mit dem man Elemente aus einem Film in einen anderen Film übernehmen, Fotoausschnitte einfügen und bewegen kann. Es können Zeichnungen in reale Videobilder eingebaut oder umgekehrt reale Figuren in Zeichentricklandschaften gestellt werden.

Soll beispielsweise ein Mensch einen gezeichneten Marienkäfer jagen, so könnte das mit Harry wie folgt bewerkstelligt werden: Zunächst wird der Mensch auf Videoband 1 gebannt, wie er durch die Gegend läuft und von Zeit zu Zeit irgendwo in der Luft in die Hände klatscht. Auf einem zweiten Videoband wird der gezeichnete Marienkäfer festgehalten, und zwar unter Berücksichtigung seiner korrekten Flügelbewegungen. Der nächste Schritt besteht darin, diese beiden Videos zusammenzuführen: Man holt dazu Video 1 (den Käferjäger)

73

auf den Monitor, und zwar Bild für Bild. Nun kann man in jedes Einzelbild des Videos 1 den Marienkäfer aus dem Video 2 einfügen, wobei dies an jeder Stelle möglich ist. Der Käfer kann natürlich passend verkleinert oder vergrößert werden, seine Flugbahn kann man den individuellen Bewegungsabläufen des Jägers anpassen – es liegt also am Video-Graphiker, ob der Käfer den Film überlebt oder irgendwann zwischen den klatschenden Händen sein Leben aushaucht.

Den ersten Harry in deutschen Landen übrigens hatte das 1989 eröffnete Bavaria-Video-Center in München; bislang wurde das Gerät vorrangig für die Produktion von Werbespots eingesetzt.

Digitale Videoeffekte

Nicht immer muß es gleich eine Paintbox oder ein Harry sein. Sattsam bekannte Bildeffekte wie etwa Bilder, die rotieren, nach hinten umklappen, in tausend Stücke zerplatzen oder in die ewiglichen Weiten des erhabenen Kosmos strudeln, sind, wenn man so will, für die teure Paintbox zu einfach.

Für solche Effekte gibt es den *Digitalen Video-Effekt-Generator,* im Studiojargon kurz *DVE* genannt, der auf Effekte dieser Art spezialisiert ist. Dahinter verbirgt sich eine aus Computer und alphanumerischer Tastatur bestehende Einheit, die ins Regiepult des Fernseh- oder Videostudios integriert ist. Wenn Bildeffekte einmal programmiert sind, so kann man sie immer wieder einsetzen – egal wofür! Das DVE-System liefert nur den »Rahmen«; was man in ihn einfügt, bleibt der Phantasie der Graphiker, Regisseure und Techniker überlassen. So kann man etwa ein Programm entwerfen, das den Computer ein Bild einfach als eine Fläche auffassen läßt.

Sodann gibt man bestimmte Bewegungsabläufe ein; läßt etwa die Fläche rotieren und sie gleichzeitig kleiner werden. Wenn der Computer dieses Schema einmal an Bord hat, spielt es keine Rolle mehr, welche Bilder man in diese Fläche einsetzt – daher das Phänomen, daß bestimmte Bildeffekte immer wieder im Fernsehen auftauchen. Die Hersteller solcher Geräte liefern bestimmte Standard-Programme natürlich auch gleich mit. Dazu gehören unter anderem neben dem Ineinanderkopieren verschiedener Bilder (dem sogenannten *Layering)* immer Effekte wie Verzerrungen des Bildes in die Länge oder Breite, diverse Farbverfremdungen und Veränderungen der scheinbaren Oberflächenstruktur (so können Menschen oder Gegenstände so verändert werden, als seien sie mit Bleistift oder Wachsmalstiften gezeichnet), Bildvervielfältigungen nach Art eines »optischen Echos« *(Feedback* genannt; der Effekt entspricht etwa dem zweier sich gegenüberstehender Spiegel, man sieht eine Bildkette bis ins Unendliche), die *Pixilation* von Bildern (was bedeutet, daß die Zahl der Pixels so herabgesetzt wird, daß eine gröbere Bildauflösung entsteht und das Bild an ein Mosaik erinnert), kontinuierliche Bewegungsabläufe können stroboskopisch zerhackt werden – und vieles mehr. Man achte einmal auf die im Fernsehen eingesetzten Effekte; die auf- oder umklappenden Bilder, die ins Bild wirbelnden Schrifteinblendungen – das alles sind digitale Videoeffekte. Wobei natürlich auch Kombinationen denkbar sind; Entwürfe aus der Paintbox können mit dem digitalen Videoeffektgenerator weiterbearbeitet werden. Solche Effektgeneratoren übrigens gibt es in einfachen Ausführungen mittlerweile auch für den Amateurmarkt.

▓ **Computeranimation**

Ging es in den zurückliegenden Abschnitten um die Bearbeitung realer Bildelemente bzw. die Herstellung oder Veränderung von Zeichnungen, so werden die folgenden Abschnitte vom genauen Gegenteil handeln: der Schaffung vollkommen künstlicher Bildwelten. Das Stichwort lautet *Computeranimation*.

Wenn es möglich ist, komplette Bilder in Pixels zu zerlegen und jedes einzelne Pixel für sich anzusprechen und zu bearbeiten, dann muß es auch möglich sein, Pixels einzeln herzustellen und sie wie ein Mosaik zu einem kompletten Bild zusammenzusetzen. Genau dies ist das Prinzip der Computeranimation. Nehmen wir an, wir möchten ein künstlich erzeugtes Billardspiel auf den Bildschirm zaubern. Dazu nehmen wir, da wir ja wirklich beim Punkt Null anfangen wollen, zunächst einmal eine Kugel (und zwar eine wirkliche!) zur Hand und überziehen diese per Filzstift mit einem möglichst engen »Gradnetz« – etwa wie einen Globus. Diese Kugel fotografieren wir (Vorder- und Rückseite!). Mit einer Art Maus, *Digitizer* genannt, fahren wir diese Gradnetze auf den beiden Fotos ab, und zwar so exakt wie möglich. Diese erscheinen dann auf dem Monitor, der Computer hat also unsere Mausbewegungen genau nachvollzogen. Was jetzt auf dem Monitor zu sehen ist (zwei Netz-Halbkugeln), müssen wir nun zu einer kompletten Kugel zusammenfügen. Damit ist der schwierigste Teil unserer Arbeit erledigt, der Computer hat eine Kugel als Strichfigur an Bord, und zwar dreidimensional! Dieses Bild bezeichnet man als *Wire-Frame,* als »Drahtmodell« also, weil es tatsächlich wie ein solches aussieht. Diesen Wire-Frame kann man nun bereits drehen, von allen Seiten betrachten, vergrößern, verkleinern, verzerren, oder was immer man will. (Erwähnt sei am Rande, daß man normalerweise natürlich nicht mehr am Punkt Null anfangen muß – eine entsprechende Anlage hat in der Realität solche einfachen geometrischen Figuren wie Kugeln, Quader, Pyramiden etc. bereits im Festspeicher, so daß man sie ganz einfach aus einem Menü auswählen kann, oder es gibt entsprechende Disketten. Will man aber beispielsweise das Portrait eines Freundes oder einer Freundin in den Computer übertragen, muß man tatsächlich auf die beschriebene Weise vorgehen!)

Der zweite Schritt nach der Erstellung des Wire-Frames ist das *Modelling*. Dem Computer wird nunmehr mitgeteilt, daß er die Flächen des Gradnetzes *ausfüllen* soll. Das Ergebnis heißt *Solid-Model* und erinnert nun schon an eine richtige Kugel. Was noch fehlt, sind Farbe und Struktur der Oberfläche. Es könnte schließlich ein Glas-, ein Holz-, aber auch ein Beton- oder Lederball sein; auch könnte er kristallklar, leicht durchscheinend oder vollkommen undurchsichtig sein. In unserem Beispiel soll es eine Billardkugel werden; die Oberfläche muß demnach glänzen wie poliert. Diese Eigenschaften kann man aus einem Menü auswählen und sie der Kugel zuordnen.

Eine Kugel macht noch kein Billardspiel; wir brauchen schon mindestens drei. Wir kopieren unsere Kugel also zweimal, färben zwei davon weiß und eine rot. Das Einfärben übrigens nennt man *Shading*. – Fehlt noch etwas? Richtig, ein Billardtisch und wenigstens ein Queue. Die müssen wir wieder, wie gehabt, »malen«, da hilft nichts. Wir besorgen uns also von beidem Konstruktionspläne (technische Zeichnungen) oder Fotos und fahren diese wiederum mit dem schon bekannten Zeichengerät ab. Dieses kann eine Heidenarbeit sein; umso mehr, je häufiger Kurven dabei auftreten. Die Arbeit zahlt sich aber, wie wir gleich sehen werden, aus: Denn nun haben wir alles, was man braucht, maßstabgerecht im Computer gespeichert: Billardtisch, Queue und drei Kugeln. Da der Rechner alle diese Gegenstände *dreidimensional* definieren und entsprechend mit ihnen umgehen kann, ist es nun kein Problem mehr, den Tisch in einem imaginären Raum zu plazieren und die Kugeln auf ihm zu verteilen.

Schlußendlich – das ist der letzte Arbeitsvorgang beim Modelling – müssen wir noch das Licht im Raum festlegen und den Blickwinkel (wenn man so will: die »Kameraposition« bzw. eventuelle »Kamerafahrten«) bestimmen, aus dem wir das Ganze auf dem Monitor wahrnehmen wollen. Wenn wir festlegen, daß das Licht von oben aus einer Glühbirne kommen soll und wir von schräg vorn auf den Tisch schauen wollen, so kann der Computer die Optik naturgetreu gestalten: Die Billardkugeln werden, da sie ja eine polierte Oberfläche haben, die Glühbirne widerspiegeln und Glanzlichter zeigen, und sie werden die optisch korrekten Schatten auf die Spielfläche werfen. Man bezeichnet dies als *Ray-Tracing*: Wenn der Computer weiß, von wo das Licht kommt und wie die zu beleuchtenden Gegenstände beschaffen sind, sorgt er von sich aus für naturgetreue Lichteffekte und perspektivisch richtige Sichtverhältnisse. Auch dies funktioniert natürlich nur, weil das System intern mit einem dreidimensionalen Koordinatensystem arbeitet; einer x-, einer y- und einer z-Achse also für Höhe, Breite und Tiefe.

Nun aber 'ran an die eigentliche *Animation* der ganzen Geschichte: *Rendering* heißt der nun folgende Arbeitsvorgang; unser Billardspiel soll bewegt werden! Und jetzt zeigt sich, warum sich der bisher getriebene Arbeitsaufwand letztlich lohnt: Wenn man nämlich dem Computer sagt, welche *physikalischen Gesetze* für das Billardspiel eine Rolle spielen (wenn die Kugel etwa im Winkel von 35 Grad gegen die Bande gespielt wird, so muß sie im gleichen Winkel wieder ins Spielfeld rollen, da

Einfallswinkel = Ausfallswinkel; auch muß dem Computer mitgeteilt werden, daß die Kugeln an Bewegungsenergie verlieren, wenn sie rollen!), so kann er aufgrund einer Situationsvorgabe das Resultat errechnen und selbsttätig im Bild umsetzen! Je genauer die Vorgaben sind, desto naturgetreuer wird das Ergebnis sein. Wir geben also einen Stoß mit dem Queue gegen die rote Kugel vor – und der Computer berechnet ihren Lauf unter Berücksichtigung aller Hindernisse (also der Bande und der anderen beiden Kugeln); er weiß, wie sich die Hindernisse verhalten, wenn sie von einer Kugel getroffen werden, und er gibt ihr Verhalten perspektivisch korrekt bis in die Lichteffekte hinein auf dem Monitor wieder.

Das allerdings bedeutet eine unglaubliche Rechnerei für das Gerät. Im Fernsehen bzw. Video wird mit 25 Bildern pro Sekunde gearbeitet, und da sich jedes einzelne Bild schon bei einer sehr groben Auflösung, wie sie etwa bei einem Heimcomputer vorliegt, aus (mindestens!) 64.000 Pixels zusammensetzt, muß der Computer folglich Helligkeit und Farbwerte von mindestens 1,6 Millionen Pixels berechnen, damit sich eine Sekunde Bildablauf ergibt. Für den professionellen Bereich kommt man mit einer solchen Bildauflösung natürlich nicht aus; dort setzt sich das Bild aus mindestens 700.000 Pixels zusammen. Macht 17,5 Millionen Pixels pro Sekunde Bildablauf! Und deren Positionen und Farbwerte zu berechnen erfordert gelegentlich extreme Rechenzeiten: Je nachdem, wie kompliziert das Bild ist (unser Billardspiel ist ja noch simpel!), kann die Berechnung eines einzigen Bildes selbst mit professionellen Hochleistungscomputern manchmal eine runde Stunde dauern; ein voller Tag Rechenzeit also für eine Sekunde Computeranimation!

Soviel vorerst zur Computeranimation. Sie wird uns noch häufiger wiederbegegnen, denn ihre Bedeutung geht mittlerweile weit über Spielereien der genannten Art hinaus.

Grundsätzlich sei noch auf eine Tatsache hingewiesen, die vor lauter Fernsehen und Video nicht verlorengehen darf: Die von der Paintbox oder per Computeranimation hergestellten Bilder basieren ebenso wie ihre Bearbeitung per Digital-Optik auf nichts anderem als *Datensätzen*. Ihre optische Umsetzung bzw. Ausgabe erfolgt in aller Regel per Video und/oder Monitor. Letzteres ist aber nicht zwingend; ebensogut ist es möglich, die Produkte der Elektronik auf klassisches Filmmaterial zu bannen, was der Bildqualität nur zugute kommt, denn Film kommt ohne Zeilenstruktur aus.

Und noch etwas ist möglich, wenngleich es sich dann zwangsläufig auf stehende, unbewegte Bilder bezieht: Die Computerbilder lassen sich in exzellenter Bildqualität auch auf Papier ausgeben. Die Qualität solcher per *Digital Image Processing* hergestellter »Fotos« ist so gut, daß bereits nach dem Gesetzgeber gerufen wird. Und dafür gibt es in der Tat gute Gründe, denn es ist ohne jede Übertreibung möglich, Fotos so perfekt per Paintbox zu fälschen, daß niemand mehr in der Lage sein dürfte, sie als Fälschung zu erkennen. Solches Verändern von Fotos bezeichnet man ein wenig schönfärberisch-verharmlosend als *digitale Retusche* (Abb. 5) – wenn solche Möglichkeiten in die falschen Hände geraten, kann sich jeder selbst die möglichen Konsequenzen ausrechnen: Fotos als Beweismaterial sind vor Gericht schon heute mit Vorsicht zu genießen, und es ist absehbar, daß dies dank Harry bald auch für Filme bzw. Videoaufnahmen gelten wird.

Wobei generell darauf hinzuweisen ist, daß zumindest im Amateurbereich das Video den früher sehr beliebten Schmalfilm *(Single-* oder *Super-8)* fast völlig verdrängt hat, obwohl das anfangs keiner für möglich hielt.

Abb. 5a,b. Steffi Graf, Original und Fälschung. Im unteren Bild wurden Nase, Kinn und Augen verändert. Computersimulation © VAP GmbH Hamburg.

So ähnlich dürfte sich die Sache auch auf dem Fotosektor gestalten. Auf der Photokina 90 wurde erstmals ein praktikabler Fotoapparat vorgestellt, der statt eines Filmes eine Diskette enthält. Eine andere Möglichkeit besteht darin, den Film zu entwickeln und die Bilder digitalisiert auf einer *Compact-Disc* (CD) zu speichern. In beiden

Fällen können die Fotos per Computer *bearbeitet* und auf Papier oder als Dia ausgegeben werden. – Und nun dürfen wir raten, wie lange der herkömmliche, klassische Fotoapparat seine heutige Marktposition wohl noch zu halten vermag, und vor allem, wie lange es wohl dauern wird, bis eine einfache *digitale Retusche* von Fotos am Heimcomputer möglich ist (Stichwort: *Multimedia!*). Dann muß niemand mehr selbst nach Cusco fliegen, nur um vor den lieben Kolleginnen und Kollegen mit den Urlaubsfotos angeben zu können – ein paar Hochglanzfotos aus einem Reiseführer genügen, um sich – im wahrsten Wortsinne – selbst ins Bild zu setzen:»Und das hier sind wir vor der La-Compañìa-Kirche ...«

Post-Production

Die sogenannte *Post-Production* kann man nicht exakt von den bisher genannten Bereichen abgrenzen. Gemeint ist damit die Bearbeitung von Filmen und Videos *nach* der Herstellung des Ausgangsmaterials. Auch diese erfolgt zwischenzeitlich vollelektronisch und digitalisiert.

Der Schlüsselbegriff lautet *SMPTE-Timecode.* Dies ist die Abkürzung der *Society of Motion Picture and Television Engineers;* eine US-amerikanische Technikervereinigung, welche diesen Standard ersonnen hat. Die *European Broadcasting Union* (EBU, das sind alle TV-Stationen, die der allseits bekannten Eurovision angehören) hat sich angeschlossen.

Der SMPTE-Timecode ist eine Norm, die alle Film- bzw. Videobilder sozusagen durchnumeriert. Dies geschieht nach dem Schema *Stunden:Minuten:Sekunden:Frames.* Unter einem *Frame* versteht man ein einzelnes Bild, von denen – wie erwähnt – im Fernsehen 25, im

Kino 24 pro Sekunde gezeigt werden. Nach diesem Prinzip ist jedes einzelne Bild exakt definiert und auffindbar, da dieser Timecode als elektronischer Impuls auf dem Videoband bzw. Film gespeichert ist und von Videorecordern und angeschlossenen Zusatzgeräten gelesen werden kann. Die Codierung »00:12:15:14« bedeutet »das vierzehnte Bild in der fünfzehnten Sekunde der zwölften Minute« – Verwechslungen sind ausgeschlossen.

Anhand dieses Timecodes läßt sich so ziemlich jeder vorstellbare Schritt speziell der Post-Production vorprogrammieren und computergesteuert ausführen. Ein Beispiel: Videobänder können nach wie vor nicht manuell geschnitten werden wie Tonbänder oder Filme, sondern immer noch geschieht dies auf dem Weg des Überspielens auf ein zweites Band. Diese Arbeit kann man dem Computer überlassen, indem man ihm mitteilt, wo die Schnitte gesetzt und in welcher Reihenfolge die Szenen aneinandergehängt werden sollen. Der Computer wird dann das Originalband auf die entsprechenden Stellen hin absuchen, im geeigneten Moment das zweite Videoband anfahren und die Szenen wunschgemäß zusammenfügen. Dabei kann man sogar vorprogrammieren, wie der Schnitt aussehen soll – soll's ein einfacher, »harter« Schnitt sein, eine Überblendung, eine Wisch-, Iris-, Schiebe- oder sonstwelche Trickblenden? Soll der Schnitt mit digitalen Videoeffekten kombiniert werden, soll etwa die zweite Szene in die erste »hineinrotieren«? Man muß es dem Computer nur sagen.

Man ist bei der professionellen Videoaufzeichnung mittlerweile zur *Einzelkomponenten-Aufzeichnung* übergegangen. Dies heißt: Während früher die Informationen für das Schwarzweißbild, die darauf zu legenden Farben sowie der Ton als zusammengefaßtes Signal gemeinsam auf *einer* Spur untergebracht waren (beim VHS-Video ist das noch immer so; nicht zuletzt daher seine flaue Qualität!), so werden diese Informationen nun voneinander getrennt auf *drei* Spuren untergebracht. Man kann so die Helligkeit des Schwarzweiß-Bildes verändern, ohne die Farben zu beeinflussen (oder umgekehrt), auch können sich die Faktoren nicht mehr gegenseitig stören. Mit dem Timecode lassen sich auch relativ komfortabel Manipulationen programmieren, die sich auf lediglich einen dieser Faktoren beziehen – das ist besonders beim Ton von Bedeutung, wie wir noch sehen werden (Stichwort: Filmmusik!). Ebenso lassen sich per SMPTE verschiedene Medien zusammenführen und synchronisieren, da dieser Code einheitlich für alle Bild- und Tonmedien gilt. Die Konsequenz ist eine immer weiter sich ausbreitende Arbeitsteilung in der gesamten Branche; Studios spezialisieren sich auf immer engere Teilgebiete. Sie machen *nur* Computeranimationen oder *nur* Post-Production.

▨ Video, Computer und Film

SMPTE erfüllt noch weitere Funktionen: Diese sind ein Thema des kommenden Kapitels, in dem es um den heutigen Stand der Musikelektronik geht. Wer nun glaubt, wir würden damit den bisher besprochenen visuellen Bereich verlassen, irrt sich – im Gegenteil: Die Video- und Musiktechnologien lassen sich kaum noch trennen. Zuvor jedoch sei zur Abrundung dieses Kapitels noch kurz darauf hingewiesen, daß Video, Computeranimationen, Chroma-Key, Paintbox und der »klassische« Film in vielerlei Hinsicht zumindest technisch *kompatibel* geworden sind; man kann Videoaufzeichnungen auf Filmmaterial umkopieren und umgekehrt. Damit stehen dem klassischen Kinofilm nunmehr auch alle technischen

Tricks der Video- oder Computertechnologie zur Verfügung. Zu den ersten Filmen, die sich die Computeranimation zunutze machten, gehörte der Disney-Streifen *Tron*[26] von 1982, eine banale Story im High-Tech-Gewand. Pompöse Kassenschlager wie die *Star Wars*-Trilogie[27] aus der Hexenküche der George-Lucas-Production und seines Trick-Unternehmens Industrial Light and Magic (USA) wären ohne Tricktechniken wie Chroma-Key kaum vorstellbar. Über den Einsatz neuer Technologien mit dieser Zielsetzung muß man nicht viel sagen. Er findet bei Licht besehen einfach nur deshalb statt, weil er möglich ist. Und daß der Einsatz computergestützter Tricktechniken nicht nur Verbesserungen bringt, wird einem spätestens dann klar, wenn man sich einmal wieder in die Filmgeschichte begibt.

Ray Harryhausens klassisch-schöne Tricksequenzen etwa in *Sindbads siebente Reise*[28], wo der von einem wirklichen Schauspieler dargestellte Sindbad mit einem stop-motion-animierten Skelett einen harten Kampf auszufechten hat, lassen alle Jedi-Ritter hinter sich, obwohl

---

[26] *Tron*; USA 1982; Regie: Steven Lisberger; 96 Minuten; Farbe; mit Jeff Bridges, David Warner, Bruce Boxleitner, Barnard Hughes, Cindy Morgan.
[27] *Star Wars (Krieg der Sterne)*; USA 1977; Regie: George Lucas; 121 Minuten; Farbe; mit Mark Hamill, Harrison Ford, Carrie Fisher, Peter Cushing, Alec Guinnes. Teil 2 erschien 1979 unter dem Titel *The Empire Strikes Back (Das Imperium schlägt zurück)*, Teil 3 von 1982 hieß *The Return of the Jedi (Die Rückkehr der Jedi-Ritter)*.
[28] *The 7th Voyage of Sindbad (Sindbads siebente Reise)*; USA 1958; Regie: Nathan Juran; 87 Minuten; Farbe; mit Kerwin Mathews, Kathryn Grant, Richard Eyer, Torin Thatcher, Alec Mango.

das Modell-Skelett natürlich nicht annähernd die technische Qualität aufweist wie die Gestalten aus *Tron*. Woran liegt's, daß die alten Animationstricks so viel mehr Charme ausstrahlen als die neuen? Sollte vielleicht gerade die *Perfektion* des Rätsels Lösung sein? Je perfekter eine Animation ist, desto mehr sucht man nach Fehlern – und wer sucht, der findet; so ist das nun einmal. Der in George Lucas' Firma stehende Begriff ist verräterisch: *Industrial Magic*. Filme ganz ohne Magie sind in der Tat nur schwer vorstellbar. Aber der Magie ist es eigen, nicht faßlich zu sein; »industrielle Magie« ist wohl ein Widerspruch in sich. So etwas gibt es nicht. Um ein Beispiel aus einem anderen Medienbereich aufzugreifen: Aus genau diesem Grund auch hat beispielsweise die Popsängerin Madonna nie die Faszinationskraft wirklicher Rockmusik erreichen können – sie ist ein Plastikprodukt, ebenso wie Arnold Schwarzenegger oder die WILDECKER HERZBUBEN.

Womit das Kapitel Video nunmehr abrupt abgeschlossen ist. Allerdings nur vorerst, denn die hier vorgestellten Verfahren und Vorgehensweisen werden uns wiederbegegnen. Auf zwei Dinge aber sei noch hingewiesen: Zum einen hat sich erneut gezeigt, was schon die Quintessenz des Film-Kapitels ausmachte: Man kann die Geschichte einer Medientechnologie nicht darstellen, ohne die künstlerische Auseinandersetzung mit ihr zu berücksichtigen. Würde man darauf verzichten, es wäre mehr als nur eine Unterlassungssünde: Es wäre schlichtweg ein Fehler. In den kommenden Kapiteln, in denen nach den Bildern nun die Töne sprechen werden, wird sich das weiterhin bestätigen.

Und der zweite wichtige Aspekt: Der Einzug des Computers hat zur *Digitalisierung* von Bildinformationen geführt. Damit sind Bildinformationen zu *Datensätzen* geworden, die man *rechnerisch* verändern bzw. entwickeln kann. Das wiederum heißt: Was wir auf einem Fernsehschirm sehen, kann das Ergebnis eines Rechenvorganges sein, ohne daß man das erkennen könnte. Insbesondere die *Computeranimation* macht sich dies zunutze.

Klänge aus Strom: Synthesizer und andere elektronische Instrumente

Dem Ingenieur ist nichts zu schwör.
Daniel Düsentrieb

Hier geht es um Musik und Elektronik. Diese Verbindung bedeutet nicht zwangsläufig den Einsatz von Computern, doch ist auch dieser mittlerweile in vielfältigster Weise in die Musikproduktion vorgedrungen. »Musik und Elektronik« – das legt die Verbindung zur *elektronischen Musik* nahe. Aber die, so vermutet man, ist doch eher ein Experimentierfeld akademischer Zirkel, eine Spielwiese avantgardistischer Komponisten und überhaupt eine höchst elitäre Angelegenheit, mit der ein Normalbürger, der täglich seine statistischen zwei Stunden Radio hört, kaum jemals behelligt wird. Dennoch gibt es diese Spielart elektronischer Musik nach wie vor. Ihre Triebfeder war und ist der Wunsch, das verfügbare Klangmaterial zu erweitern, Grenzen zu durchbrechen, neue Elemente einzuführen – bis hin zu eigentlich »musikfremden« Klängen wie zum Beispiel Rolf Liebermanns *Sinfonie für 156 Büromaschinen* (1964), die Schreib- und Rechenmaschinen, Buchungsautomaten und andere Geräte aus der Welt der Büros zu Musikinstrumenten machte. Neue Erlebniswelten durch synästhetische Denkweisen von Komponisten – und eine wichtige Rolle spielt dabei die Elektronik.

Der Begriff *elektronische Musik* ist allgemein eingeführt. Dennoch ist er irreführend, wenn nicht sogar unsinnig. Denn schließlich ist nicht die *Musik* elektronisch, sondern lediglich die *Instrumente*, auf denen sie gespielt wird. Und darum geht es in diesem Kapitel: Wie funktionieren solche Instrumente, welche gibt es, was können sie? Wie sich die Musikelektronik auf das Musikleben auswirkt, wird dann Thema des nächsten Kapitels sein.

▥ Elektroakustische Anfänge

Die Anfänge elektronischer Musik reichen weit zurück. Bereits um die Jahrhundertwende wurden erste elektronische Musikinstrumente gebaut, blieben weitgehend allerdings ohne Erfolg. Eine kurze Blütezeit erlebten sie in den 20er und frühen 30er Jahren, als einige Ingenieure und Komponisten Instrumente und Geräte mit so wunderschönen Namen wie *Sphärophon, Dynamophon, Lichtton-Orgel, Hellertion, Telharmonium, Theremingerät* (auch, noch schöner, *Ätherwelleninstrument* genannt), *Trautonium oder Ondes Martenot* konstruierten.

Auch die allseits bekannte *Hammond-Orgel* erblickte bereits 1934 das elektrische Licht des Laboratoriums der Firma von Laurens Hammond (eigentlich war das eine Uhrenfabrik). Dieses Instrument wurde so erfolgreich, daß »Hammond« zum Gattungsbegriff für *alle* elektroakustischen und später elektronischen Orgeln avancierte – leider, denn der schreckliche Klang vieler Nachbauten und Kopien zog das Image der Hammond-Orgel mit sich in den Keller. Obendrein wurde der Klang des Instruments von Legionen erbarmungswürdiger Alleinunterhalter zu Tode malträtiert. Dabei hat die Hammond traumhafte Klangfarben an Bord; besonders beliebt bei Musikern waren insbesondere die Modelle B3 und C3. Jimmy Smith hat deren Sound für den Jazz entdeckt, der Soul der 60er Jahre wäre ohne den Organisten Booker T. Jones (BOOKER T. AND THE M.G.'S) nicht denkbar. Auch die Rockgruppe SANTANA lebte vom Sound der Hammond mindestens so stark wie von Carlos Santanas Gitarrenspiel. Heute ist es in erster Linie die Münchener Jazz-Organistin Barbara Dennerlein, die mit der alten B3 zu neuen Höhenflügen ansetzt.

Andere dieser frühen Instrumente haben die Zeiten nicht so gut überdauert. Die Ondes Martenot zum Beispiel haben zwar ein Refugium in einigen Werken des französischen Komponisten Olivier Messiaen gefunden, etwa in der *Turangalîla-Sinfonie* (1948), sonst hört man das eigentlich sehr originelle Instrument nirgendwo mehr.

Nicht viel anders erging es dem 1922 von dem deutschen Physiker Friedrich Trautwein entwickelten *Trautonium*. Es wurde in den 50er Jahren von dem Musiker und Hindemith-Schüler Oskar Sala zum *Mixturtrautonium* weiterentwickelt und war ein klanglich äußerst flexibles und eigenständiges Instrument. Dennoch blieb der heute über 80jährige Sala der einzige Virtuose auf dem Instrument. Er hat hauptsächlich Filmmusiken damit eingespielt, seine Spezialität waren Industriefilme; auch Klangkulissen, die man nicht unbedingt als »Musik« bezeichnen kann, stammen aus Salas noch heute existierender Mixtur-Hexenküche; erinnert sei an das schrecklich-schöne Vogelgeschrei aus dem Hitchcock-Thriller *Die Vögel*[29]. Auf breiter Ebene hat sich das Instrument trotzdem nicht durchzusetzen vermocht, denn, so Sala, »da kam eine andere Art der Elek-

---

[29] *Die Vögel (The Birds);* USA 1962; Regie: Alfred Hitchcock; 119 Minuten; Farbe; mit Rod Taylor, Tippi Hedren, Suzanne Pleshette, Jessica Tandy, Veronica Cartwright.

Abb. 6. Oskar Sala am Mixturtrautonium.

tronik. Die Herren in Köln, Herr Stockhausen und so, wollten vom Trautonium nichts wissen. Außerdem durften sie ja auch nicht hinterherhinken, sondern mußten etwas Neues machen. Wir hatten beinahe 20 Jahre Erfahrung hinter uns, und die fingen von vorne an. . . . Sie machten es ganz anders: Keine Instrumente, nichts mit Interpretationskunst!« (zit. n. Keyboards 1985).

Die Herren in Köln

Die von Sala erwähnten »Herren in Köln« – außer an Karlheinz Stockhausen wäre da etwa an Herbert Eimert und Henri Pousseur, auch an György Ligeti und einige andere zu erinnern – machten es in der Tat »ganz anders«. Im Anfang der 50er Jahre beim damaligen Nordwestdeutschen Rundfunk (NWDR) gegründeten *Studio für elektronische Musik* (dem ersten seiner Art) experimentierten sie mit den Gegebenheiten und technischen Einrichtungen der Rundfunktechnik. Zur Klangerzeugung und -veränderung wurden alle möglichen Geräte der Meß- und Sendetechnik mit so abenteuerlichen Namen wie *Impulsgenerator, Schwebungssummer, Sinusgenerator* oder *Ringmodulator* musikalisch zweckentfremdet. Mit Mischpulten und Tonbandmaschinen wurden die so erzeugten Klänge geregelt, organisiert und geformt; nach exakten, teils mathematisch ausgetüftelten Partituren übrigens, so daß da kaum etwas dem Zufall überlassen blieb. Was dabei entstand, dürfte am ehesten dem entsprechen, was man noch heute landläufig unter *elektronischer Musik* versteht.

Diese Tatsache ist nicht nur aus musikhistorischen Gründen erwähnenswert, sondern sie ist wiederum ein Indiz für die These, daß gerade die *Kunst* technische Entwicklungen vorantreibt. In diesem Fall sind Künstler in Zusammenarbeit mit Technikern an Geräte herangegangen, die ursprünglich nicht als Musikinstrumente entwickelt worden waren und haben ihnen Seiten abgewonnen, auf die vermutlich kein Techniker gekommen wäre; umgekehrt hätten die Künstler ihre Ideen ohne die Techniker nur schwerlich realisieren können. Die Rolle der Techniker in diesem Spiel ist also keine »dienende«, sondern eine durchaus kreative.

Ein sehr »typisches« Werk dieser frühen Ära dürfte Karlheinz Stockhausens *Kontakte*[30] (1959/60) gewesen sein. Heute ist es, soweit man das von Musik dieser Prägung überhaupt sagen kann, eines der bekanntesten Werke der frühen elektronischen Musik Kölner Her-

---

[30] *Kontakte* existiert in einer rein elektronischen Version und einer Mischfassung, in der elektronische Klänge und konventionelle Instrumente vorkommen; der hier zitierte Kommentar bezieht sich erstere.

kunft, ein Standardwerk im Schulmusikunterricht und auch für ungeübte Ohren halbwegs nachvollziehbar. Typisch für Musiken dieser Art sind aber auch die Anmerkungen Stockhausens zu *Kontakte:* »Die elektronischen Klänge wurden erzeugt mit Hilfe eines Impulsgenerators (dessen Impulsgeschwindigkeit kontinuierlich zwischen 16 und $^1/16$ Impulsen pro Sekunde und dessen Impulsdauern zwischen $^1/10.000$ und $^9/10$ Sekunden variiert werden können), ferner mit Hilfe eines *abstimmbaren Anzeigeverstärkers* (als relativ enges Filter mit kontinuierlich veränderbarer Bandbreite und entsprechend variierten Abklingdauern) und eines gerasterten Bandfilters. Für einige wenige Schallereignisse wurden Sinusgeneratoren und ein Rechteck-Generator verwendet. . . . Die Skala der elektronisch erzeugten *Klangfarben* enthält bekannte Töne, Klänge und Geräusche und vermittelt zwischen ihnen (metallisch, fellähnlich, holzähnlich und so weiter); sie ermöglicht Klangtransformationen von jeder dieser Kategorien und Klangmutationen zu völlig neuen, bisher unbekannten Schallereignissen« (Stockhausen A). So hörte es sich denn auch an, ein Vollbad in nie zuvor gehörten elektronischen Klangexkursionen; keine Pauschalreise, ein Abenteuerurlaub. Allerdings dürfte selbst viele aufgeschlossene Musikfreunde bei der Erwähnung »kontinuierlich veränderbarer Bandbreiten« oder eines »abstimmbaren Anzeigeverstärkers« ein Hauch von Unverständnis angeweht haben, und das breite Publikum der 50er und 60er Jahre mochte sich erst recht nicht zur *Kontakt*-Aufnahme entschließen.

Werke dieser Art haben der Musikentwicklung enorme Impulse gegeben. Leider hat es dabei gelegentlich an der Vermittlung gehapert. An letzterem jedoch ist Stockhausen selbst nicht ganz unschuldig; nicht selten traf seine Werkkommentare ab etwa 1970 der kosmische Blitz. Wenn er etwa *Sternklang* (1969-71) auf der Plattenhülle als »bestimmt für die Vorbereitung auf Wesen von anderen Sternen und ihre Ankunft« (Stockhausen B) definiert, darf man sich nicht wundern, wenn darüber vielfach verloren ging, was an Stockhausens Kompositionen das eigentlich Innovative war. Vielen Hörern blieb dadurch verborgen, worauf sie hätten hören sollen: auf *Zusammenführung, Synästhesie.* Von Anfang an ging Stockhausens Bestreben besonders dahin, in die Musik nicht nur neue Klänge, sondern auch *darstellerische Beiträge, Raum, Licht* oder *Landschaft* als gleichberechtigte Faktoren einzubeziehen. Schon der *Gesang der Jünglinge* (1955/56) ist im Original als fünfkanaliges Werk ausgelegt; die Lautsprecher sollen ein Viereck um das Publikum bilden, ein fünfter unter der Decke hängen. Der erwähnte *Sternklang* war sogar als »Parkmusik für 5 Gruppen« konzipiert; das Werk wurde im Freien aufgeführt: »Die Komposition ist für fünf Gruppen von Sängern und Instrumentalisten geschrieben, die räumlich weit voneinander entfernt sind« (Stockhausen B). Der Komponist hat Versuche dieser Art in etlichen Varianten durchgespielt (etwa *Trans,* 1971; *Musik für ein Haus,* 1968; *Hymnen,* 1967; *Carré,* 1960; *Gruppen,* 1957 – man sieht, wie weit diese Versuche schon zurückreichen!).

Besonders ergiebig in dieser Hinsicht ist ohne Frage Stockhausens Beitrag zur »Expo 70« in Osaka gewesen. Dort gab es ein von Stockhausen mit dem Architekten Fritz Bornemann entworfenes *Kugelauditorium.* Das Publikum saß auf einer Plattform in der Kugel und hörte die aufgeführte Musik aus 50 in der Kugel verteilten Lautsprechern, wobei jeder Lautsprecher einzeln steuerbar war – eine Art »50-kanaliges Rundum-Stereopanorama«, das über Quadrophonie weit hinausging. Stockhausen war begeistert: »Trotz [einiger] Einschränkungen, die ohne große Schwierigkeiten bei einem Wiederaufbau dieses Auditoriums an anderer Stelle (erst recht bei einem Neubau!) zu verbessern wären, muß ich sagen, daß die musikalischen Ergebnisse einfach phantastisch sind. Im Klang zu sitzen, vom Klang umgeben zu sein, die Bewegungen der Klänge, ihre Geschwindigkeiten und Bewegungsformen verfolgen und erleben zu können, schafft tatsächlich eine vollkommen neue Situation des musikalischen Erlebnisses. Die *musikalische Raumfahrt* hat mit diesem Auditorium endlich seine dreidimensionale Räumlichkeit bekommen im Gegensatz zu all meinen bisherigen Aufführungen mit einem horizontalen Lautsprecherring um die Zuhörer« (Stockhausen 1971).

Offensichtlich ist, daß es ihm dabei nicht um Raum- oder Lichteffekte im Sinne optischer oder akustischer »Gimmicks« ging, sondern die Faktoren Raum, Licht und Bewegung wurden in die musikalischen Abläufe *einkomponiert* und so zum *musikalischen* Ereignis. Oder vielleicht umgekehrt? Ist sicher auch recht. Denn Stockhausen kommt es nicht auf die Reihenfolge an, sondern darauf, daß »über bloße Mischungen der drei Bereiche Musik, Licht und Raum hinaus eine unauflösbare Vereinigung entsteht« (Stockhausen 1971).

Synthesizer

Die elektronische Musik ist nicht vorstellbar ohne *Klangsynthese,* und diese wiederum ist eng verbunden mit der *Synthesizerforschung.* Die meisten der heute gebräuchlichen Synthesesysteme stammen aus den Labors diverser Forschungsinstitute und Universitäten; in aller Regel basierten sie auf der Idee, die Elemente eines elektronischen Studios im Computer »nachzubauen«. Das war aufgrund der in den 50er und 60er Jahren noch in den Kinderschuhen steckenden Computertechnologie ein schwieriges Unterfangen. Ein Beispiel aus jener Zeit sei genannt: die Programme *MUSIC I – V*, entwickelt von Max Mathews in den Bell Telephone Laboratories (vgl. Harenberg 1989).

Aber keines der Systeme erwies sich als so durchschlagend wie jenes Instrument, das 1965 erstmals vorgestellt wurde: der *Moog-Synthesizer*, benannt nach seinem Erfinder, dem amerikanischen Physiker, Hochfrequenzingenieur und Musiker Dr. Robert A. Moog.

Synthesizern hängt nach wie vor das Vorurteil an, sie machten »automatisch« Musik, ihre Klänge seien »technisch« und »kalt«. Eine der sprachlich verräterischsten Blüten solcher Geisteshaltung ist die oft und gern gepflegte Unterscheidung zwischen »elektronischen« und »natürlichen« Instrumenten – gerade so, als wüchsen Gitarren und Geigen auf dem Acker und müßten nur geerntet werden.

Solch eine Argumentationsweise verfolgt in der Regel das Ziel, eine Geschmacksfrage zu einer scheinbar objektiven Tatsache zu erheben – der klassische Fall also einer ideologisch gefärbten Argumentation. Denn selbstverständlich sind *alle* Musikinstrumente Produkte einer *Technologie*, und ebenso selbstverständlich sind Synthesizer *Musikinstrumente*. Zwar werden wir in diesem Kapitel einige Geräte kennenlernen, die automatisierende Funktion haben, aber »von selbst« können auch sie zunächst einmal gar nichts; sie können nur reproduzieren, was sich zuerst ein *Mensch* ausgedacht hat. Dennoch ist die Musikelektronik nicht unproblematisch. Das soll gezeigt werden.

Wie also funktioniert ein Synthesizer? Drei Faktoren spielen bei der Erzeugung elektronischer Klänge eine Rolle: *Frequenz* (Tonhöhe), *Klangfarbe* und *Lautstärkeverlauf* des Klanges. Für diese drei Faktoren stehen im Synthesizer drei Abteilungen zur Verfügung: ein Tongenerator, im Fall des Synthesizers *Oszillator* genannt, zweitens eine *Filtereinheit*, damit die Klänge die gewünschte Klangfarbe erhalten, und drittens ein *Hüllkurven*- oder auch *Envelope-Generator*, der dem Klang den gewünschten Lautstärkeablauf aufprägt. Das alles gab es auch schon früher, nur mußte man sich einer Vielzahl verschiedener Geräte bedienen, die unterschiedlich zu bedienen und obendrein in der Regel für den musikalischen Einsatz auch gar nicht vorgesehen waren.

Moogs Geniestreich war, für alle erforderlichen Geräte ein einheitliches Steuersystem zu entwerfen (die *Spannungssteuerung)*, und sie außerdem so zu gestalten, daß sie gemeinsam in einem großen Gehäuse unterzubringen waren. Alsdann legte er fest, daß dieses von ihm als *Synthesizer* bezeichnete System mit einer Klaviatur zu spielen sei. Es ergab sich eine Art elektronisches Kompaktstudio, ein flexibler Klangbaukasten, dessen Elemente weitgehend nach den Wünschen und Bedürfnissen seines Benutzers zusammengeschaltet werden konnten. Nach einigen konstruktiven Verbesserungen brachte Moog 1966 den *Moog III*, auch der »große Moog« genannt, auf den Markt. Dieser Synthesizer hatte das Format zweier Waschmaschinen, aber die Bedienung war zu bewältigen, wenn man einmal das Prinzip begriffen hatte. Der Klang des Moog-Synthesizers war aufgrund eines speziellen, patentierten Filterverfahrens exzellent und bei aller Klangvielfalt charakteristisch; man kann den spezifischen Moog-Klang noch heute sofort erkennen.

Seinen Durchbruch verdankt der Moog nicht der elektronischen Musik Kölner Prägung (obwohl er auch in solchen Experimentalstudios schnell auftauchte und sich dort noch heute einiger Beliebtheit erfreut), sondern einer Schallplatte namens *Switched-on Bach* (etwa mit »Bach unter Strom« zu übersetzen) von 1968. Wendy Carlos spielte mit dem Moog III eine Reihe von Werken Johann

Sebastian Bachs ein – keine über die Maßen originelle, aber doch hübsche Idee, und das Ergebnis läßt sich auch heute noch hören. Die Platte wurde für alle Beteiligten unerwartet ein Kassenknüller und machte das Instrument schlagartig bekannt. So bekannt, daß Entwicklungen ähnlicher Instrumente anderer Firmen darüber ins Hintertreffen gerieten, obwohl es sie durchaus gab.

Der große Moog hatte einen Nachteil: Er war unhandlich. Die einzelnen Sektionen des Gerätes existierten unabhängig voneinander in dem Gehäuse; sie mußten, um zusammenwirken zu können, mit unendlich vielen Kabeln *(Patch-Cords)* miteinander verbunden werden, darüber hinaus gab es eine Unzahl von Knöpfchen, Schiebern und Reglern, mit denen die gewünschten Klänge zu formen waren. Deshalb ließ Moog 1970 den alsbald sehr erfolgreichen *Minimoog* folgen. Der bot zwar nur eine Auswahl aus der ungeheuren Klangvielfalt seines großen Bruders, aber dafür war er handlich und einfach zu bedienen.

Ein anderer, kurz nach dem Minimoog vorgestellter Synthesizer im Kleinformat entwickelte sich ebenfalls zum Renner: der *VCS-3* der englischen Firma EMS. Dieses Instrument übertraf den Minimoog zwar nicht in der Klangqualität, aber in den Möglichkeiten der Klanggestaltung war es vielseitiger; unter anderem konnte man den VCS-3 auch einsetzen, um den Klang externer Instrumente, etwa einer Gitarre, zu bearbeiten. Dieser Synthie taucht auf vielen Platteneinspielungen von Rockgruppen der frühen und mittleren 70er Jahre auf (als Beispiel sei die Platte *Another Green World* (1975) des britischen Musikers und Videokünstlers Brian Eno genannt), auch elektronische Experimentalstudios rüsteten sich gern mit ihm aus.

Von da ab ging es rasant weiter, Hand in Hand mit den Fortschritten der Mikroelektronik. Weitere Hersteller erschienen mit Synthesizern gleicher oder ähnlicher Machart auf dem Markt; anfangs vorwiegend amerikanische und englische Firmen (ARP, Oberheim, EMS und andere), wenig später stiegen die japanischen Hersteller ins Geschäft ein. Mit Erfolg, heute sind sie marktführend (Yamaha, Roland, Korg, Kawai und andere).

Schlagzeug aus der Dose: Peripheriegeräte

Etwa Mitte der 70er Jahre setzte ein starker Preissturz ein, so daß der Musiker aus einer immer größeren Zahl von Synthesizern mit immer mehr Möglichkeiten des Spielkomforts und der Klanggestaltung für immer weniger Geld auswählen konnte. Auch die Hersteller anderer musikelektronischer Geräte legten sich nicht auf die faule Haut, sondern überschwemmten den Markt mit einer wahren Flut von Peripheriegeräten. Darunter hat man sich Geräte oder auch Instrumente vorzustellen, die selbst keine Synthesizer sind, aber auf der Synthesizertechnologie basieren, mit diesem Instrument in Verbindung stehen, es steuern, kontrollieren oder erweitern – ebenso im schöpferischen Sinne wie im automatisierenden, was sicher ein Schlaglicht auf die Zwiespältigkeit von »Möglichkeiten« wirft.

Ein klassisches Gerät dieser Art war der um 1970 auftauchende (damals noch analoge) *Sequencer,* ein Gerät mit meist 24 Dreh- oder Schiebereglern, an welchen man Steuerspannungen einstellen und sie sodann einem Synthesizer zuführen konnte (ohne irgendwelche digitalen Umwandlungen; das gab es damals noch nicht). Der Sequencer simulierte sozusagen die Steuerspannungen, die das manuelle Spiel eines Musikers auf der Klaviatur auslösen würde, und der Synthesizer fiel darauf herein, da er ja einer Spannung nicht anmerken konnte, ob sie von der Tastatur oder einem externen Gerät geliefert wurde. Die resultierenden kurzen Melodielinien bezeichnet man als *Sequenzen*[31]; die ersten Sequencer konnten bis zu 24 Noten speichern und sie als *Loop,* als Schleife also, unablässig wiederholen. Dabei konnte die Sequenz immerhin transponiert werden, während sie ablief, aber das war auch schon alles. Eine Speicherkapazität von 16 oder 24 Noten vermochte sicherlich niemanden vom Sessel zu heben. Kennzeichnend für die damalige Art des Sequencereinsatzes war der gleichmäßig in Achtel- oder Sechzehntelnoten durchlaufende Bass der Disco-Musik der zweiten Hälfte der 70er Jahre. Dafür aber konnte man, da die Spannungen mit den Dreh- oder Schiebereglern gleitend einzustellen waren, nicht nur die leitereigenen Töne erzeugen, sondern auch jeden beliebigen Zwischenwert. Mit einem solchen Analog-Sequencer war es also schon damals möglich, *mikrotonal* zu arbeiten, aber das geschah natürlich nicht in der Disco-Musik.

Ein anderes Peripheriegerät, möglicherweise sogar das bekannteste, ist die *Rhythmusmaschine,* auch Rhythmusbox genannt. Diese heute gern als »Klopfgeister« verspotteten Geräte imitierten mehr schlecht als recht die Klänge eines Schlagzeugs. Die erste serienmäßig hergestellte Rhythmusmaschine dürfte der um 1964 herum erstmals angebotene *Sideman* der US-Firma Wurlitzer (bekannt wohl eher durch E-Pianos, aber auch durch futuristisch designte Musikautomaten, die in den 50er Jahren in jeder Eckkneipe standen und heute gesuchte Sammlerstücke sind) gewesen sein, doch auch schon vorher gab es Versuche solcher Art. Das *Rhythmicon* des russischen, in den USA lebenden Ingenieurs Leon There-

---

[31] Nicht zu verwechseln mit dem Begriff der Sequenz, wie er in der geistlichen Musik des frühen Mittelalters zu finden ist.

min (der mit dem *Theremingerät* einen weiteren Meilen-stein der elektronischen Klangerzeugung geliefert hat) datiert sogar bereits aus dem Jahr 1932 (vgl. Schmitz 1987), erlebte jedoch nie eine serienmäßige Herstellung. In den 70er Jahren folgten eine ganze Reihe von Rhythmusmaschinen, die mehr oder weniger alle auf dem gleichen Prinzip basierten: Sie lieferten eine bestimmte Anzahl von Standardrhythmen, die der Benutzer nur ab-rufen, nicht aber verändern konnte (vom Tempo einmal abgesehen). Dafür erhielten sie nach einigen Jahren je-doch eine Kopplungsmöglichkeit mit Sequencern, so daß sie mittels eines elektronischen Taktimpulses *(Trigger-Impuls)* einen Sequencer synchron mitziehen konnten.

Speichermöglichkeiten und Programmierung

Gegen Ende der 70er Jahre kamen findige Ingenieu-re auf den Gedanken, sämtliche Bedienungselemente des Synthesizers in Zahlenwerte umzusetzen; sprich: zu *digi-talisieren.* Das war mehr als nur Spiel, denn Zahlen kann man elektronisch speichern, und das hieß: Synthesizer wurden *programmierbar.* Dadurch erübrigte sich ein Problem, das sich bis dahin als praktisch unlösbar erwie-sen hatte, besonders in einer Konzertsituation: einen Klang, den man dem Synthesizer irgendwann einmal ent-lockt hatte, ein zweites Mal konstruieren zu müssen. Über den PINK-FLOYD-Keyboarder Rick Wright weiß die Fama zu berichten, er habe, wenn er einen besonders gelungenen Sound auf dem Minimoog gefunden hatte, die Regler mit Klebeband verklebt und einen neuen Mini-moog gekauft, bis er schließlich sechzehn Stück sein Ei-gen nannte. Zuzutrauen wär's ihm.

101

Nun aber konnte man das gewünschte Soundprogramm speichern und es durch einfaches Eintippen der Programmnummer wieder abrufen. Was allerdings nicht nur von Vorteil ist, sondern auch eine Schattenseite hat: Denn nun kann man den Klang nicht mehr verändern, während man spielt! Bei analogen Synthesizern war das nicht schwer, denn alle Regler waren offen auf dem Gehäuse untergebracht und immer in Funktion; der Musiker hatte daher ständigen Zugriff auf alle Klangparameter.

Auch die Rhythmusmaschine wurde programmierbar, so daß der Musiker nicht mehr länger auf die vielleicht 50 vorgegebenen Rhythmen (Tango, Walzer, Foxtrott, Disco, eine Reihe Rock-Rhythmen in verschiedenen Variationen, Mambo, Bossa Nova und was dergleichen mehr ist) angewiesen war, sondern seine Patterns selbst gestalten konnte. Ebenfalls ausgebaut wurden die Sequencer, speziell auf dem Gebiet der Speicherkapazität. Statt nur 16 oder 24 Noten konnten nun – je nach Preisklasse des Gerätes – hunderte oder gar tausende von Noten gespeichert werden. Obendrein mußten diese nicht mehr von Hand an Reglern eingestellt werden, sondern konnten per Klaviatur eingespielt werden.

Neue Synthesemethoden auf Computersimulationsbasis

Anfang der 80er Jahre hielt der Computer Einzug in die Musiklandschaft. Der Preisverfall und die fortschreitende Entwicklung der Mikrochips erschlossen völlig neue Methoden der Klangsynthese, denn nun konnte man sich das Prinzip der *Computersimulation* zunutze machen (genauer wird dieser Begriff im Kapitel »Computer und Medien« unter die Lupe genommen werden):

Während frühere Synthesizer Oszillatoren, Filtereinheiten, Hüllkurvengeneratoren und sonstige zur Klangerzeugung und –bearbeitung notwendigen Sektionen wirklich enthielten, sitzen in den heutigen Synthesizern nur noch einige Mikrochips, die darauf dressiert sind, zu berechnen, wie der Klang *wäre*, wenn man diese diversen Einheiten *hätte* – und dieses Rechenergebnis wird von einem sogenannten *Digital/Analog-Wandler*, kurz D/A-Wandler genannt, in hörbare Klänge umgewandelt.

So können Synthesizer Klangsynthesemethoden simulieren, die früher nur in aufwendig ausgestatteten elektronischen Studios realisierbar waren; und recht preiswert sind sie noch obendrein geworden. Synthesizer gibt es mittlerweile schon für 500 Mark und weniger. An Instrumente dieser Preisklasse darf man allerdings keine großen Ansprüche stellen; es sind jene Geräte, die man in der Regel schlicht als »Keyboard« zu bezeichnen pflegt. Aber ab etwa 1200 Mark sind schon interessante Synthesizer zu bekommen; und wer bereit und in der Lage ist, Summen über 4000 Mark zu investieren, darf sich auf qualitativ wirklich hochstehende Instrumente freuen. Man bezeichnet übrigens – damit auch der Fachterminus wenigstens einmal genannt wurde – das vollcomputerisierte Klangerzeugungsverfahren als *alldigitale Klangsynthese*, um deutlich zu machen, daß hier keine analogen Elemente mehr vorzufinden sind.

Während frühere Synthesizer durchweg alle nach dem gleichen System funktionierten (dem geschilderten Prinzip der Spannungssteuerung) und, von leichten Variationen abgesehen, den gleichen Aufbau hatten, so hat sich das zwischenzeitlich sehr geändert. Der Computer und die durch ihn ermöglichte Simulation diverser Synthesesysteme führte dazu, daß mittlerweile fast jede Herstellerfirma eigene Synthesesysteme in ihre Instrumente einbaut.

Der japanische Mischkonzern Yamaha, der neben Bootsmotoren, Motorrädern, HiFi-Elektronik und Frühstücksmarmelade auch Musikinstrumente aller Art herstellt, machte mit der *FM-Synthese* den Anfang. Dieses Synthesesystem (die Abkürzung steht für »Frequency Modulation«) wurde bereits 1969 von James M. Chowing an der Stanford University entwickelt und von ihm als *Discrete Summation Formulae* bezeichnet (vgl. Harenberg; S. 105). Breitenwirkung erzielte es allerdings erst, als Yamaha nach Erwerb des Patents den Dreh fand, dieses recht aufwendige System auf kostengünstige, digitale Mikrochip-Füße zu stellen. Die FM-Synthese basiert auf einer Computersimulation. Nur deshalb konnten diese Synthesizer für einen normalen Musiker erschwinglich und der DX-7 in den 80er Jahren einer der kommerziell erfolgreichsten Synthesizer der Musikgeschichte werden.

Andere Hersteller folgten mit anderen Synthesesystemen; es ist witzlos, die Bezeichnungen und Funktionsweisen im einzelnen vorzustellen. Auf längere Sicht dürfte die Konsequenz aus den geschilderten Tatsachen ein Synthesizer sein, der über gar keine fest eingebauten Klangerzeugungselemente mehr verfügt; das in ihm angewandte Synthesesystem wird nicht in Form elektronischer Bausteine existieren, sondern als reine Software, die einfach aus dem Speicher gelöscht und per Diskette gegen ein anderes Synthesesystem ausgetauscht werden könnte. Einen solchen Synthesizer gibt es noch nicht, aber man muß nicht über prophetische Gaben verfügen, um ihn vorhersagen zu können.

▓ Sound Sampling, Drumcomputer, Effekte

Noch ist der Stand der Dinge nicht komplett. Ein anderer wichtiger Zweig der Musikelektronik ist das *Sound Sampling*, viel zitiert und oftmals mißverstanden. Sound-Sampler oder kurz *Sampler*[32], wie die Instrumente heißen, sind, obwohl sie ähnlich aussehen, keine Synthesizer, sondern eher deren Umkehrung. Während der Synthesizer künstliche Klänge erzeugt, soll der Sound Sampler beliebige in der Natur vorhandene Klänge digitalisieren und speichern, so daß man sie über eine Klaviatur wieder abrufen kann.

Etwas weniger theoretisch könnte man sich das Prinzip des Samplers wie folgt vorstellen: Auf dem nächstgelegenen Bauernhof halten wir einer Kuh ein Mikrophon vor die Nase und nehmen ihre Äußerungen auf Tonband auf. Zu Hause suchen wir uns ein besonders klangvolles »Muh« aus und spielen es in unseren Sampler ein, der diesen Klang digitalisiert und in seinen Chips speichert. Auf der Klaviatur des Samplers können wir jetzt mit diesem »Muh« Melodien spielen, genauso wie auf einem Klavier oder einer Orgel. So einfach ist das. Man entnehme einem Klang eine Stichprobe (nichts anderes ist ein Sample), und schon kann man Musik mit ihm machen. Damit steht tatsächlich jeder denkbare Klang der Welt zum musikalischen Einsatz bereit.

Der erste Sound Sampler wurde 1980 im australischen Sydney von Peter Vogel und seinem Unternehmen Fairlight unter dem Namen *Fairlight CMI* vorgestellt; die Abkürzung steht für »Computer Music Instrument«.

---

[32] Nicht zu verwechseln mit Langspielplatten bzw. CDs, auf denen mehrere Interpreten versammelt sind. Auch diese Scheiben werden üblicherweise meist Sampler genannt.

Fairlight oder auch das annähernd zeitgleich präsentierte *Synclavier* der New England Digital Corporation (NED) in Vermont, USA, werden jedem, der gelegentlich die Credits auf Plattenhüllen studiert, schon untergekommen sein. Beide Instrumente kosten sechsstellige Summen, sie sind so etwas wie die Rolls-Royce-Klasse unter den Samplern. Bis heute gab es aber auch hier einen starken Preisverfall; brauchbare Sampler anderer Hersteller kosten heute etwa ebensoviel Geld wie die Synthesizer der Mittelklasse. Mit 3000 Mark ist man dabei; für 5000 bis 10.000 Mark erhält man Geräte, die selbst für professionelle Ansprüche meist völlig ausreichen – und erst recht für den Musikamateur.

Das Prinzip des Samplings weitete sich alsbald aus, zunächst in Gestalt des *Drumcomputers*. Dahinter verbirgt sich nichts anderes als die gute, alte programmierbare Rhythmusmaschine, lediglich werden hier die Klänge der diversen Schlaginstrumente nicht mehr synthetisch imitiert, sondern sie sind als Sample dem Originalinstrument abgelauscht. Folglich klingt ein Drumcomputer praktisch wie ein wirkliches Schlagzeug.

Ähnliches gilt auch für die diversen *Effektgeräte*, ohne die man im Studio ziemlich auf dem Schlauch stünde. Musik jeder Art braucht beispielsweise Hall. Fehlt er (und das ist immer dann der Fall, wenn die Musik in kleinen Räumen aufgenommen wird), so klingt die Musik knochentrocken, hart, vordergründig und zweidimensional; sie läßt jegliche Räumlichkeit vermissen. Hatte man dies bis dahin mit Feder- oder Plattenhallgeräten gelöst (elektromechanischen Verfahren also, bei dem man Spiralfedern oder dünne Metallplatten ähnlich wie einen Lautsprecher mit der Musik in Schwingungen versetzt und dieses Nachschwingen dem Originalsignal zumischt), so gibt es inzwischen *Raumsimulationsverfahren,* die computergestützt das Sampling-Prinzip nutzen, um die Akustik beliebiger Räume nachbilden zu können. Man schickt das »trockene«, unbearbeitete Musikstück in ein solches Gerät hinein, und heraus kommt es wie »live aus dem Dom zu Kölle«. Nach demselben Prinzip arbeiten auch andere Effektgeräte, die zum Beispiel *Echo*, *Chorus-* oder *Flanging-*Effekte erzeugen.

Resynthese

Ein Verfahren macht zur Zeit im Hochpreissektor Furore: die *Resynthese*. Sie basiert auf der Tatsache, daß sich Klänge aus verschiedenen Faktoren zusammensetzen, und zwar (wie früher erwähnt) Tonhöhe (Frequenz), Klangfarbe (definiert durch Grundton und Obertöne) sowie Hüllkurve (dem Lautstärkeverlauf des Klanges). Neu ist zwar auch die Idee der Resynthese nicht; sie stammt bereits aus den 50er Jahren, aber erst heute, aufgrund der technischen Entwicklung, ist sie relativ »einfach« zu verwirklichen. Eigentlich ist hier schon die Bezeichnung »Synthesesystem« fehl am Platze; im Grunde geht es eher um eine Erweiterung des Samplings – aber auch das stimmt so nicht, die Resynthese ist mehr als nur dies.

Ein bestehender Klang (ein Sample) wird computergestützt analysiert, sodann werden einzelne Klangbestandteile verändert, und zum Schluß werden die nunmehr modifizierten Bestandteile wieder zu einem Klang zusammengesetzt – der dann entsprechend verändert klingen wird.

Der Trick: Der Klang wird in allen physikalisch meß und darstellbaren Einzelheiten von einem Computer analysiert und graphisch als Diagramm auf einem Bildschirm dargestellt. Dieses graphisch vorliegende Diagramm können wir mit einer Maus oder einem Lichtgriffel *verändern* (die Parallele zur *Paintbox* ist offensichtlich!). Auf diese Weise läßt sich ein Klang natürlich bis zur Unkenntlichkeit verändern, man kann ihn aber auch nur leicht modifizieren, so daß sein Grundcharakter erhalten bleibt.

Besonders raffiniert an der Resynthese ist die Möglichkeit des *Crossfadings*. Dies bedeutet, einen *rechnerischen Übergang* von Klang A zu Klang B zu realisieren, wobei der Computer alle Zwischenstufen selbständig berechnen kann. Wir müssen lediglich die »Eckpunkte« festlegen. So könnten wir beispielsweise einen Gitarrenklang an den Anfang stellen und das Ausklingen eines Klavieres ans Ende. Der Resynthesizer wird nun beide Klänge analysieren und mittels einer mathematischen Interpolation berechnen, wie er die Klangfarbe und den Hüllkurvenverlauf des Gitarrenklanges verändern muß, um schließlich bei dem Klavierklang anzukommen – wir erhalten im Ergebnis also einen Gitarre, die sich fließend in ein Klavier verwandelt, wobei dann »in der Mitte« nicht etwa einfach eine Überlagerung beider Klänge zu hören ist, sondern ein völlig neuer »Zwischen-Klang«, der weder das eine noch das andere ist.

In der Praxis hat die Resynthese bereits einige Bedeutung im Bereich der experimentellen E-Musik erlangt, in der Rock- oder Popmusik findet sie noch kaum statt. Das liegt an den derzeit noch exorbitant hohen Kosten der entsprechenden Geräte.

▨ MIDI und SMPTE

Von Sequencern war bereits die Rede. Diese Geräte sind durch die Computertechnologie mittlerweile zum *MIDI-Recorder* mutiert. »Recorder« ist klar, da werden halt Notenfolgen aufgezeichnet – aber was ist *MIDI?* Die

Abkürzung steht für »Musical Instrument Digital Interface« und meint ein Datenübertragungssystem, das speziell für Sampler, Synthesizer, Rhythmusgeräte, Drumcomputer und sonstige Musikelektronik entwickelt worden ist. Das liegt eigentlich auf der Hand, denn selbst, wenn man es den Instrumenten und Geräten nicht unbedingt immer ansieht, es sind Computer. Und wenn es denn schon Computer sind, bietet es sich an, diese Tatsache konsequent zu Ende zu spielen.

Mit 16 zur Verfügung stehenden Übertragungskanälen kann man per MIDI bis zu 16 Synthesizer gleichzeitig von *einer* Tastatur aus spielen, Drumcomputer steuern und synchronisieren, Effektgeräte ins System einbeziehen, so daß beispielsweise ein Echo genau auf den Rhythmus der Musik zu synchronisieren ist. Auch Klang- und andere Systemdaten lassen sich von einem Gerät zum anderen übertragen – oder von zu Hause per Telefonmodem ins Studio. Der MIDI-Recorder kann gleichzeitig bis zu 16 Instrumente und Geräte steuern und komplette Musikstücke speichern – deswegen scheint die Bezeichnung »Sequencer« inzwischen kaum mehr angemessen.

Schlußendlich lassen sich mit der geeigneten Software auch Home- oder Personal-Computer in das Datennetz einbeziehen. Der Computer läßt sich so in einen MIDI-Recorder verwandeln; man spielt ihm das Stück vor, und er merkt sich alle Tastenanschläge. Ein solches MIDI-Recording-Programm läßt sich vielleicht vergleichen mit den gelochten Papierrollen, die in Orchestrions, Pianolas oder Spieluhren zu finden sind – nur ist es eben elektronisch und daher viel flexibler. Das MIDI-Recording-Programm kann ein auf der Tastatur eingespieltes Musikstück auch in Notenform darstellen und ausdrucken. Selbstverständlich kann man das Stück auch komplett in Notenform eingeben und/oder verändern. Wer handwerklich nicht allzu fit ist, kann dem Computer

Teile eines Musikstücks Spur für Spur, Takt für Takt und Note für Note nach und nach per Klaviatur einspielen oder per alphanumerischer Tastatur eintippen und sie im Nachhinein nach Wunsch zusammensetzen. Damit sind selbst musikalische Abläufe realisierbar, die für einen lebendigen Musiker unspielbar wären. Obendrein bieten manche dieser Programme neuerdings sogar zarte Ansätze einer *algorithmischen Komposition;* sie sind in der Lage, vorgegebene Melodien nach bestimmten, allerdings noch recht einfachen Kriterien umzuformen.

Man ist übrigens nicht mehr nur auf Tastaturen angewiesen, sondern seit einiger Zeit gibt es midifizierte Gitarren, Flöten, Schlagzeuge, Akkordeons etc., wodurch Synthesizer und Sampler nun nicht mehr ausschließlich den Tastendrückern vorbehalten sind.

Das MIDI-System ist zwischenzeitlich noch erweitert worden. Es war an früherer Stelle bereits die Rede von Lightshows und Bühnenlichtanlagen. Auch solche Anlagen gibt es mittlerweile in midifizierten Versionen. Das bedeutet: Zusätzlich zu dem eigentlichen Musikstück läßt sich auch das komplette Bühnenlicht-Programm im MIDI-Recorder speichern. Aber auch andersherum geht's: Per MIDI kann das Spiel eines Musikers auf der Bühne bestimmte Lichteffekte auslösen, etwa so, daß jedes Anzupfen einer der sechs Saiten einer MIDI-Gitarre einen bestimmten Spot-Scheinwerfer aufleuchten läßt. Es gibt seit einiger Zeit sogar ein Gerät, das nach Art eines Echolots Infrarot-Impulse über die Bühne schickt und die jeweilige Entfernung eines georteten Hindernisses in MIDI-Signale umwandelt. So können, wenn man will, die Bewegungen beispielsweise einer Tänzerin unmittelbar in MIDI-Signale umgesetzt werden und MIDI-Musikinstrumente, -geräte oder auch Lichtanlagen steuern.

MIDI ist, wie man sieht, zwischenzeitlich zu einem System geworden, das sich über die ursprünglich intendierte reine Musik-Anwendung hinausentwickelt hat. Und es macht Dinge möglich, an die bisher wohl kaum jemand gedacht haben wird: Wenn man will, dann folgt das Musikstück dem Tänzer – nicht umgekehrt.

Neben MIDI hat sich aber auch der im Video-Kapitel erwähnte *SMPTE-Standard* in die Musikelektronik integriert. Dieser Timecode kann mit MIDI gekoppelt werden und auf diese Weise auch Musikinstrumente zum Bild eines Videobandes *synchronisieren*, aber auch im Hausgebrauch leistet SMPTE gute Dienste. Diese liegen in der Synchronisierung von MIDI-Instrumenten mit nicht-midifizierten Geräten, insbesondere Tonbandgeräten und Videorecordern. Die meisten MIDI-Recording-Programme für den Computer können deshalb auch per SMPTE-Signal mit Videobändern synchronisiert werden. Das ist besonders wichtig im Bereich der *Film-* und *Werbemusik* (mehr darüber gibt's später).

Workstations

Die Tatsache, daß man alle möglichen musikelektronischen Geräte per MIDI und/oder SMPTE zu einem »System« zusammenbauen kann, hat zu einer Konzeption geführt, die sich mit affenartiger Geschwindigkeit auf dem Markt durchgesetzt hat: die *Workstation*. Der Name trifft genau den Sinn und Zweck solcher Geräte; es handelt sich um nichts anderes als die Zusammenfassung verschiedener Einheiten unter einem Dach.

Es handelt sich um Synthesizer mit anschlagdynamischer Tastatur, einigen hundert Klängen im Festspeicher und umfangreichen MIDI-Möglichkeiten. Bis dahin also ein normaler, gut brauchbarer Synthesizer. Aber eine Workstation enthält auch einen eingebauten MIDI-Recorder, sie bietet gesamplete Schlagzeugklänge (enthalt also praktisch einen Drumcomputer), und obendrein verfügt sie über einige Effektmöglichkeiten wie Hall, Chorus und Echo. Das bedeutet: Der stolze Besitzer einer Workstation braucht vorerst keine weiteren Instrumente oder Geräte anzuschaffen; das Gerät enthält prinzipiell alles, was man im Normalfall als Amateurmusiker benötigt. Da diese Geräte *multitimbral* arbeiten (das heißt, der Synthesizer kann verschiedene Klänge gleichzeitig produzieren; er ist sozusagen »mehrere Synthesizer«), kann man durchaus ein komplettes Musikstück mit einer Workstation realisieren und mit dem ebenfalls eingebauten Diskettenlaufwerk speichern.

Für den »Wohnzimmermusiker« ist ein solches Gerät eine nützliche Angelegenheit. Entsprechend war die Marktreaktion auf dieses Konzept. Aber Workstations haben nicht nur Vorteile; es wäre wohl auch zu schön gewesen. Schließlich kommt es vor, daß einzelne Komponenten eines MIDI-Systems technisch verbessert werden. Normalerweise kann man sie dann einfach austauschen. Nicht so bei der Workstation; gerade in ihrer Kompaktheit liegt dann ihr Nachteil. Die berühmte »eierlegende Wollmilchsau« sind sie also doch noch nicht.

▨ Digitale Tonaufzeichnung

Auch auf dem Gebiet der Tonaufzeichnung hat zwischenzeitlich das Zauberwort »Digitalisierung« zugeschlagen. Es werden nicht mehr analoge Magnetsignale auf dem Band aufgezeichnet, sondern das Signal wird nach dem *Pulse-Code-Modulations*-Verfahren (PCM) digitalisiert und als Datensatz auf einem Band gespeichert. Mit einem D/A-Wandler wird dieser binäre Zahlensalat später wieder in hörbare Schallwellen zurückverwandelt.

In der Tonaufzeichnung ist also bereits realisiert, was in der Bildaufzeichnung gerade erst im Kommen ist: die vollständige *Digitalisierung* der Aufzeichnung!

Diese hat Vor-, aber auch Nachteile: Ersterer liegt ohne Frage in der besseren Tonqualität; *Bandrauschen*, wie man es von früher kennt, findet praktisch nicht mehr statt. Auch *Kopiereffekte* gibt es nicht mehr. Das war und ist ein leidiges Problem bei analogen Bändern: Auf einer Tonbandspule ist das Band eng gewickelt, es liegt also »Band auf Band«, und deshalb kann die Magnetisierung einer Bandstelle durchschlagen auf den jeweils darunter- bzw. darüberliegenden Bandabschnitt. Beim Abspielen macht sich dieses Phänomen zumindest im Kopfhörer als meist leises, aber dennoch störendes *Vor-* bzw. *Nachecho* bemerkbar. Wer alte Tonbänder oder Cassetten besitzt, die lange nicht mehr abgespielt wurden, möge sie einmal daraufhin überprüfen – wetten, daß . . .? Beim PCM-bespielten Band kann dieser Effekt nicht mehr auftreten. Ein weiterer Vorteil liegt in der unbegrenzten Kopierbarkeit der digitalen Bänder: Während bei jeder Überspielung analoger Tonbänder oder Cassetten die Tonqualität nachläßt (die Höhen werden flau, dafür nimmt das Bandrauschen zu), wird beim digitalen Band nur ein Datensatz übertragen – und der verändert sich natürlich nicht!

Aber auch hier gibt es Nachteile: Einer besteht darin, daß man digitale Tonbänder nicht manuell schneiden und montieren kann (insbesondere beim Rundfunk ist dies keineswegs überholt; gerade, weil es relativ einfach ist und schnell geht). Man muß hier ebenso umständlich vorgehen wie beim früher erwähnten elektronischen Videoschnitt. Zweitens gibt es einen »subjektiven« Faktor: Viele Toningenieure, aber auch Musiker sind der Ansicht, volldigitale Aufnahmen hätten etwas »Lebloses« an sich. Sie seien klinisch steril, es fehle ihnen »räumliche

Tiefe«. Digitale Aufnahmen, so wird kritisiert, klängen oft »flächig«, es fehle ihnen an Plastizität, das Klangbild »atme« nicht, sondern wirke wie mit Klarlack überzogen – es ist schwierig, dieses Phänomen genau zu benennen, denn es ist ja nicht zuletzt ein psychologisches Moment, das da »stört«. Vielleicht sollte man sich tatsächlich ab und zu wieder klarmachen, daß bei aller Digitalisierung unsere Ohren noch immer *analog* arbeiten und deshalb manche Faktoren viel feiner wahrnehmen, als wir glauben!

In der Musikproduktion hat sich – jedenfalls im professionellen und semiprofessionellen Bereich – dennoch die digitale Aufnahme per *DAT-Kassette* durchgesetzt (die Abkürzung steht für *Digital Audio Tape)*. Diese DAT-Kassetten sind im Prinzip der VHS-Videokassette nachempfunden, jedoch noch um einiges kleiner als herkömmliche Musikkassetten; man kann ohne weiteres zwei davon in einer Zigarettenschachtel unterbringen.

Im Amateurbereich dagegen hat sich die DAT-Technologie nicht durchsetzen können. Schuld an der schwachen Marktresonanz dürfte – neben einer unrealistischen Preispolitik – nicht zuletzt auch der Streit zwischen den Geräteherstellern und der Tonträgerindustrie über ein Kopierschutzverfahren gewesen sein.

Schon seit langem gibt es kleine *Mehrspurrecorder* für das Heimstudio. Solche Geräte bestehen in der Regel aus einem Vierspur-Cassettenrecorder sowie einem vier- bis sechskanaligen Mischpult mit einigen einfachen Klangregelmöglichkeiten. Diese Kompaktstudios für den Amateurmusiker sind schon für unter 1000 Mark zu haben; seit einiger Zeit gibt es solche Ministudios auch in sechs- und sogar in achtspurigen Ausgaben. Mit solchen Geräten kann man erstaunlich professionell klingende Musikaufnahmen zuwege bringen, wenn man über ein paar Effektgeräte verfügt (ein gutes Rauschunterdrückungssystem, sowie Hallgerät und Equalizer).

Wirklich interessant allerdings dürften solche Kompaktstudios werden, wenn auch sie zu erschwinglichen Preisen in digitaler Form existieren. Weit entfernt davon sind wir sicher nicht mehr. Und wenn dereinst tatsächlich bezahlbare 6- oder 8-Spur-DAT-Recorder auf den semiprofessionellen Markt drängen, dann werden sich, das darf man prognostizieren, etliche professionelle Tonstudios warm anziehen müssen.

Für die digitale Tonaufzeichnung im Amateurbereich geistern seit einiger Zeit zwei neue Aufzeichnungsmedien durch die einschlägigen Zeitschriften und Magazine und die ersten HiFi-Läden: die *MiniDisc* (MD) und die *Digital Compact Cassette* (DCC). Diese Verfahren sollen zwar preiswerter sein als das DAT-Verfahren (oder gar solche hochprofessionellen High-Tech-Systeme wie etwa das *Harddisc-Recording*, das den Computer und seine Speichermedien unmittelbar als Aufzeichnungs- und Bearbeitungsmedium nutzt), und zumindest das DCC-Verfahren ist auch sonst nicht unpraktisch, da man auf dem DCC-Recorder auch herkömmliche Kassetten abspielen kann (während CD und MiniDisc weder auf- noch abwärtskompatibel sind) – aber gemach: Vorsicht ist ohnehin geboten. Sowohl DCC wie auch MiniDisc können die bei einer Musikaufnahme anfallenden immensen Datenmengen nicht vollständig aufzeichnen. Deshalb wird in beiden Fällen mit einer sogenannten *Datenkompression* gearbeitet: Auf der Basis psychoakustischer Forschungsergebnisse hat man Algorithmen entwickelt, die alle Klänge aus einem Musikstück herausfiltern, die von anderen Klängen verdeckt werden oder sonstwie »unhörbar« sind. Auf diese Weise ist es möglich, die Datenmenge gegenüber einer CD- oder DAT-Aufzeichnung auf ein Viertel (bei der DCC) bzw. auf ein Fünftel (bei der MiniDisc) zu reduzieren. Beim Abspielen werden die Daten dann rechnerisch wieder »aufgebla-

115

sen«. In der Theorie scheint dies ein bestechender Dreh zu sein; Hörvergleiche aber belegen, daß sowohl DCC als auch MiniDisc die Klangqualität der CD- oder DAT-Aufzeichnung nicht erreichen (vgl. Keys 6/91). Insofern mögen diese Systeme für den »Normalverbraucher« ihren Sinn haben (Walkman, Autoradio etc.), aber im Studio werden sich weder DCC noch MiniDisc durchsetzen können.

Letztendlich wird sich das Problem der Speichermedien ohnehin irgendwann in Luft auflösen, denn alle hier vorgestellten Datenträger haben denselben Haken: Sie alle kommen noch immer nicht ohne *mechanische* Bestandteile aus. CD's oder MiniDiscs müssen in Rotation versetzt, Bänder am Lesekopf vorbeigeführt werden. Der nächste wirkliche Fortschritt wäre demnach ein Speichermedium ohne mechanische Bestandteile, das dann alle genannten ablösen könnte. Und ein solches Medium zeichnet sich ab; es wird ein opto-elektronisches auf *holographischer* Basis sein (darauf wird an späterer Stelle noch eingegangen).

Insofern wird man MiniDisc und DCC getrost als Umweg bezeichnen dürfen; nur zu offensichtlich geht es bei beiden Systemen einfach darum, dem Verbraucher ein neues Produkt einzureden, nachdem die Industrie nach den heftigen Preisstürzen der letzten beiden Jahre an CD-Geräten nun nicht mehr viel verdienen kann.

Um deutlich zu machen, wohin der digitalisierte musikelektronische Hase (und nicht nur der musikelektronische!) läuft, sei auch darauf hingewiesen, daß technologisch im Bereich der Musikmedien der gleiche Effekt zu beobachten ist wie im früher geschilderten Film- und Videobereich. Die Digitalisierung der Aufnahmeseite stellt ja nur noch einen letzten Schritt dar; alles andere bereits ist schon digitalisiert. Selbst midifizierte Mischpulte gibt es, so daß der Musiker sogar die Abmischung eines Musikstückes in seinem MIDI-Recorder vorprogrammieren und speichern kann. Synthesizer und Sampler, Drumcomputer, Hall-, Echo- und andere Effektgeräte arbeiten alldigital; sie sind reine Rechner, nichts sonst – einige verfügen bereits neben dem normalen analogen Audio-Ausgang (von welchem aus man den Klang einem Verstärker, Recorder oder Mischpult zuführen kann) über digitale Datenaus- und Eingänge! Und das ist ein qualitativer Sprung, denn nun kann man die Musik, die man spielt, ohne Umwandlung auf eine oder mehrere analoge Zwischenstufen von A bis Z durch Effektgeräte über den Mischer und zu guter Letzt auf's Band bringen. Und an jedem Punkt des Signalweges kann man das Signal bearbeiten, wie immer man will – es werden *Datensätze* bearbeitet, keine »Musik«. Es können deshalb keine Verluste auftreten, und die phantastischsten Manipulationen sind möglich, da es sich ja immer nur um Rechenvorgänge handelt! Selbst die Übertragung von Musikdaten in »musikfremde« Medien ist möglich – aber das ist schon ein Vorgriff auf ein späteres Kapitel.

Musikalische Industriearchitektur:
Tendenzen in E und U

Wir arbeiten an der Herstellung kultureller Suppenwürfel.

Ralf Hütter

Bisher wurde die Entwicklung von Medien in erster Linie auf die Wechselwirkungen zwischen technischer und künstlerischer Entwicklung zurückgeführt. Ein ebenfalls prägender Faktor fehlt bislang noch: der *Markt*. Dessen Einfluß läßt sich optimal an der heutigen Rock-, Pop- und Filmmusikproduktion zeigen, um die es hier vorrangig gehen wird.

Der heutige Medienkonsument wird die Musikelektronik meist weniger durch die Bildungsmusik kennen, wie sie im zurückliegenden Kapitel behandelt wurde, sondern eher in Gestalt von Rockmusik, Popmusik und Schlagern. Dort hat sie viel radikaler und auf völlig andere Weise zugeschlagen als im Bereich der »E-Musik«[33]. Selbst die sogenannte *volkstümliche Musik,* die man nicht in freier Wildbahn, sondern nur im *Musikantenstadl,* der *Heimatmelodie* und vergleichbaren Fernsehre-

---

[33] Die Begriffe *E-* und *U-Musik* ergeben keinen vernünftigen Sinn. Die »E-Komponisten« Bach oder Mozart haben Stücke geschrieben, die alles andere als ernst sind; umgekehrt gibt es in den als »U-Musik« geltenden Sparten Rock und Jazz sehr ernste Kompositionen. Schon sprachlich sind die Begriffe gar kein Gegensatzpaar; »unterhaltsam« ist ja nicht das Gegenteil von »ernst«, sondern eher wohl von »langweilig«. Sinnvoller scheint

servaten antrifft, wird inzwischen vorrangig elektronisch produziert. Als ein Beispiel sei das ORIGINAL NAABTAL DUO angeführt, dessen Hit *Patrona Bavariae* zwar mit Synthesizern und Schlagzeugcomputern am MIDI-Recorder eingespielt wurde, von den beiden lustigen Musikanten bei Fernsehauftritten gleichwohl stets mit Schlagzeug und Akkordeon zum Vollplayback präsentiert wird.[34]

Gerade dieses Beispiel macht deutlich, daß man die Musikelektronik auch *gegen* den Hörer einsetzen kann, weit stärker jedenfalls als konventionelle Instrumente: Nicht zur Erweiterung des Klangmaterials oder zum Durchbrechen von Grenzen wird die Elektronik hier genutzt, sondern sie imitiert Musikinstrumente, rationalisiert die Produktion und bestätigt ansonsten die altherge-

---

[33] daher die Unterscheidung von *Bildungsmusik* einerseits und den Bezeichnungen *Jazz, Rock, Pop* andererseits (vgl. Halbscheffel und Kneif 1992). Es gibt allerdings formale Unterschiede zwischen U- und E-Musik: Sie liegen in der für den Komponisten weitaus günstigeren Stellung der E-Musik bei GEMA und GVL sowie darin, daß die E-Musik im Gegensatz zur U-Musik staatlich kräftig subventioniert wird.

[34] Die Schallplattenindustrie bezeichnet diesen Bereich leise zynisch als *Grüne Musik*. Gemeint ist damit die Fortsetzung des deutschen Schlagers der 60er und 70er Jahre unter Einbeziehung einiger Elemente der Volksmusik. Mit tatsächlicher *Volksmusik* hat diese volkstümliche Musik textlich wie musikalisch herzlich wenig zu tun. Die Grüne Musik ist momentan der Profitbereich Nummer Eins, der obendrein stark monopolistische Züge trägt. Fast alle Tonträger-Verwertungsrechte der zur Zeit erfolgreichen Volksmusik-Interpreten liegen bei Medienmanager Hans R. Beierlein, dem Erfinder der TV-Plage *Grand Prix der Volksmusik*. Allein das ORIGINAL NAABTAL DUO hat in der Bundesrepublik mehr Tonträger abgesetzt als Michael Jackson, auch Uralt-Klassiker wie Slavko Avsenik schlagen sämtliche Umsatzrekorde (vgl. Rumler 1990).

brachten Erwartungsmuster, die an Musik dieses Zuschnittes nun einmal geknüpft werden.

Die vielfältigen Methoden der Klangsynthese, Tonaufzeichnung und -bearbeitung sowie die damit verbundenen Automatisierungs- und Kosteneinsparungsmöglichkeiten haben besonders in der Popmusik zu Veränderungen geführt, wie man sie sich kaum vorstellt. Eigentlich ist das, so sollte man meinen, ganz normal: Wenn neue Möglichkeiten zur Verfügung stehen, dann werden sie ausprobiert. Im Bereich der Automobilindustrie wundert sich niemand darüber, daß neue Technologien auch neue Produktionsmethoden nach sich ziehen – mit allen Folgen positiver wie negativer Art, die solche Veränderungen mit sich bringen. Aber wie auch immer diese neuen Produktionsmethoden aussehen mögen: Immer bleibt die Automobilbranche ein *Industriezweig*. Darin verändert sie sich nicht.

Anders in der Popmusik: Hier hat technischer Fortschritt ursprünglich einmal künstlerische Produkte zum Industrieprodukt werden lassen. Neu allerdings ist das nicht; der U-Bereich weist spätestens seit der Erfindung der Schallplatte industrielle Strukturen auf. Seit einigen Jahren aber nimmt diese Entwicklung Ausmaße an, die man wohl als dramatisch bezeichnen darf. Interessanterweise werden sich Popmusiker ihrer Rolle als Industrieprodukt gelegentlich bewußt: Dann kann die Popmusik diese Tatsache in lichten Momenten sogar künstlerisch reflektieren.

Im folgenden geht es um Entwicklung, Trends und Tendenzen vorrangig der elektronischen »unterhaltenden« Musikproduktion, und um erste Ansätze eines sich abzeichnenden *Medienverbundes,* wie er hier exemplarisch am Beispiel der Filmmusik geschildert werden wird.

Die Elektronik hat neue klangliche und produktionstechnische Mittel erschlossen; Rock- und Popmusik haben diese Mittel aufgegriffen und dabei diese künstlichen, ungewohnten Klänge in einem unglaublich starken Maße *popularisiert*, viel stärker als dies die Bildungsmusik je hätte zuwege bringen können. Nur: Rock-, erst recht Popmusik ist *Markt-Musik*. Wer das bezweifelt, verkennt ihre Strukturen und Existenzbedingungen. Es ist also gar nicht weiter verwunderlich, daß in der Popmusik die Elektronik nicht in erster Linie zur Erweiterung musikalischen Ausdrucks genutzt wird, sondern auch und gerade als Produktionsmittel und Verkaufsargument. Daß eine solche Sichtweise Rückwirkungen auf die Musik selbst hat, liegt nahe und ist denn auch tatsächlich so eingetreten.

Rock- und Popmusik im übrigen sind durchaus nicht identisch, sondern lassen sich sehr wohl voneinander abgrenzen – zumindest im Grundsatz, denn die Übergänge sind fließend. *Popmusik* zeichnet sich stets durch unbedingte und gewollte Marktkonformität aus; »avantgardistische Popmusik« kann es daher nicht geben[35]. *Rockmusik* dagegen kümmert sich um Absatzmärkte zunächst durchweg wenig. Das heißt nicht, daß sie marktunabhängig ist; aber sie nimmt sich die Freiheit, neue Stilelemente und Ausdrucksformen zu entwickeln und auszubauen, ohne dabei ständig die Verkaufszahlen zum einzigen Erfolgsmaßstab zu erheben. Sobald allerdings solche Neuentwicklungen Anlaß zu der Hoffnung geben, sie seien möglicherweise kommerziell gut verkäuflich, wird die Popmusik diese alsbald aufgreifen und in ent-

---

[35] Gelegentlich tauchen Formulierungen dieser Art in Plattenkritiken und Funk- oder TV-Features auf. Die Ursache dieses Irrtums dürfte vorrangig darin liegen, daß sich Pop-Musik in unmittelbarer begrifflicher Nachbarschaft zur Pop-Art in der bildenden Kunst befindet, die Ende der 60er Jahre auftrat. Aber dies ist eine rein sprachliche Parallele, keine künstlerische.

schärfter und aufgeweichter Form in den Tagesschlager einbringen – und damit ins Bewußtsein breiter Hörerschichten! Das ist der Mechanismus, über den auch schräge Klänge Eingang in die Massenkultur finden können. Wer also wissen will, warum die heutige Popmusik so ist, wie sie ist, muß sich ansehen, wie die Elektronik in die Rockmusik kam – und genau dies wird im folgenden geschehen.

▄▄▄ Dreiklangsdimensionen: Elektro-Rock

Wenn aus Deutschland je wichtige Impulse in die internationale Rockmusik eingeflossen sind, sind es die Mittel der Elektronik, die im wesentlichen deutsche Gruppen und Musiker für die Rockmusik erschlossen haben. Es ist musiksoziologisch nie untersucht worden, woran das lag. Eine mögliche Erklärung: Die deutschen Rockmusiker waren aufgrund der deutschen Musiktradition nie in der anglo-amerikanischen Rockmusik »verwurzelt«. Sie mußten sie sich durch das Abhören von Medien (Schallplatten, aber auch Rundfunk, Film, Fernsehen) erarbeiten; das rockmusikalische Vokabular eignete man sich damals daher eher auf einer intellektuellen als einer intuitiven Ebene an (ähnliche Beobachtungen übrigens ließen sich auch im Jazz finden). Da nun auch die elektronischen Musikinstrumente Anfang der 70er Jahre eine intuitive Herangehensweise kaum zuließen, lag es vielleicht nahe, daß sich deutsche Musiker und die Musikelektronik sozusagen ergänzten.

Blicken wir also zurück in jene Zeit, da sich für Rockmusik aus deutschen Landen die Bezeichnung »Kraut-Rock« einbürgerte. Anfang der 70er Jahre wurde die Instrumentenkombination Synthesizer/Sequencer/-Rhythmusmaschine – gelegentlich verbunden mit anderen Instrumenten wie E-Piano, Orgel, E-Gitarre, Mellotron – stilprägend in der damals als »progressiv« bezeichneten Spielart der Rockmusik. In Deutschland ging man getreu Tucholskys Erkenntnis zu Werke, die Deutschen hätten zwar nicht das Pulver, dafür aber die Philosophie des Pulvers erfunden.

Die Berliner Gruppe TANGERINE DREAM etwa veröffentlichte 1971 nach einigem Herumexperimentieren (unter anderem im Elektronik-Labor des Schweizer Komponisten Thomas Kessler) das Album *Alpha Centauri*. Die Platte bestand aus schlicht gestrickten, ins Unendliche zerdehnten und verhallten Orgeldreiklängen mit allerlei Geblubber und Gewaber und gipfelte in den getragen gemurmelten Worten: »Der Geist der Liebe erfüllt den Kosmos / Und der das All zusammenhält, kennt jeden Laut / Der Geist steht auf, seine Feinde zerstieben / Und die ihn hassen, fliehen vor seinem Angesicht . ..« – in diesem Stil ging's noch einige Zeilen weiter. Edgar Froese, Chefdenker von TANGERINE DREAM, kommentierte das Breitwandepos mit den Worten: »Die Bezeichnung *kosmisch* steht für die maximale Vorstellung der räumlichen Ausdruckskraft eines Tones. Wir beziehen unsere Inspirationen tatsächlich aus dem Kosmos. Wir wollen versuchen, mit dieser sogenannten *Kosmischen Musik* Vorgänge hörbar zu machen, die am Rande der wahrscheinlichen Vorstellungskraft des Menschen liegen« (zit. n. Ehnert und Kinsler 1984). – Aha.

Nebel- und Waberklänge dieser Art gingen als die sogenannte *Berliner Schule* in die Annalen des Rock ein, weil sie vorrangig von Bands und Musikern aus dem Berliner Raum gespielt wurden (neben TANGERINE DREAM waren dies insbesondere Klaus Schulze, Manuel Göttsching und die Gruppe ASH RA TEMPEL). Hört man

123

sich heute ihre Schallplatten jener Jahre an, fällt in erster Linie auf, daß sie weniger von musikalischen Ideen dominiert wurden als von simplen technischen Erfordernissen. Besonders ist dies an den unendlichen Wiederholungen der immer gleichen Motive abzulesen. Dieses Phänomen resultierte unmittelbar aus der niedrigen Speicherkapazität der damaligen Sequencer und der geringen Variabilität der von Rhythmusmaschinen produzierten *Patterns* (der rhythmischen Muster also). Diese Faktoren waren ursächlich verantwortlich für den Endloscharakter vieler Stücke; die Instrumente spielten mit den Musikern, nicht umgekehrt. Deshalb wurde, nicht unclever, einfach die technische Not zur ästhetischen Tugend erklärt, wobei gerade TANGERINE DREAM über die ausgeprägte Fähigkeit verfügte, den Hörer durch simple, aber kurzfristig fesselnde Klang- oder Stereospielereien darüber hinwegzutäuschen, daß man sich auf musikalisch dünnem Eis bewegte.

Spätestens gegen Ende der 70er Jahre hatte die Berliner Schule ihren Zenit deutlich überschritten; gleichwohl ist sie bis heute nicht völlig weg vom Fenster. Man wird sie als Wegbereiter sowohl der sogenannten »New-Age-Musik« ansehen dürfen, wie sie sich mit Beginn der 80er Jahre zunächst in Kalifornien etablierte, ebenso auch dessen, was heute etwas ratlos als »Neue Instrumentalmusik« in den Regalen der Schallplattengeschäfte steht.

Aus heutiger Sicht gibt es nur wenige Produkte aus dem Berliner Kontext, die tatsächlich von musikalischem Wert sind. Erwähnt sei als bestes Beispiel die Gruppe CLUSTER. Dieses aus Hans-Joachim Roedelius und Dieter Moebius bestehende Duo war ein Grenzgänger nicht nur zwischen der Berliner und der (im folgenden zu beschreibenden) Düsseldorfer Schule, sondern auch zwischen der U- und der E-Welt. Was bei jeder anderen Gruppe nur lächerlich wirkte, nämlich die Bezugnahme auf die zeitgenössische E-Musik, war CLUSTERS eigentliches Charakteristikum, und zwar wahrscheinlich gerade deshalb, weil es die beiden Musiker gar nicht für sich in Anspruch nahmen – zumindest nicht nach außen hin. Aber die Süddeutsche Zeitung hat durchaus richtig gelegen, als sie 1971 schrieb, die Musik von CLUSTER sei deshalb so wichtig, »weil sie das, was man sonst als total unkommunikatives Experiment aus der elektronischen E-Musik kennt, mit dem musikalischen Geist der Popmusik beseelt, ohne wiederum die Methoden der Popmusik einfach zu übernehmen. Die stille Selbstverständlichkeit, mit der die sinnlichen Erfahrungen mit Popmusik plötzlich in eine neue Musikform einmünden, ist ein Prozeß, der einmal mehr beweist, daß die relevanten Impulse für eine neue Musik nicht von den Akademien und der kaum mehr verständlichen Musica-Viva-Experimentiererei ausgehen« (zit. n. Ehnert und Kinsler 1984).

Während die Musik Berliner Schule im wesentlichen um sich selbst kreiste, ansonsten aber weitgehend folgen- und einflußlos blieb, entwickelte sich eine völlig andere Spielart des Elektronikeinsatzes im Großraum Düsseldorf, und sie erwies sich für die Popmusik als langfristig enorm folgenreich. Deshalb lohnt es sich, sie genauer unter die Lupe zu nehmen. Die *Düsseldorfer Schule* bildeten Rockgruppen wie KRAFTWERK, NEU!, LA DÜSSELDORF sowie einige Solomusiker, insbesondere Wolfgang Riechmann und Bodo Staiger[36]. Sie bezogen

---

36 Staiger hatte um 1980 kurzen, aber heftigen Erfolg mit seiner hörbar an KRAFTWERK angelehnten Gruppe RHEINGOLD (Hits: *Dreiklangsdimensionen, Fan-Fan-Fanatisch*). Der talentierte und eigenwillige Elektroniker Wolfgang Riechmann konnte leider nur ein einziges Album fertigstellen (*Wunderbar*, 1978); vier Tage vor dessen Veröffentlichung wurde er während eines Spaziergangs grundlos von zwei Betrunkenen erstochen.

ihre Inspirationen weniger aus dem Kosmos, sondern aus den Gegensätzen zwischen Hochfinanz und Hochofen. Die Düsseldorfer Schule steht innerhalb der Rockmusik etwa dort, wo man innerhalb der Baukunst die *Industriearchitektur* ansiedeln würde: Selten, daß Industriebauten überhaupt als »Architektur« wahrgenommen werden – sind sie doch schließlich »nur« Zweckbauten. Und doch muß man nur einmal mit offenen Augen durch einige typische Schwerindustriestandorte laufen, durch Duisburg, Oberhausen, Völklingen, Dortmund, Pittsburgh oder ähnliche Städte: Man wird an der Erkenntnis nicht vorbeikommen, daß Fördertürme, Hochöfen oder Kohlesilos eine Stadt ästhetisch mindestens so stark prägen können wie dies andernorts Sakralbauten oder historische Befestigungsanlagen tun.

Die anerkannt wichtigste der Düsseldorfer Gruppen kennt unter ihrem ersten Namen ORGANISATION kein Mensch mehr, obwohl sie bereits Ende der 60er Jahre techno-elektronische Wege einschlug. Aber kommerziell erwies sie sich als Flop, trotz einer LP-Veröffentlichung in England. Deswegen ließen sich die Elektromotoren der ORGANISATION, die Musikstudenten Ralf Hütter und Florian Schneider (-Esleben), nebst einer kräftigen Kurskorrektur den griffigen Namen KRAFTWERK einfallen, unter dem die Gruppe später zu weltweiten Rock-Ehren kam. Neben dem typischen Rock-Instrumentarium und sparsamer Effekt-Elektronik (Orgel und Verzerrer waren das höchste der Gefühle) ließ man nun auch Geige, diverse Flöten und sogar ein Akkordeon hören. Das ganze wurde während der damals noch häufigen Live-Auftritte im Schein einer 50er-Jahre-Tütenlampe im Nierentischdesign präsentiert.

Erst auf dem dritten Album der Gruppe *(Ralf & Florian,* 1973, dem besten Produkt ihrer Frühphase) trat neben Orgel, Rhythmusmaschine und Farfisa-Piano überhaupt ein Synthesizer in Erscheinung: ein Minimoog. Zu den verspielten maschinellen Rumba-Rhythmen der sanft vor sich hinpulsenden *Ananas-Symphonie* tanzte das Ballett der Württembergischen Staatsoper (vgl. Ehnert und Kinsler 1984). Zudem war der LP ein bunter, etwas abstruser Comic im Plakatformat beigelegt, der die einzelnen Titel visualisierte. Auch noch auf *Autobahn* (1974), dem Album, das den internationalen Durchbruch der Gruppe einläutete, findet sich keine über den Minimoog, einige Effektpedale und ein selbstgebasteltes elektronisches Schlagzeug hinausgehende Elektronik.

Trans Europa Express (1977) markiert den qualitativen Sprung, mit dem KRAFTWERK zu einem »Konzept« mutierte. Konsequent »entpersönlichten« sich die Musiker und begannen ihr heute noch immer effektvolles Spiel mit Sein und Schein, mit Wirklichkeit und Abbild. Auf der Plattenhülle erschienen erstmals Doppelgänger: Das Frontcover zeigt die wirklichen Musiker, auf der Rückseite der Hülle aber sind ihnen naturgetreu nachgebildete Schaufensterpuppen zu sehen. Das zeigte sich auch musikalisch. Auf *Trans Europa Express* übernahm erstmals ein Vocoder[37] die Funktion eines »Sängers«, die Gruppe setzte in ihrer kristallklaren, formstreng-repetitiven Musik keine konventionellen Instrumente mehr ein und verzichtete auch auf solche elektronischen Klänge, die an herkömmliche Musikinstrumente hätten erinnern können.

Das setzte sich mit dem laut Melody Maker »unterkühlt majestätischen« Album *Die Mensch-Maschine* (1978) fort. Für die Hülle fand die *Szene 8* der Buchgra-

---

[37] Der Vocoder (Kurzform von »Voice-Coder«) kann die Worte, die man per Mikrophon hineinspricht, dem Klang eines anderen Musikinstruments »aufbürden«, beispielsweise einem Synthesizer. Das klingt dann so, als sänge der Synthesizer den Text.

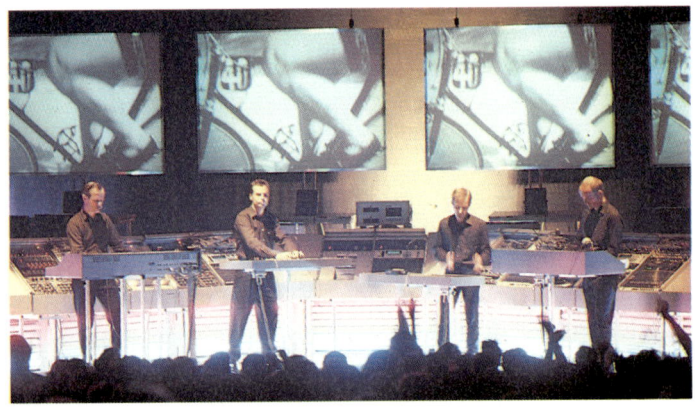

Abb. 7. KRAFTWERK (London, 1991).

phik *Von zwei Quadraten* des russischen Konstruktivisten El Lissitzky Verwendung, überdies zog die Gruppe klassische Aktionsformen des Dadaismus[38] heran und brachte sie auf den Stand des Jahres 1978: KRAFTWERK präsentierte das Album gleichzeitig auf zwei Presseempfängen in New York und Paris – je zwei der Musiker mischten sich unter die anwesenden Gäste und ließen sich auf der Bühne zum Vollplayback von ihren Schaufensterpuppen vertreten.

Das 1981er Album *Computerwelt* erwies sich sogar als ein doppelter Sprung. Hier werden in dem Titel *Taschenrechner* elektronische Spielzeugmusikinstrumente und ein tönender Taschenrechner als Musikinstrumente

---

[38] Insbesondere ist hier die Vorliebe der Dada-Künstler gemeint, sich zu anonymisieren und den klassischen Begriff der «Künstler-Persönlichkeit» zu hintertreiben; sei es durch witzige Kostümierungen (Hugo Ball), sei es durch die Verwendung vorgefundenen Materials (Kurt Schwitters), sei es durch Kunst-Maschinen und Kollektivarbeiten.

eingesetzt, »Instrumente« also, die man in jedem Kinderzimmer finden konnte; zum anderen gelingt der Gruppe mit einfachen Mitteln eine dichte Reflektion über die gleichermaßen verbindende wie vereinsamende Kraft, die in der Computertechnologie steckt. *Computerwelt* arbeitet außer mit den KRAFTWERK-typischen glasklaren und dennoch warmen Klangfarben erstmalig mit einer Rhythmik, die es durchgehend schwer macht, die Füße stillzuhalten: KRAFTWERK hatte die Popmusik entdeckt und war ihr gleichzeitig ein rundes Jahrzehnt voraus.

Selbst der hochwohllöbliche Spiegel, immerhin, kam nicht mehr umhin, der Gruppe 1991, zu ihrem 22jährigen Bestehen zu bescheinigen, daß sie die Popmusik »mit kühlen, elektronischen Klängen und einem futuristischen Image revolutionierte« und «als eine Art Apollo-Projekt der Popmusik ... klassisch geworden« sei (Spiegel 43/91).

Und damit wären wir am Ziel der Schilderung: Elektronische Klänge und Produktionsweisen sind heute musikalisches Allgemeingut der Populärkultur geworden. Sie haben Eingang gefunden in die Schlagerproduktionen, in die Filmmusiken, in die volkstümliche Musik. Es hat, wenn man so will, eine »Kreuzung« zwischen musikalischer Innovation und Marktmecha nismen stattgefunden, wie sie im Bildungsmusikbereich nie hätte zustandekommen können. Das aber ist auch für die Musik selbst nicht ohne Folgen geblieben. Die Düsseldorfer Schule prägte ein popmusikalisches Vokabular, das bis heute nach wirkt.

Auch tauchen die Namen KRAFTWERK, NEU!, LA DÜSSELDORF und auch CAN – sämtlichst Gruppen übrigens, die sich nie um Märkte gekümmert haben – immer wieder auf, wenn aktuelle Gruppen oder Musiker in In terviews nach ihren musikalischen Wurzeln gefragt werden. *Industrial, House, Hip-Hop, Rave* und *Techno*

(Tekkno, Tekkkno, Tekkkkno – die Anzahl der k's gibt Auskunft über den »Härtegrad«) sind die derzeit aktuellsten Ergebnisse KRAFTWERKscher Vorarbeiten. House und dessen kompromißlosere Variante Tekkno, welche Zukunft auch immer ihnen beschieden sein mag, sind die erste wirkliche musikalische Innovation der Rockmusik seit langem, und es ist kein Zufall, daß sie von der Generation der heute 20- bis etwa 30jährigen kommt (Ausnahmen bestätigen wie immer die Regel). Diese Musiker sind mit dem Computer ausreichend vetraut, um ihm nicht mehr Respekt entgegenzubringen als – beispielsweise – einer Kaffeemaschine, und sie sind mit der geschilderten elektronischen Popmusik großgeworden wie die erste Nachkriegsgeneration mit der Rock'n'Roll-Gitarre. – Und *endlich* gibt es wieder einmal Musik, die die Elterngeneration mit Inbrunst für »schrecklichen Lärm« halten darf . . .

Gebrauchs- und Popmusiker und ihre Arbeitswelt

Nicht alle Musiker gehen so kreativ mit dem Instrumentarium um wie die oben beschriebenen, leider. Mittlerweile hat die technische Entwicklung eine Form von Eigendynamik angenommen, die einen völlig neuen Musiker-Typus hervorgebracht hat. Synthesizer, Sampler, Drumcomputer, Sequencer gelten ihm nicht mehr als Musikinstrument, sondern sind Produktionsmittel; ein Investitionsgut, das zur industriellen Produktion von Musik herangezogen werden kann und auch wird. Aber auch solche Musiker, die von ihrem Können her eigentlich kreative Künstler sein müßten, sehen sich durch dieses Zusammenwachsen von Technik, Markt und Image zunehmend unter einen Sachzwang gestellt, der kaum

lösbar scheint; man merkt es, wenn man das Radio ein-
schaltet, wenn man Filme oder Werbespots sieht, wenn
man mit Profimusikern spricht. Wer beispielsweise als
Film- oder Werbekomponist arbeiten, also *Gebrauchsmusik* herstellen will (und für viele Musiker ist das das
tägliche Brot), benötigt schon unabdingbar ein Heimstudio, er muß mit Synthesizern, Samplern, Drumcompu-
tern arbeiten. Ein solches Studios muß mit MIDI- und
SMPTE-Technik ausgestattet sein und über die Möglichkeit verfügen, mit Industriestandards zu arbeiten. U-ma-
tic-Videorecorder sind ein Muß. Kennzeichnend für fast
alle Komponisten bzw. Musiker, die in diesem Umfeld
arbeiten, ist daher oft auch eine gewisse Distanz zur
Elektronik; vielleicht eine Art von »Selbstschutz«. Auf
konventionelle Instrumente völlig verzichten möchte
kaum jemand, und das ist gut so.

Aber der Trend ist eindeutig: Die Produktion von
Gebrauchsmusik, also Film- und Werbe-, auch Theater-
und Hörspielmusik zieht sich zunehmend ins stille Käm-
merlein zurück. Doch auch Popmusik und Schlager werden in immer stärkerem Maße in Heimstudios hergestellt, wie überhaupt die Grenzen zwischen diesen Mu-
siksparten fließend geworden sind. Und wenn das alles
von einzelnen Musikern bewältigt werden kann, wird
deutlich, daß man immer weniger Musiker benötigt. Gerade im Bereich der Gebrauchsmusik ist dieses Phänomen
zu beobachten: *Rationalisierung.* Da gab es früher viele
handwerklich exzellente Instrumentalisten, Studio- oder
auch Sessionmusiker genannt, die hauptsächlich vom
Einspielen von Schlagern oder Werbejingles lebten – und
meist nicht schlecht. Das hat sich geändert. Am härtesten
hat es zweifellos die Schlagzeuger getroffen. Ein Drumcomputer gehört keiner Gewerkschaft an, arbeitet ohne
Vertrag zu jeder Tages- und Nachtzeit, ist eine einmalige
Investition, frißt kein Brot, wird nicht krank und er-

scheint nur ausnahmsweise verkatert zur Probe. Darüber hinaus hat er im Gegensatz zu manchem lebendigen Schlagzeuger eine Engelsgeduld und spielt stundenlang die einfallslosesten Schlagzeugsequenzen, ohne sich zu beschweren.

Und durch den imitatorischen Einsatz von Synthesizern und Samplern trifft es zunehmend auch Bassgitarristen, Streicher- und Bläserensembles, zunehmend sogar Gitarristen. Nicht die wirklichen Spitzenkräfte sind gefährdet; aber der gesamte Mittelbau der Instrumentalisten wird in den Musikstudios zu seltenen Gästen. Man schätzt, daß mittlerweile rund drei Viertel aller Popmusiktitel und Schlager (zunehmend, wie schon erwähnt, sogar im Bereich der volkstümlichen Musik!) ganz oder teilweise von einsamen Keyboardern mit High-Tech-Equipment ohne Begleitmusiker eingespielt werden.

Während also Studiomusiker herkömmlicher Prägung verstärkt aus den Studios hinausrationalisiert werden, entstehen im Gegenzug aber auch neue Berufsbilder und Tätigkeitsfelder. Da gibt es zum Beispiel *Soundprogrammierer,* deren Job es ist, Klangprogramme für die jeweils neuesten Synthesizermodelle zu entwerfen. Der Handel mit Klängen blüht, weil immer mehr Musiker keine Zeit oder keine Lust mehr haben, Klänge selbst zu basteln. Viele blicken durch die Technik ihrer Geräte auch schlicht nicht mehr durch. So kaufen sie fertige Programme, die auf Disketten oder Magnetkarten im Musikalienhandel zu erstehen sind. Man werfe nur noch den Datenträger in den Synthesizer ein, und im Handumdrehen produziert er 50 oder 100 fabrikneue Klänge. Auch für den Sampler gibt es speziell aufbereitete *Klangbibliotheken.* Für normale Musiker, erst recht Amateurmusiker, ist es aus naheliegenden Gründen schwierig, etwa an die Klänge balinesischer Gamelan-Instrumente heranzukommen und damit den Sampler zu füttern. Nun gibt es bereits CD-Serien mit jeweils rund 100 speziell für den Sampler aufbereiteten Klängen vom Orchesterinstrument über Vogelstimmen bis zu Kirchenglocken. Eine solche CD kostet um 100 Mark – beträchtlich weniger also als ein Flug nach Bali. Solche Klänge zu finden und samplergerecht zu bearbeiten ist ebenfalls ein noch junger Job. Meist arbeiten solche »Klangjäger« freiberuflich, manche binden sich aber auch fest an bestimmte Hersteller.

Aber das ist noch nicht alles, was sich verändert hat. Denn nicht nur Medien und technische Implikationen sind zu einer Einheit verschmolzen, sondern auch die Medien selbst – und die damit verbundenen Tätigkeitsfelder!

Am radikalsten bekommen solche neuen Produktionsbedingungen wiederum jene Musiker zu spüren, die in erster Linie Gebrauchsmusik herstellen. Sie arbeiten, wie gezeigt, zum großen Teil inzwischen allein im Heimstudio, freiberuflich und in eigener Regie. Ihre Aufträge erhalten sie von Filmproduktionsfirmen, Werbeagenturen, aber auch Rundfunksendern, die ihre Stationskennungen außer Haus fertigen lassen. Solche Musiker tragen hohe Risiken besonders wirtschaftlicher Art.

Das läßt sich idealtypisch am Beispiel der Filmmusikproduktion zeigen. Denn längst ist es nicht mehr damit getan, daß Musik produziert und eingespielt wird, sondern MIDI, SMPTE und die Sampling-Technologie haben die gesamte Post-Production bei Film und Werbung verändert. Die meisten Spielfilme, aber auch Werbespots müssen heute aus finanziellen Gründen für den internationalen Markt konzipiert werden. Dafür benötigt man international bekannte Schauspieler, so daß die meisten Filme in Englisch oder sogar gemischtsprachig gedreht werden. Erst später werden die Szenen synchronisiert. Da es zudem besonders bei Außenaufnahmen immer schwieriger wird, den Ton ohne Störungen durch Nebengeräusche aufzuzeichnen, verzichtet man zunehmend ganz darauf. Die Tonspur wird also erst im Studio gebastelt.

Bei diesem Prozeß erscheint nun heute nicht mehr wie früher der aus einem alten Schlager bekannte Bruder, welcher im Tonfilm die Geräusche macht (oder jedenfalls eher selten; manchmal braucht man ihn schon noch), auch werden außer sogenannten *Atmos* (das sind atmosphärische Dauerklänge wie zum Beispiel »Eisenbahn innen«) nur noch wenige Tonelemente vom Tonband in den Film gemischt, sondern da bedient man sich des SMPTE-synchronisierten Sound Samplers. Wenn im Film eine Tür zuklappt, wird das entsprechende Geräusch in den Sampler geladen und per Timecode und MIDI genau dann abgerufen, wenn's das Bild verlangt. Entsprechendes gilt für andere Geräusche in der jeweiligen Szene. Am Ende dieses Prozesses steht das sogenannte *IT-Band* (IT steht für »International Tape« oder »Internationales Tonband«), welches neben dem Timecode alle Klänge und Geräusche des Films sowie die Musik enthält – nur die Sprache nicht. Und das ist nicht nur im Film so, sondern erst recht in Werbespots und Vorabendserien des Fernsehens.

Das verändert die Arbeitssituation vieler Filmkomponisten. Sie werden zunehmend nicht mehr nur für die Filmmusik engagiert, sondern sind oft schon für die gesamte Tongestaltung mit Ausnahme der Sprachaufnahmen zuständig (was den meisten allerdings gar nicht unsympathisch ist, jedenfalls, wenn es um künstlerisch interessante Filme geht). Mittlerweile gibt es in den USA die ersten *Soundtrack-Designer*, hochbezahlte Synthesizer-Spezialisten, die zumeist auch über viel Erfahrung als Toningenieure und Musikproduzenten verfügen. Sie stellen den Ton eines Filmes vollständig von A–Z her, entwickeln geeignete Synthesizer-Sounds, suchen Klang-Samples zusammen und führen auch die Tonmischung des Films (meist für 5-Kanal-Dolby) durch. Filme wie das schon erwähnte Zukunftsmärchen *Star Wars*, der martialische *Terminator 2* und vergleichbare Produkte leben nicht zuletzt von dieser ihrer Klang-Kulisse. Obendrein wird der gesamte Produktionsvorgang allmählich rekursiv, denn per SMPTE und MIDI kann die Bearbeitung von Film und Musik nahezu beliebig flexibel gehandhabt werden: War es früher üblich, daß der Komponist erst nach dem Rohschnitt des Filmes mit der Stoppuhr am Schneidetisch erschien, um zu notieren, wieviel Sekunden Musik für welche Szenen eingespielt werden mußten (oft, besonders in der Werbung, erhielt er sogar nur ein *Storyboard* mit Sekundenangaben; also eine Art »Comic«, der in Rohskizzen die einzelnen Szenen beschreibt), so kann man heute bis in die letzte Sekunde hinein die Musik noch verändern, kann sie an die Schnittdramaturgie und -rhythmik des Films anpassen oder auch umgekehrt die Rhythmik der Filmmusik zur Grundlage des Schnittes machen. Diese perfekte Synchronisation von Bild, Schnitten und Musik übrigens bezeichnet man meist als *Mickey-Mousing*, weil die frühen Zeichentrick- und Naturfilme Walt Disneys dieses Prinzip geradezu im Sinne eines Markenzeichens perfektioniert haben (damals allerdings noch mit der Stoppuhr am Schneidetisch!), man findet es mittlerweile in allen Varianten und allen vorstellbaren Filmen – ob's paßt oder nicht.

Viele Musiker dieser Art arbeiten mehrgleisig; sie machen neben der Filmmusikproduktion noch diverses anderes. Und einige entwickeln sich zielstrebig zu »Multi-Media-Unternehmern«, wobei der Begriff »Unternehmer« durchaus wörtlich zu verstehen ist. Der Keyboardspezialist Kristian Schultze etwa wickelt seine Tätigkeiten unter dem Dach einer eigenen Produktions-GmbH ab, zu der auch ein Tonstudio gehört. Musikunternehmer Schultze arbeitet als gefragter Studiomusiker, komponiert und spielt Fernseh-, Film-, Bühnen- und Werbemusiken, darüber hinaus ist er Soundprogrammierer unter anderem für Udo Lindenberg, Gitte Haenning, Howard Carpendale oder Inga & Annette Humpe. Drei Solo-LP's unter eigenem Namen sind ebenfalls zu verzeichnen. – Es gibt eine ganze Reihe weiterer Musiker dieser Art. Oft sind sie einem breiten Publikum nicht einmal bekannt, und doch läuft in der Pop- und erst recht Gebrauchsmusik nichts mehr ohne sie. Solche umtriebigen Leute sind durch die Elektronik natürlich nicht gefährdet – im Gegenteil: Die Elektronik hat solche Musik-Unternehmer überhaupt erst hervorgebracht.

Aber die Zahl solcher Musiker ist niedrig. Dagegen steht inzwischen eine nicht mehr zu schätzende Zahl von Einzelmusikern, die in ihren Heimstudios an Auftragsproduktionen herumwerkeln. Nun steigt aber die Zahl der Aufträge nicht im gleichen Maß wie die Zahl dieser Musiker. Etliche sind deshalb in Ermangelung regulärer Aufträge dazu übergegangen, sogenannte *Archivmusik* auf gut Glück einzuspielen. Darunter hat man sich in der Regel schlicht gestrickte atmosphärische Klangbilder vorzustellen, die zu stereotypen, immer wiederkehrenden Filmsequenzen wie etwa »Abendstimmung«, »Verfolgungsjagd«, »Fabrik« etc. passen. Die Musiker pflegen diese recht stumpfsinnige Komponiererei meist selbstironisch als »Fertigpizza backen« zu bezeichnen. Spezielle Archivmusikverlage (in der Bundesrepublik gibt es rund 150 davon) kaufen solche Musiken an. Der Musiker wird nach gekauften Sekunden bezahlt, wobei die Honorarsätze, um einmal Zahlen zu nennen, zwischen 90 Pfennig und 2 Mark pro gekaufter Sekunde schwanken. Die Verlage schicken sodann sogenannte *Musikberater* zu Sendern, Fernseh- und Filmproduktionsfirmen, um ihre Musik in irgendwelchen Produktionen unterzubringen. In Fernsehspielen wird man Archivmusik vergleichsweise selten finden; dagegen begegnet sie einem ständig und penetrant in allen möglichen Featureproduktionen; etwa Wissenschaftsmagazinen und dergleichen.

Soviel zur Filmkomposition. Kaum zu glauben, welche Auswirkungen technische Innovationen haben können. Wie sieht es in der Popmusik aus? Jährlich werden etwa 15.000 Langspielplatten bzw. CD's und rund 45.000 Singles in die deutschen Läden gedrückt. Wenn man weiß, daß rund 80 Prozent dieser Produktionen »Nieten« sind, andererseits aber die Produktion einer LP leicht 200.000 Mark und mehr verschlingen kann, ahnt man, um welche Summen es in der Musikindustrie geht. Das eigentliche Produktionsrisiko dabei haben die großen Plattenkonzerne (es gibt nur noch fünf!) ohnehin längst auf freie Produzenten abgewälzt, die in eigener Regie Gruppen und Musiker produzieren und dann versuchen, das fertige Tonband bei einer Plattenfirma unterzubringen. Die Industrie wählt aus den Angeboten die meistversprechenden aus – *Hit Picking* nennt sich dieses Verfahren.

Unter diesem Druck und der Tatsache, daß Popmusik heute nicht mehr nur ein »Musik«-, sondern ein *Multimedia*-Geschäft ist (näheres im Kapitel über Videoclips), ist die Folge eine Produktionsweise, wie sie früher wirklich nur in Ausnahmefällen denkbar war: die marketingstrategische Planung von Gruppen oder Solokünstlern. Diese werden gezielt auf bestimmte, vermutete Marktlücken hingestylt, wobei man von vornherein einkalkuliert, daß das jeweilige Projekt für vielleicht zwei Alben und drei Singles gut ist und dann begraben werden muß.

So wird zunächst ein *Image* festgelegt und die Gruppe musikalisch und optisch dementsprechend hingebogen. In Großbritannien und den USA gibt es bereits Firmen für solches *Image-Design*. Daß an den Produkten solcher Firmen, sprich: Popgruppen, Sängerinnen, Sängern, dann nichts Authentisches ist, versteht sich. Es sind Synthetik-Produkte, bezahlte Schauspielertruppen, die vor den Karren der Musik gespannt werden[39]. Die Musik wird in Wahrheit von Studioprofis und Produzenten hergestellt. 1990 ging das Beispiel des zeitweilig erfolgreichen Duos MILLI VANILLI durch die Presse, nachdem ihr Produzent Frank Farian verlauten ließ, die beiden Sänger seien an keiner »ihrer« Platten jemals beteiligt gewesen (vgl. Halbscheffel und Kneif 1992). Farian ist in dieser Hinsicht kein Unbekannter, sein früheres Projekt BONEY M lief nach ähnlichem Schema. Und derzeit ist gerade die Teeny-Kapelle NEW KIDS ON THE BLOCK in den Verdacht geraten, ein neuer Fall MILLI VANILLI zu sein (vgl. taz 5.2.92). Pop braucht Gesichter zum Vorzeigen im Videoclip, singen können andere besser.

Wie aber, so fragt man sich, können denn Konstrukte dieser Art Konzerte spielen und Tourneen absolvieren? Des Rätsels Lösung heißt *Halb-* oder sogar *Vollplayback*. Das allerdings wird mit gewaltigem Aufwand auf die Bühne gestellt. Gigantische, computergesteuerte Lichtanlagen, Trockeneisnebel, Video- und Laserprojektionen sowie extreme Lautstärken sind Tarnung genug.

---

[39] Es gab diese Verfahrensweise auch schon früher, aber es handelte sich da um Einzelfälle. An die US-Gruppen THE MONKEES oder die PARTRIDGE FAMILY sei als prominente Beispiele erinnert; beide Gruppen sind für TV-Serien erdacht worden. In ersterer war Mike Nesmith der aktive Musiker, in letzterer David Cassidy. In den 60er Jahren bestand auch die eine oder andere »Girl Group« aus nur einer einzigen Sängerin.

Nur wenige Zuschauer merken da noch, daß der sogenannte Gitarrist statt der Gitarre, die man ihm dekorativ
umgehängt hat, ebensogut einen Schrubber bearbeiten
und statt der Keyboards auch ein Schaukelpferd auf der
Bühne stehen könnte. Hauptsache, das Ganze sieht gut
aus.

Natürlich ist das nicht immer, oder nicht immer so
kraß der Fall. Technische Hilfen aber sind die Regel.
Dank der Mikroelektronik kann man problemlos quasi
ein komplettes Tonstudio auf die Bühne stellen und auch
Musikern, die wirklich live spielen, mit kleinen Hilfen
unter die Arme bzw. die Stimmbänder greifen. Mit technischer Verdopplung sowie Hall- und Echozugabe wird
dem Schlagersternchen das Volumen einer Vorstadt-Cal-
las verpaßt. Dem überforderten Schlagzeuger nimmt der
Drumcomputer die Grobarbeit ab, dem mäßigen Key-
boarder steht der perfekt programmierte MIDI-Recorder
assistierend zur Seite.

Manche Schlagersternchen treffen den rechten Ton
nur in den Monaten ohne R. Für die restlichen Monate
stehen im Studio hochprofessionelle Back-up-Sängerin-
nen bzw. -Sänger zur Verfügung, die auf das Imitieren
von Stimmen spezialisiert sind. Wenn nicht, dann hilft
am billigsten der *Sound Sampler*. Ist beispielsweise ein
Ton eine Kleinigkeit zu tief gesungen, spielt man diesen
vom 24-Spur-Band in den Sampler und fügt ihn anschließend mit leichter Verschiebung nach oben wieder in
die Aufnahme ein. Ebenso kann man, zumindest, wenn
man das Verfahren des *Harddisc-Recording* einsetzt, im
Nachhinein nahezu alle Parameter eines Musikstücks
verändern, etwa das Timing des Schlagzeugs: Wenn der
Drumcomputer ein wenig zu »straight« geradeaus gespielt hat (schließlich ist er ja eine Maschine), so kann
man später jeden beliebigen Schlag ein wenig nach vorn
oder hinten verschieben. Bis es so richtig »laid back«

klingt. *To fix it in the mix* nennt man solches Abändern des Stücks nach der eigentlichen Aufnahme, technisch nur noch eine Frage der Speicherkapazität des eingesetzten Computers und damit (noch) eine Kostenfrage.

Diese gezielt marketingorientierten Produktionsmethoden sind durch technische Innovationen möglich geworden und haben letztlich zur Veränderung der gesamten Medienlandschaft beigetragen – bis in die Nachrichtensendungen hinein. Die kommenden Kapitel werden das belegen.

Chip-Welten:
Computer und Medien

Ich denke, also bin ich hier falsch.
Alf

Die US-amerikanische Thinking Machines Corporation wirbt mit dem Slogan: »Wir entwickeln Maschinen, die stolz auf uns sein werden.« – Aber so weit ist es noch lange nicht. Bis dato können Maschinen nicht einmal denken, geschweige denn Empfindungen entwickeln. Und wenn es sie denn wirklich einmal geben sollte, die denkende Maschine – wer sagt uns, daß wir mit ihren Gedanken etwas anfangen könnten?

Bisher ging es in diesem Buch um die Entwicklung einzelner audiovisueller Medien. Immer tauchte bei der Schilderung der jeweiligen Medienentwicklung irgendwann der Begriff *Digitalisierung* auf und läutete einen qualitativen Sprung ein. Dieser »Zauberbegriff« steht im Zusammenhang mit der Computertechnologie und ist der Startpunkt für einen neuen Abschnitt in der Medien-Entwicklung. Um dies deutlich zu machen, wird im folgenden eine kurzgefaßte Bestandsaufnahme der momentanen Trends und groben Entwicklungslinien der Computertechnologie zwischengeschaltet. Dabei werden fast alle der bisher angesprochenen Themengebiete wieder auftauchen, aber auch neue werden eingeführt. Und da Medien und Technologien austauschbar werden, ist ab jetzt die bisher nach Möglichkeit durchgehaltene sachli-

che Trennung verschiedener Sparten nicht mehr aufrecht-
zuerhalten.

Das Problem
mit der künstlichen Intelligenz

Dummerweise fressen Computer nicht alles, was
man ihnen erzählt. Man muß es so aufbereiten, daß es für
sie verdaulich ist. Da ist zunächst einmal die Tatsache,
daß Computer nur zwischen zwei Zuständen unterscheiden können: »Strom vorhanden« und »kein Strom vorhanden«; »Eins« oder »Null«. Alles, was man dem Computer mitteilen will, muß demnach in Kombinationen der
Ziffern »Null« und »Eins« zerlegt werden. Dieses *binäre
Zahlensystem* ist die Grundlage der Computertechnologie, gleichwohl soll es an dieser Stelle nicht mehr näher
erläutert werden. Man findet Informationen hierüber
mittlerweile in jedem halbwegs aktuellen Lexikon.

Wenn es möglich ist, Zahlen binär darzustellen,
kann man alle Informationen dem Computer einfüttern,
die überhaupt als Zahlen darstellbar sind. Das sind unglaublich viele: Ein Pixel in einem Videobild beispielsweise ist durch Zahlen genau zu definieren: Seine Position
innerhalb des Bildes läßt sich durch Koordinaten angeben; auch seine Farbe ist nichts weiter als eine Nummer
innerhalb eines elektronischen Tuschkastens. – Auf vergleichbare Weise lassen sich auch Klänge in Ziffern zerlegen: Wellenformen, Hüllkurven, Obertöne etc. sind in
Koordinatensystemen darstellbar.

Das ist *Digitalisierung* – nicht mehr und nicht weniger also als die Umwandlung einer Form, einer Farbe,
eines Zustandes in einen binären Zahlenwert.

Da der Computer damit jede beliebige Rechnung
durchführen kann, kann er alles durchführen, was sich

überhaupt mathematisch darstellen läßt. Und wenn wiederum dies möglich ist, kann er auch mit logischen Begriffen umgehen; mit den Begriffen JA, NEIN, UND, ODER. Tatsächlich, das reicht aus, um alle Aufgaben durchzuführen, die überhaupt auf *Logik* zurückzuführen sind. – Aber Vorsicht, Glatteis! Zwar wird alles, was wahr ist, auch logisch sein (abgesehen vielleicht von psychischen Vorgängen, aber dieses Problem soll uns erst später beschäftigen), aber nicht alles, was logisch ist, muß zwangsläufig auch wahr sein!

Nun soll aber, so hat man sich gedacht, der Computer *Schlüsse ziehen* und daraufhin *Entscheidungen treffen* können. Das wäre allerdings ein erheblicher qualitativer Sprung in Richtung Intelligenz, gemessen jedenfalls an der bisherigen Rechnerei, wie logisch auch immer sie sei. Intelligenz jedoch ist ein so komplexes Phänomen, daß ein handfestes Ergebnis bisher nicht vorliegt. Zwar gibt es in allen Ecken der Welt Institute, die an der Entwicklung *künstlicher Intelligenz* (KI) basteln, doch ist es bis dato nur gelungen, ansatzweise einige Teilaspekte zu verwirklichen. Und wer sich anschaut, welch ungeheurer Aufwand getrieben werden muß, um auch nur diese Teilaspekte zu realisieren, ahnt, daß wir da wohl noch einige Zeit werden warten müssen. Falls es überhaupt je gelingt.

Es ist kein Zufall, daß der Begriff *künstliche Intelligenz* seit einiger Zeit merklich seltener zu hören ist. Man ist offenbar dahintergekommen, daß man sich mit ihm gar keinen Gefallen getan hatte, denn er hat extrem hochgespannte Erwartungen ausgelöst, die aber vorerst mit Sicherheit nicht eingelöst werden konnen. Da sich aber andererseits das, was auf dem Gebiet der Computertechnologie bisher dennoch schon gelungen ist, durchaus nicht verstecken muß, hat man sich vernünftigerweise stillschweigend davon verabschiedet, den Begriff »Intelligenz« an solche Entwicklungen zu koppeln.

Ein *Resynthesizer* etwa kann zwar Klänge analysieren und sie graphisch darstellen, aber er benötigt dafür viel Zeit und hunderttausende von Analyse- und Rechenschritten. Diesen Vorgang erledigt unser Gehirn ganz nebenbei innerhalb von Sekundenbruchteilen, einfach beim Hören. Und mehr noch: Der Resynthesizer kennt dann zwar den Datensatz des Klanges, weiß aber sonst nichts über ihn, während wir den Klang auf der Stelle als – beispielsweise – Gitarrenklang erkennen. Ganz zu schweigen von den Assoziationen, die er in uns auslöst, vom synästhetischen Erscheinen einer Gitarre vor unserem geistigen Auge bis hin zur Erinnerung an die Touristen-Musik, die man uns vor drei Jahren im Urlaub als katalanische Rumba verkaufen wollte.

Ein ähnliches Phänomen: Jeder Mensch kann aus einer Menschenmenge fast sofort das Gesicht seiner Freundin oder seines Freundes herausfischen. Man erkennt einen Menschen in der Regel sogar dann wieder, wenn er sich verändert hat (neue Frisur oder Haarfarbe, Bart, Brille o. ä.). Niemand weiß definitiv, wie dieses blitzschnelle Wiedererkennen funktioniert; Tatsache jedenfalls ist: Einem heute üblichen Computer gelingt es nicht. Selbst wenn er über sehr detaillierte Informationen des gesuchten Gesichtes verfügt, braucht er minutenlang, um auch nur eine Auswahl von in Frage kommenden Gesichtern aus der Menschenmenge zusammenzustellen.

Es gibt sogar noch ein einfacheres Beispiel: Selbst wenn man dem Computer detailliertes Datenmaterial zur Verfügung stellt und ihn mit einer Videokamera koppelt, so daß er selbst »sehen« kann, ist es bis dato noch keinem Computer gelungen, einen Hund von einer Katze zu unterscheiden. Nicht nur jeder Mensch, auch jede Maus kann das.

Das Gehirn arbeitet eben nicht wie ein Computer. Es nimmt auch komplexe Sachverhalte *ganzheitlich* wahr und verarbeitet sie als Einheit, während ein Computer einen Sachverhalt erst einmal singularisiert und in einzelne Schritte zerlegt – und genau dabei zerstört er den ganzheitlichen Charakter, der das eigentliche Kennzeichen des analysierten Sachverhaltes war.

Immerhin, die etwas einfachere Angelegenheit mit den logischen Schlüssen und den Entscheidungen zumindest ist schon erstaunlich weit gediehen. Über zehn Jahre ist daran gebastelt worden, rund um die Welt. Erklärtes Ziel war: Rechner sollten lernen, Schlußfolgerungen zu ziehen. Sie sollen nicht Zahlen verarbeiten, sondern Wissen. Sie sollen selbst bei fehlerhaften oder unvollständigen Vorgaben darauf kommen können, was eigentlich gemeint war. Und das geht nur, wenn der Computer Entscheidungen treffen kann, und zwar schnell.

Das Ergebnis war der *Parallelrechner*. Bei dieser neuen Computergeneration (der fünften mittlerweile) werden viele Computer miteinander verbunden; ähnlich wie ein Unternehmen, das ja ebenfalls in einzelne Abteilungen untergliedert ist. So arbeiten dann beispielsweise 35 Computer als »Team« zusammen, jeder Rechner kann mit jedem anderen Kontakt aufnehmen. Dieses Netzwerk-Prinzip ist der eigentliche Dreh. Einer der Computer wird zum »Chef« erklärt und muß organisieren, welcher Rechner für welche Aufgaben zuständig ist. Kurz, alles läuft wie im richtigen Leben: Der Chefcomputer teilt die anfallende Arbeit ein und organisiert den erforderlichen Informationsfluß. Wenn die Aufgaben sehr kompliziert sind, lassen sich natürlich auch Unterabteilungen bilden; so, wie in einem wirklichen Unternehmen etwa die Buchhaltung noch gegliedert ist in die Kreditoren- und Debitoren-Buchhaltung. Das System bricht selbst dann nicht zusammen, wenn mal ein Rechner ausfällt; der Chefcomputer verteilt die Aufgaben dann sofort neu. Dabei hat auch jeder einzelne Rechner ständigen Zugang zu den Arbeitsergebnissen seiner Rechnerkollegen, wenn er sie für seine Arbeit benötigt, und er weiß auch, daß er gegebenenfalls darauf warten muß. Wenn man so will: Ein Parallelrechner-System kann seine Arbeitsabläufe selbst organisieren und kontrollieren. Der Begriff »Computer« übrigens ist hier im übertragenen Sinne zu verstehen; ein Parallelrechner ist nicht eine Computer-Gruppe im Sinne einer größeren Anzahl zusammengeschalteter Heim- oder Personal-Computer. Gemeint ist die Vernetzung und Parallelschaltung von *Prozessoren,* die ja das eigentliche »Hirn« des Computers sind. Korrekterweise sollte man also von »Parallelprozessor-Rechnern« sprechen, aber der Parallelrechner hat sich im Sprachgebrauch bereits durchgesetzt.

Dieses System arbeitet immerhin schon so effizient, daß ein japanischer Parallelrechner im Experiment in drei Minuten eine Aufgabe lösen konnte, für die eine herkömmliche Computeranlage 76 Minuten gebraucht hat (vgl. Hermanns 1988); fünfundzwanzigmal schneller also! Parallele Rechnersysteme erfordern allerdings auch eine neue Art des Programmierens: Während es bei herkömmlichen Rechnern darum geht, die zu lösende Aufgabe in kleine, logisch aufeinander folgende einzelne Teilabschnitte zu zerlegen, die der Computer Schritt für Schritt abarbeitet, muß ein Parallelrechner-Programm gleichzeitig (wenn man so will: nebeneinander) mehrere Schritte steuern. Dabei muß die Interaktion zwischen den Rechnern in sinnvoller Weise einbezogen werden. Parallelrechnerprogramme müssen demnach nicht als »Liste«, sondern als *Matrix* erstellt werden.

Auch der Programmierer also muß sich von der linearen Denkweise einer parallelen zuwenden; er muß die zu bearbeitende Problemstellung sozusagen »ganzheitlich« angehen. Die Praxis übrigens zeigt interessanterweise, daß dies gerade solchen Menschen am besten gelingt, die von herkömmlichen Computern wenig oder gar nichts verstehen.

Nun muß man dem Computersystem Zugriff zu umfangreichen Informationsspeichern geben, und es muß bestimmte logische Verknüpfungen treffen können. Das geht nur, wenn der Computer über sehr umfangreiche Hintergrunddaten verfügt, auf die er darüber hinaus sehr schnell zugreifen kann. Mit dem klassischen Magnetband oder Disketten ist da nicht viel zu holen.

Eine Lösung dieses Problems scheint sich mit der *Holographie* abzuzeichnen. Alle Speichermedien, auch die früher erwähnten MiniDiscs, DAT- oder DCC-Bänder und so weiter, haben einen Haken: Sie sind mit Mechanik verbunden, und das genau ist es, was sie sehr langsam macht. Ein Hologramm hingegen arbeitet mit nichts anderem als Licht.

Ein Hologramm kennt jeder, der eine Euroscheck-Karte besitzt. Dort ist, wie sinnig, der ehrwürdige Ludwig van Beethoven dreidimensional als Weißlichthologramm verewigt, das in allen Regenbogenfarben schimmert, wenn man es unter Beleuchtung bewegt. Diese Hologramme werden nach einem in Grundzügen von dem ungarischen Physiker Dennis Gabor entwickelten Prinzip mit Laserlicht fotografiert; das Faszinierende an ihnen (neben ihrer Dreidimensionalität) ist, daß im Gegensatz zu normalen Fotos jeder beliebige Punkt eines Hologrammes alle Informationen des *gesamten* Bildes enthält. Auch ein Hologramm also speichert »ganzheitlich«. Dieses Prinzip kann man sich zunutze machen. Ohne physischen Raumverbrauch können in einem Hologramm praktisch unbegrenzte Datenmengen gespeichert werden. Und da das ganze nur optisch vorhanden ist, also ohne Mechanik auskommt, muß der Computer sich die holographisch gespeicherten Daten nicht Bit für Bit zusammenkratzen, sondern kann sozusagen gleich »seitenweise« lesen. Wenn die derzeit existierenden Labormuster serienreif sein werden, dürfte sich einiges tun, denn dann werden alle heute üblichen elektronischen Speichermedien überholt sein.

Und dem Problem der zu niedrigen Verarbeitungsgeschwindigkeit innerhalb des Rechners könnte man in absehbarer Zeit eventuell ebenfalls beikommen. Der Schlüssel liegt, wie es scheint, auch hier in der Laser-Technologie. Der US-Wissenschaftler Alan Huang hat in den Bell Laboratories des Medienkonzerns AT&T (wo vor 40 Jahren der Transistor erfunden wurde) einen *Digital Optical Processor* (DOP) entwickelt. Dieses Ding paßt zwar noch durch keine Tür, aber das soll nichts besagen; die ersten Transistorschaltungen waren auch nicht kleiner. Der Kniff des DOP: Alle Informationen, die in herkömmlichen Mikroprozessoren per »Draht« auf Leiterbahnen übermittelt und weitergeleitet werden, werden im DOP *optisch* per Laserstrahl übertragen. Damit sind sie annähernd hundertmal schneller und auch sehr viel zuverlässiger, weil sich die Elektronen auf den mikroskopisch engen Leiterbahnen eines Mikroprozessors gegenseitig stören und beeinflussen können. Lichtphotonen hingegen lassen ihre Kollegen in Ruhe. Zwar räumt Huang ein, das Gerät sei bis jetzt »nicht schlauer als der Schalter einer Waschmaschine«, doch »ein großer Schritt auf dem Weg zum Opto-Computer« (zit.n. Spiegel 6/90), der mit annähernder Lichtgeschwindigkeit arbeiten könnte. Erst recht in Verbindung mit holographischen Speichermedien.

Das ist in der Praxis auch erforderlich, denn in den zurückliegenden Abschnitten ist der Anschaulichkeit halber dezent untertrieben worden, was die Zahl der parallel geschalteten Prozessoren angeht. Zwar war sie in der Erprobungsphase richtig; da ging es also wirklich nur um fünfundzwanzig oder fünfzig Prozessoren. Das derzeit existierende Parallelrechnersystem der eingangs erwähnten Firma Thinking Machines jedoch besteht bereits aus 64.000 Prozessoren; und man hat als nächstes Projekt in Angriff genommen, die Zahl auf eine Million zu erhöhen.

Neurocomputer und Fuzzy-Logik

Will man überprüfen, wie »intelligent« ein Computerprogramm ungefähr ist, so gibt es eine altbewährte Test-Problemstellung: die Beschreibung eines Raumes. Man gibt dem Computer einen Raum vor, in dem man verschiedene Gegenstände plaziert (man denke an den Abschnitt über die Computeranimation und unser Billardspiel!). Zudem teilt man ihm die Bezeichnung der Gegenstände mit, damit er sie benennen kann. Und jetzt muß der Computer auf entsprechende Fragen die Position der Gegenstände *verbal beschreiben*. Da kann es dann schon vorkommen, daß der Computer die Frage »Wo ist der Tisch?« mit »Unter dem Kugelschreiber« beantwortet.

Hier hat der Computer mit der *Wertigkeit* einzelner Gegenstände zu kämpfen – er weiß ja nicht, daß zwar ein Kugelschreiber auf einem Tisch liegen, vernünftigerweise aber ein Tisch nicht unter einem Schreiber stehen kann. Wie aber soll ein Computer Begriffe in eine Rangfolge bringen, ohne die jeweiligen Zusammenhänge auch assoziativer Art genau zu kennen? Schon dieses sehr einfache Beispiel zeigt, welche Berge von Schwierigkeiten noch zu überwinden sind, bis Computer aus eigener Kraft »intelligent« vorgehen können.

Wie kann man ein Computersystem dazu bringen, solche Probleme selber zu lösen? Wie schafft man es, ein Computersystem so zu gestalten, daß es von bestimmten Vorgaben ausgehen und den Rest des Weges allein finden kann? Oder, kurz und bündig: Wie können Computer lernen?

Dieses Problem ist ungelöst. Denn was heißt überhaupt »lernen«? Das kann eine einfache Konditionierung sein; es kann das Entstehen von Verhaltensmustern durch Erfolge und Mißerfolge nach dem Prinzip »Versuch und Irrtum« sein; es kann aber auch heißen, bereits vorhandenes Wissen dazu zu nutzen, weiteres Wissen zu erwerben.

Ein Programm könnte darauf dressiert werden, die Ergebnisse seiner eigenen Arbeit zum Ausgangspunkt eines neuen Programmdurchlaufs zu machen. Das heißt, es könnte im zweiten Durchlauf bereits mit den Ergebnissen arbeiten, die es im ersten Durchlauf erarbeitet hat. Entsprechendes gilt für den dritten Durchlauf – und so weiter. Damit wäre das Programm in der Lage, sich selbst »Wissen«, oder, – wenn man so will – »Erfahrungen« anzueignen. Es »lernt«.

Diese Form des Lernens wenden wir selbst an, wenn wir beispielsweise eine Fremdsprache erlernen: Zunächst einmal muß ein bestimmter Grundstock von Vokabeln und grammatikalischen Regeln vorhanden sein. Den müssen wir auswendiglernen, da hilft nichts. Wenn aber erst einmal rund 200 Vokabeln (ein vielfach empirisch belegter Wert) im Kopf vorhanden sind, dann können wir bereits die Sprache selbst dazu nutzen, weitere Vokabeln und Redewendungen heranzuschaffen und ihre Anwendung in der Praxis zu üben. Je öfter wir das machen, desto größer wird unsere Sicherheit im Umgang mit der Sprache, und desto umfangreicher wird auch unser Repertoire von Formulierungen. Was uns wiederum in die Lage versetzt, noch gezielter weiteres Wissen über die Sprache zu sammeln. – Nichts anderes macht im Prinzip unser in sich rückgekoppeltes Computerprogramm. Irgendwann allerdings wird es zweifellos an eine Grenze stoßen, spätestens dann, wenn es die Kapazität seiner

Speichermedien gesprengt hat oder es von weiteren Datenkanälen abgeschnitten wird. Und da ist auch in der Realität die Grenze, denn Computer, die derartige Leistungen in größerem Rahmen vollbringen könnten, existieren noch nicht. Es erfordert aber nicht viel Phantasie, sich vorzustellen, daß ein Parallelrechnersystem wie geschaffen dazu ist, auf Programmabläufe dieser Art abgerichtet zu werden. Aber auch das sei klar gesagt: Natürlich ist diese Art des Lernens nur eine winzige Facette dessen, was »Lernen« für ein menschliches Gehirn bedeutet, und das Phänomen der Intelligenz ist damit bestenfalls ansatzweise zu beschreiben.

Daran ändert sich auch dann nichts, wenn man weitere Intelligenzfacetten vom Gehirn abguckt. Man versucht dies zur Zeit mit dem Bauprinzip *neuronaler Netzwerke,* auch als *Neurocomputer* bezeichnet; man lehnt sich also an die Systematik der Informationsübertragung und -speicherung im menschlichen Körper an.

Im Gehirn werden Ereignisse oder Erfahrungen nicht punktuell an einer bestimmten Stelle gespeichert. Soweit man heute weiß, erfolgt die Speicherung von Informationen aller Art nicht in einzelnen Zellen, sondern in Gestalt bestimmter Nerven-»Schaltverbindungen«. Je nach Situation oder Problemstellung werden bestimmte Verbindungen des gehirneigenen *neuronalen Netzwerkes* aktiviert.

Dieses Prinzip ermöglicht eine hohe Flexibilität im Umgang mit Daten und Informationen. Gleichwohl ist sie nicht grenzenlos; schön wär's ja, aber wie jeder weiß, pflegt das Gehirn irgendwann überfordert zu sein und streikt. Die Kapazität der Neuronen ist nicht unendlich groß, auch läßt sie sich nicht durch Training oder ähnliche Maßnahmen erhöhen[40].

Zur Zeit versucht man, dieses Prinzip des neuronalen Netzwerkes elektronisch »nachzubauen«; sowohl im

Hinblick auf die internen Kommunikationskanäle im Mikroprozessor, als auch auf die externe Vernetzung mehrerer Computer. Aber auch hier kommt man derzeit nicht recht voran, weil man nicht genau weiß, wie unsere Nerven und Neuronen wirklich arbeiten. Man kennt das ungefähre Prinzip, aber wie sie es sozusagen »handwerklich« ausführen . . . kurz: Man hat noch reichlich zu tun. Bislang weiß man nur, daß neuronale Netze ihre Abläufe auf eine sehr komplexe Weise »irgendwie« selbst organisieren; sie setzen, wenn man so will, *Erfahrungen* in *Verbindungen* um. Damit wird Erfahrung Teil eines Netzes, und das Dumme daran ist, daß man sie in diesem Netz nicht greifbar *lokalisieren* kann. Es ist daher auch nicht falsch zu sagen, ein Neurocomputer müsse nicht »programmiert«, sondern buchstäblich »trainiert« werden. Die Erfahrungen, die er dabei macht, werden im Netz der elektronischen »Neuronen« festgehalten – aber wie und wo genau, das weiß niemand. Was vielen Zeitgenossen durchaus nicht geheuer ist und als eine Art »Kontrollverlust« empfunden wird, denn plötzlich kann ein Computer wirklich frappierende Leistungen vollbringen, und niemand kann recht erklären, wieso.

Obwohl übrigens sich die Digitalisierung bisher durchweg als Vorteil erwiesen hat, hier steht sie im Wege:

---

[40] Daraus resultieren viele Fragen und ein mit ziemlich harten Bandagen ausgetragener Streit verschiedener wissenschaftlicher »Schulen«, bei dem es hauptsächlich darum geht, ob Intelligenz genetisch bedingt ist oder durch Umwelteinflüsse während der Sozialisation geprägt wird. Diese Debatte kann hier nicht geführt werden, es soll aber wenigstens auf sie hingewiesen worden sein. Nur eine Bemerkung sei gestattet: Diese Debatte ist – wie im deutschen Wissenschaftsbetrieb üblich – stark ideologisch gefärbt und als solche ein Musterbeispiel für das unselige »Entweder-Oder«-Schema, nach dem Debatten hierzulande noch immer besonders gern geführt werden.

Denn, so platt es klingen mag, unser Gehirn arbeitet analog, nicht digital. Schon wird deshalb in einigen Forschungsinstituten bereits daran gearbeitet, die Computertechnologie auf analoge Füße zu stellen, ohne darüber die Vorteile der Digitalisierung preiszugeben – angesichts der Fortschritte in der Speicherkapazität und Leistungsfähigkeit mikroelektronischer Bausteine mag es vielleicht sogar gelingen. Aber ob es uns der intelligenten Maschine wirklich näher bringen wird?

Zudem wäre zu beachten, daß es in Computern immer logisch zugeht; mitnichten jedoch in unseren menschlichen Köpfen. Es gibt eine Art von »Alltagslogik«, ohne die wir im praktischen Leben dumm dastünden. Diese unscharfe Gebrauchslogik nämlich ist es, die uns die Frage »Wissen Sie, wie spät es ist?« mit »Halb neun« beantworten läßt und nicht mit »Ja«. In den Computer versucht man dieses Verhalten seit einiger Zeit in Gestalt der sogenannten *Fuzzy-Logik* zu implementieren.

Dieses vielzitierte Prinzip läßt sich vielleicht am ehesten mit »verzerrter Logik« übersetzen; es ist in der Tat gut brauchbar zur Lösung »unlogischer« oder »unvorhersehbarer« Probleme. Ein Musterbeispiel sind die seit einiger Zeit auf dem Markt befindlichen Video-Camcorder, die das Verwackeln des Bildes automatisch ausgleichen können[41]. Aber auch Fuzzy-Logik ist weder »intelligent« noch »kreativ«. Kreativität ist selten logisch, meist ist sie unscharf, ungenau, komplex, fehlerhaft, nicht konsequent zu Ende gedacht – aber dies genau kann auch die Fuzzy-Logik nicht leisten, da sie selbst nur das Produkt logischer Computervorgänge ist! Fuzzy-logische Programme sind also in Wahrheit logische Programme,

---

[41] Darauf, daß sie das zu Lasten der beim VHS-Video ohnehin mäßigen Bildqualität tun, weist die Werbung natürlich nicht hin.

die darauf abgerichtet sind, Symptome von Unlogik zu *simulieren!*

Machen wir uns also nichts vor: Niemand kann zur Zeit wissen, ob, wie und wann künstliche Intelligenz möglich ist. Lediglich dies wird man sagen dürfen: Wir wissen eigentlich fast gar nichts über das Wesen der Intelligenz, mit der wir in unserem Kopf umgehen. Die Idee, man könne sie in eine Maschine zwingen, indem man so gut wie möglich die »Hardware« eines menschlichen Gehirns nachbaut, ist deshalb von atemberaubender Naivität.

Eines aber ist der Computer nun doch nicht mehr: einfache Rechenmaschine. Er ist schon heute, wie deutlich geworden sein sollte, zu einem universellen Allzweck-Werkzeug mit zumindest »pseudo-intelligenten« Implikationen mutiert. Und so ist nach den möglichen Konsequenzen zu fragen, die sich aus der Kombination audiovisueller Medien und der Computertechnologie ergeben: Schon dann, wenn man nur die praktische Anwendung der in den letzten Abschnitten geschilderten Trends dieser Technologie zugrundelegt, ergeben sich für unsere Kommunikationssysteme einschneidende Konsequenzen.

Computersimulation

Knüpfen wir an bei der *Computeranimation.* Sie weist im Prinzip enge Parallelen zum Animations- bzw. Zeichentrickfilm auf, denn der Computer kann nichts erfinden. Was per Computer generiert und animiert werden soll, muß vorher in oft mühevoller Kleinarbeit eingegeben werden. Wenn sich der *Wire-Frame* (das »Drahtmodell«) jedoch erst einmal im Computer befindet, dann muß man nur noch bestimmte Bewegungsabläufe vorgeben; der Computer setzt sie dann selbsttätig optisch um. Solche Abläufe, etwa eine Rotation, kann man sogar in Gestalt immer wieder einsetzbarer *Makros* fest programmieren. Nun ist eine Rotation noch ein recht einfacher Bewegungsablauf. Schwierig wird es, wenn man es mit nicht vorhersagbaren Abläufen zu tun bekommt.

Um solche Probleme zu lösen, empfiehlt es sich, zwecks Horizonterweiterung über den Gartenzaun zu schauen und sich auf Forschungsgebieten ganz anderer Art umzusehen. Ein Vogelschwarm beispielsweise ist der klassische Fall eines *chaotischen* Bewegungsmusters. Das Typische an Abläufen dieser Art ist folgendes: Sie sind im Nachhinein erklärbar, sie folgen also Regeln – *prognostizieren* hingegen lassen sie sich dennoch nicht. Jedem Vogel steht zu jedem Zeitpunkt eine große Palette von Entscheidungsmöglichkeiten zur Verfügung, wie und wohin er fliegen will. Damit jedoch gibt er gleichzeitig anderen, mitfliegenden Vögeln die Grenzen ihrer Entscheidungspalette vor – und selbstverständlich auch umgekehrt. So entsteht ein sich selbst regulierendes System, das nach außen als Einheit auftritt (als Schwarm), während sein innerer Zusammenhalt Regeln folgt, die keine exakte Voraussage über das Verhalten seiner Einzelbestandteile (der einzelnen Vögel) zulassen. Dazu kommen noch die Einflüsse von Wind, thermischen Luftströmungen etc.

Susan Armkraut und Michael Girard unterrichten an der Stichting Computeranimatie in Holland und betreiben Kunst- und Technikstudien am Advanced Computing Center for the Arts and Design (ACCAD) der Ohio State University. Sie haben den derzeitigen Stand der *Chaosforschung* erkundet und Animationsprogramme geschrieben, die diese chaotischen, nicht vorhersagbaren, dennoch aber einem mathematisch definierbaren Prinzip folgenden Bewegungsvorgänge simulieren. Ein Ergebnis ist ihre Computeranimation *Eurhythmy* (1988, ca. 5 Minuten)[42], in welcher drei Gruppen von Lebewesen auftauchen: Ein Vogelschwarm fliegt etwa so, wie es wirkliche Vögel täten; drei Tänzer tanzen synchron, aber eben doch nicht völlig identisch; die Bewegungen einiger Hunde folgen denen der Vögel, hinter denen sie herlaufen, etwa so, wie wirkliche Hunde das auch täten (Abb. 8.).

Aber *Eurhythmy* ist nicht nur Spielerei, sondern das für die unverschämt lebendig wirkenden Bewegungsstudien dieser Animation eingesetzte Simulationsprogramm ist auch ein wichtiger Schritt hin zu einer »intelligenten« Bildablaufgestaltung. Wenn es möglich ist, einen Computer dazu zu bringen, Abläufe aufgrund eines Simulationsprogrammes zu errechnen und in bewegte Bilder umzusetzen, dann ist es auch möglich, per Computeranimation Vorgänge zu simulieren, die in der Realität nicht oder nur unter großen Schwierigkeiten zu beobachten wären. Die Computeranimation kann aus Einzelbausteinen etwas vorwegnehmen und simulieren, bevor man es praktisch ausprobiert (falls das überhaupt möglich ist).

Auch hierfür ein Beispiel. Im August 1989 hat *Voyager 2* unser Sonnensystem verlassen, nachdem die Sonde nach zwölfjähriger Flugdauer den Planeten Neptun und seinen Mond Triton überflogen hatte. Aus den Meßdaten hat die NASA nicht nur Fotos rekonstruiert, sondern diese auch computeranimiert. So kann man einen mit echtem Bildmaterial simulierten »Rundflug« über den Neptun-Mond Triton erleben; und zwar annähernd so, wie er sich für eine hypothetische menschliche Expedition wirklich darstellen würde. Die wäre in der

---

[42] *Eurhythmy* erhielt 1989 während der Ars Electronica in Linz eine Auszeichnung der Jury im Wettbewerb um die beste Computeranimation des Jahres sowie den Publikumspreis der 3sat-Zuschauer (vgl. Ars Electronica '89).

a

b

Abb. 8a,b. Computeranimation *Eurhythmy* von Susan Armkraut und Michael Girard (Prix Ars Electronica, Auszeichnung für Computeranimation).

Realität nicht ganz einfach durchzuführen: Nicht nur setzt die Flugdauer von zwölf Jahren die Mitnahme einiger Butterstullen voraus, sondern bei der auf Triton herrschenden Temperatur von minus 200 °C müßten unsere Forscher schon ihre Wintermäntel anziehen. In der Simulation aber überqueren wir Seen aus flüssigem Sauerstoff, düsen über Krater und durch Schluchten und können dabei sogar noch Kaffee trinken.

Schon gibt es Computeranimationen, die komplette Stadtbilder oder architektonische Pläne simulieren. So hat etwa die Produktionsfirma M^2T ein architektonisches Utopia in eine Computeranimation umgesetzt, nämlich den *Wolkenbügel* (von 1924/25) von El Lissitzky, eine abenteuerliche, nie realisierte Hochhauskonstruktion (vgl. Hemken 1990). Die architektonische Zeichnung wird in einen Wire-Frame verwandelt, der Wire-Frame wird in ein Video des Moskauer Stadtgebietes gestellt – dorthin, wo das Gebäude nach Lissitzkys Plänen auch wirklich hatte stehen sollen, und schließlich wird der Frame mit der optischen Struktur von Mauerwerk aufgefüllt (Abb. 9.). Das ganze wirkt echt bis in die Schattenentwicklung hinein (vgl. Lorez 1991). Aber auch ganz normale Bauvorhaben können so visualisiert werden (Abb. 10.).

Wissenschaftliche Einsatzmöglichkeiten solcher Computeranimationen in Kombination mit Simulationen sind in vielen Variationen vorstellbar: die Darstellung der elektrischen Kräfte in Molekülverbindungen, Neutronensternen, Galaxien oder Schwarzen Löchern ebenso wie die optische Darstellung der Thermik, die einen Hurrikan zu einem solch zerstörerischen überdimensionalen Staubsauger macht. Aber auch die Folgen des fortgesetzten CO_2-Ausstoßes in die Atmosphäre können sichtbar gemacht und am computersimulierten Modell studiert werden (bis es zu spät ist). Und die Medizin ist bereits dabei,

Abb. 9. Computeranimation von Lissitzkys *Wolkenbügel*.

Abb. 10. Ein Einkaufszentrum? Falsch, noch zeigt das untere Bild die Wirklichkeit (Computersimulation © VAP GmbH, Hamburg).

das klassische Röntgenbild durch die Computertomographie abzulösen, die nichts anderes ist als ein dreidimensionales Computermodell aufgrund eines Datensatzes, den man gewinnt, indem man den Körper des Patienten mit Röntgenstrahlen abtastet oder – im Fall der Kernspintomographie – die Bewegungsenergie der Atomkerne des Patienten in einem Magnetfeld aufzeichnet und ein Bild daraus errechnet.

Nach einem ähnlichen Prinzip, dann allerdings mit feinen Laserstrahlen, ist übrigens seit kurzem sogar die »Übertragung« beispielsweise eines Gesichts in den Computer möglich. Auf diese Weise kann man sich den seinerzeit notwendigen Umweg des Abzeichnens eines Gipskopfes, technischer Zeichnungen oder anderer Modelle sparen. Leider sind allerdings die Preise entsprechender Geräte noch reichlich gepfeffert, so daß dies bislang Illusions- und Entertainmentprofis wie etwa George Lucas' Industrial Light and Magic vorbehalten blieb.

Ein Beispiel aus einem anderen Bereich der Praxis zeigt, was man mit dem Datensatz einer Person bereits heute anstellen kann, wenn er sich einmal digitalisiert im Computer befindet: Einige internationale Polizeibehörden verfügen mittlerweile über Computersysteme, die den Alterungsprozeß eines Menschen simulieren können. Man füttert den Computer mit dem Foto einer beispielsweise 30jährigen Person und läßt ihn errechnen, wie der oder die Betreffende mit 40, 50 oder 70 Jahren ungefähr aussehen wird. Dies geschieht anhand statistischer Merkmale, die beim Alterungsprozeß eines Menschen üblicherweise auftreten (Falten vertiefen sich, die Haarfarbe verändert sich, der Abstand der Augen nimmt zu, und so weiter). Dieses Ergebnis wird wiederum als Bild ausgegeben. Im großen und ganzen funktioniert das Prinzip, jedenfalls hat es sich trotz einiger kleiner Schwächen schon mehrfach im Falle vermißter Kinder bewährt, wenn die Eltern keine aktuellen Fotos ihrer Sprößlinge hatten. Auf der Basis älterer Fotos hat man den Computer »aktuelle« Bilder anfertigen lassen. – Das Mißbrauchspotential, das in einem solchen Gerät steckt, wagt man sich trotz solcher Erfolgsmeldungen kaum vorzustellen. Viele weitere Beispiele für Computersimulationen könnte man finden. Allerdings darf man nie vergessen, daß die beste Computersimulation nicht besser sein kann als das ihr zugrundeliegende Basismaterial. Und dieses, so funktioniert Wissenschaft nun einmal, hat sich im Laufe der Jahrzehnte und Jahrhunderte immer wieder als unvollständig oder falsch erwiesen; es kann naturgemäß gar nicht anders sein. Wir sollten uns also davor hüten, Computersimulationen und ihre Ergebnisse als unfehlbar anzusehen; im Gegenteil müssen wir immer davon ausgehen, daß wir unsere Irrtümer simulieren. Besonders, wenn aufgrund wissenschaftlicher Computersimulationen politische Entscheidungen zu treffen sind (Beispiel: Treibhauseffekt!), kann man Schindluder größten Ausmaßes selbst mit seriösen Ergebnissen treiben.

Ansprachen halten, ohne anwesend zu sein

Nadia Magnenat-Thalmann, Professorin an den Universitäten Montreal und Genf, hat eine Computeranimation namens *Rendez-vous à Montreal* erstellt, in welcher Humphrey Bogart auf Marilyn Monroe trifft (Abb. 11). Beide Figuren wurden zuerst in Gips hergestellt und mit dem früher geschilderten »Gradnetz« überzogen, um dann als Wire-Frame in den Computer gefüttert zu werden. Sie sind zwar klar erkennbar, wirken jedoch noch sehr puppenhaft. Doch hält dies ihre Schöpferin nicht

Abb. 11 a,b. Die Begegnung von Bogey und Marilyn beim *Rende-vous à Montréal.*

von recht atemberaubenden Prognosen ab: »Ein Präsident könnte zu allen Leuten in der Welt sprechen, aber er braucht nicht dabeizusein. Er braucht nur zu sagen *Ich möchte dieses oder jenes mitteilen,* dann kann, wenn wir ihn als synthetische Figur haben, die synthetische Figur sogar parallel in mehreren Sprachen sprechen. Also es gibt allerlei Möglichkeiten . . .« (zit. n. Schäfer 1989).

Zum Beispiel diese: *Star Life* heißt eine Computeranimation von Philippe Andrevon (Auszeichnung des Prix Ars Electronica 1990), in der eine große Zahl bekannter Filmstars auftaucht. Hier aber wurden diese nicht nachgezeichnet oder modelliert, sondern ihre Figuren aus den Originalfilmen »ausgeschnitten« und in eine computergenerierte Umgebung (Supermarkt, Café, Bus, Bar, Discothek) eingestanzt. Das Ergebnis wirkt zwar nicht »echt«, ist aber doch verblüffend – oder hat schon jemals jemand Alfred Hitchcock tanzen sehen?

Aber zurück zur künstlichen Intelligenz. Nadia Magnenat-Thalmann geistern noch weitere, eigenwillige Möglichkeiten durch den Kopf: »Wir möchten nicht nur die Animation einer Figur machen, sondern sie soll automatisch auch wissen, wie sie sich verhalten soll! Wenn wir eine synthetische Person in einem Film haben, sollten wir ihr nichts weiter sagen müssen als: *Geh zu diesem Platz!* Wenn ihr jetzt ein Tisch im Weg steht, sollte sie automatisch wissen: Ich darf nicht durch den Tisch gehen, sondern muß um ihn herum. Oder wir könnten einem synthetischen Akteur eine Frage stellen, und er wird automatisch wissen, was er antworten soll. Es werden allmählich richtige *denkende Leute* sein« (zit. n. Schäfer 1989). Wann wird das sein? Nadia Magnenat-Thalmann schätzt »noch mindestens zehn Jahre oder mehr.« Aber leise hört man schon, wie Bogey raunt: Here's looking at you, Nadia . . .

▪ Guten Tag, hier spricht die Kasse: Interaktives Video

Interaktives Video, ein manchmal auch *Dialog-Video* genanntes System, erweitert die klassische Videotechnik dahingehend, daß der Benutzer per Computer in ein laufendes Video eingreifen kann.

Das Prinzip ist nicht neu. Ein Einsatzfeld sind schon jahrelang Lehre und Bildung, wenn formalisierbare Inhalte zu vermitteln sind. Ein Beispiel aus der Praxis: Ein Monteur soll lernen, das Heizungssystem einer Fabrikhalle zu bedienen. Hierzu läuft ein Lehrfilm vom

U-matic-Band, dann erscheinen auf dem Monitor einige Fragen. Man bedient sich hierzu meist des »Multiple-Choice«-Verfahrens, das heißt, es werden fünf oder mehr Antwortmöglichkeiten vorgegeben, von denen nur eine stimmt. Wurde die korrekte Antwort ausgewählt, beginnt ein neuer Filmabschnitt, und das Spiel geht weiter. Im Falle einer falschen Antwort wird vorgeführt, welche Auswirkungen der Fehler hätte, wäre er am wirklichen Heizungssystem begangen worden. Sodann gibt es mehrere Möglichkeiten, die entweder – je nach Art des Fehlers – vorgegeben sind oder wiederum ausgewählt werden können: So kann der Filmabschnitt entweder wiederholt oder aber ein anderer Abschnitt gewählt werden, der den jeweiligen Sachverhalt auf andere Weise erklärt.

Für manche Lerninhalte kann dies ein recht effektiver Weg sein; schon deshalb, weil interaktives Video auch dezentral einsetzbar ist. Man muß sich aber klar darüber sein, daß das interaktive Video keine Lehrkraft ersetzen kann. Aufgrund der heutigen Kapazität der Computer können komplexere Fragen so nicht geklärt werden, denn der Benutzer kann nur aus vorgegebenen Bauelementen auswählen; der Computer kann auf frei formulierte Fragen nicht antworten.

Vor kurzem wurde das interaktive Video zur *Video Interactive Enhanced Workstation,* kurz *VIEW* ausgebaut. Der Unterschied zeigt sich zunächst in der Hardware: Die U-matic wurde durch Videobildplatten ersetzt, so daß die Zugriffszeiten zu den jeweils gewünschten Bildsequenzen verkürzt werden konnten. Auch lassen sich nicht nur vorbereitete Materialien, sondern auch computergenerierte Graphiken etc. in reale Videobilder einbinden, wobei diese Graphiken vom Computer je nach Lage der Dinge erstellt werden können. Das war früher so nicht möglich; der Benutzer konnte nur abrufen, was bereits vorbereitet war, und auch das nur abwechselnd (also entweder Film oder Fragen), es ließ sich nicht kombinieren. In der Praxis ergeben sich bereits heute vielfältige VIEW-Einsatzfelder. In den USA etwa findet man das System schon an so mancher Supermarktkasse. Jeder Verbraucher kennt mittlerweile den Strichcode auf Produktpackungen[43]. An der Kasse befindet sich ein Scanner; der Kunde muß das jeweilige Produkt selbst über denselben halten, damit es der Kassencomputer registriert. Die Produktbezeichnung sowie Menge und Preis erscheinen auf einem Monitor. Sollte man zufällig oder absichtlich versuchen, den Kaffee an der Kasse vorbeizumogeln, registriert ein Detektor in einem Torbogen, den man vor dem Verlassen des Kassenbereiches durchqueren muß, daß da etwas nicht gescannt wurde; auf einem Monitor erscheint eine freundlich lächelnde Verkäuferin von der Bildplatte und läßt entschiedene Widerworte verlauten. Erst wenn auch der Kaffee gescannt ist, öffnet sich eine Schranke, die den Weg versperrt. Im übrigen gibt es auf dem Touch-Screen-Monitor noch eine »Help«-Taste, die man drücken kann, wenn man das alles nicht versteht. Dann erklärt die Video-Verkäuferin, was man zu tun hat. – Womit es wieder einmal gelungen ist, dem Kunden (der, wie man hört, angeblich »König« sein soll) einen Arbeitsvorgang aufs Auge zu drücken, der vorher von einer bezahlten Arbeitskraft erledigt wurde.

Und Vorsicht: Der Begriff *Interaktivität* ist hier durchaus eindimensional. Würde Interaktivität tatsächlich nicht mehr bedeuten als dies, dann müßte man auch jede Compact Disc als »interaktives Medium« ansehen, denn auch auf einem CD-Player kann man selbst programmieren, welche Titel in welcher Reihenfolge abge-

---

[43] Hierzulande trägt dieser Strichcode den bürgerlichen Namen *EAN-Code,* was für *Europäische Artikelnummer* steht.

spielt werden sollen. Interaktivität sollte doch wohl die Möglichkeit bedeuten, daß der Benutzer durch aktives Eingreifen wirklich etwas verändern kann – sonst wäre sie ein inhaltsleerer Begriff.

In Ansätzen immerhin ist das inzwischen möglich. Schon nämlich hat interaktives Video auch im Bereich der Unterhaltungselektronik Einzug gehalten: Phonogram, Tochterfirma des niederländischen Philips-Konzerns und federführendes Unternehmen bei der Entwicklung der Compact Disc, hat bereits Mitte 1988 die *CD-V* vorgestellt (Compact Disc-Video, also digitale Bildplatten, die aussehen wie herkömmliche CD's, aber neben dem Ton auch Bilder an Bord haben. Darüber hinaus gibt es auch eine größere Version; *Laserdisc* genannt, auf welcher beide Seiten bespielt sind)[44]. Phonogram hat es nicht dabei belassen und die CD-V zur *CD-I* (Compact Disc-Interaktiv) weiterentwickelt. So gibt es beispielsweise Zeichentrickfilme auf CD-I, bei denen der Zuschauer mittels eines Joy-Sticks oder einer speziell erweiterten Fernbedienung die Figuren und Gegenstände wie in einem Malbuch selbst anmalen kann. Es genügt, dies in einem einzigen Bild zu tun; das Gerät ist in der Lage, der jeweiligen Figur diese gewünschte Farbe für den gesamten Rest des Filmes zuzuordnen. Das wirft sicherlich auch noch niemanden um, ist jedoch bereits um einiges interaktiver als das VIEW-System.

---

[44] Bislang ist dieses System trotz sehr guter Bild- und Tonqualität kein großer Erfolg geworden (um den Begriff »Flop« zu vermeiden), doch wird sich das im Laufe der Zeit möglicherweise noch einpendeln.

Mit Alice ins virtuelle Wunderland: Cyberspace

Der Begriff der Interaktivität muß mittlerweile drastisch erweitert werden. *Cyberspace,* der »kybernetische Raum«, löst den Zuschauer aus seiner Rolle als »Zu-Schauer« und macht ihn zum aktiven Teilnehmer. Es ist möglich, sich eine Computeranimation nicht nur auf dem Bildschirm anzusehen, sondern unmittelbar selbst in sie hineinzusteigen – und das ist ganz wörtlich gemeint. Oder, etwas vereinfacht: Cyberspace ist wie ein Film, in den man dadurch eingreifen kann, daß man selbst mitspielt.

Zu diesem Behufe muß sich der Mensch eine Apparatur über den Kopf ziehen, die ihn zum Cybernauten macht: das *EyePhone,* eine Art überdimensionale Motorradbrille mit zwei integrierten Mini-Monitoren, die sich vor den Augen befinden und ein dreidimensionales Bild einer Daten-Landschaft, etwa einer Computeranimation oder -graphik, liefern; Kopfhörer auf den Ohren liefern den (künstlichen oder echten) Ton. Damit steht die Person mitten drin in der virtuellen Wirklichkeit.

Das ist zunächst die einfachste Cyberspace-Variante. Damit kann der Zuschauer die Computeranimation zwar dreidimensional erleben, aber noch nicht aktiv eingreifen. Dazu benötigt man ein weiteres Ausstattungsstück: den *DataGlove,* einen Handschuh, der mit Bewegungsdetektoren ausgestattet ist. Dieses Instrument registriert alle Bewegungen, die der Zuschauer mit seiner Hand ausführt und gibt diese Informationen als Datensatz an den Computer weiter. In der virtuellen Landschaft schwebt ein computererzeugtes »Gegenstück« zu diesem Sensor-Handschuh herum und vollzieht alle diese Bewegungen nach. Statt nur einen Handschuh überzustreifen, kann man allerdings auch in den *DataSuit* steigen, eine zur Zeit noch recht ungemütliche Kreuzung zwischen Taucheranzug und Overall, der die Bewegungen und Haltungen des gesamten Körpers an den Computer übermittelt.

Mit dieser Ausstattung eröffnen sich abenteuerlich anmutende Möglichkeiten:

- Subjektives Hineinversetzen in computergenerierte Wirklichkeiten;
- aktives Handeln in solchen Wirklichkeiten;
- Hineinversetzen eines Menschen in computergenerierte Figuren oder Gegenstände;
- Interagieren mit mehreren Cyberspace-Teilnehmern im künstlichen Raum.

Gehen wir diese Möglichkeiten einmal etwas konkreter durch. Die einfache Variante (EyePhone und DataGlove) ermöglicht bereits den subjektiven Eintritt in eine virtuelle Landschaft und begrenztes aktives Handeln. Der Seheindruck unseres Cybernauten ist dabei ein subjektiver, er sieht die Landschaft so, wie man als Mensch eben eine Landschaft wahrnimmt, wenn man in ihr steht. Mittels des Datenhandschuhs können jetzt einige Aktionen ausgeführt werden. Mit bestimmten Fingerstellungen kann man sich zum Riesen oder zum Zwerg machen oder sich in die Lüfte erheben, zum Flug ansetzen und sich nach links oder rechts wenden. Das Landschaftsbild – also das Gesichtsfeld – verändert sich entsprechend mit. Wer dabei die Orientierung verliert, kann eine Art »Notbremse« ziehen, indem er die Hand zur Faust ballt: Dann wird das Programm abgebrochen, und der Cybernaut steht wieder in »Normalgröße« am Ausgangspunkt.

Schon eine kleine Erweiterung des Computerprogrammes zaubert eine Art »Schaltbrett«, ähnlich einem

Armaturenbrett im Auto, in den virtuellen Raum, das mit dem in der Landschaft schwebenden Handschuh bedient werden kann. So werden weitere Manipulationen möglich: Wer will, kann etwa die Landschaft farblich umgestalten, sie durchsichtig machen (will heißen: die Gegenstände in reine Wire-Frames zurückverwandeln), ihre Oberflächenstrukturen verändern (Samt statt Sand oder etwas ähnliches) – oder was immer er will, solange es das Programm zuläßt.

Interessanter wird ein Cyberspace-Trip dann, wenn der DataSuit, also jener schweißtreibende Sensor-Overall, ins Spiel kommt. Denn nun kann man in der virtuellen Landschaft herumlaufen, wie man es gewohnt ist, und dort auch Manipulationen vornehmen; etwa dort befindliche Gegenstände in die »Hand« nehmen und sie woanders hinstellen. Dabei muß natürlich die Landschaft nicht zwangsläufig eine Phantasielandschaft sein, sondern man könnte auch auf aufbereitete Fotos zurückgreifen – etwa solche, wie sie die NASA vom Neptun-Mond Triton gemacht hat. Dreht der Benutzer den Kopf nach rechts oder links, schaut er gen Himmel oder neigt den Kopf nach vorn, so verschiebt sich sein virtuelles Blickfeld entsprechend mit. Und so kann man dann buchstäblich auf Triton spazierengehen (ohne Wintermantel und Butterstullenpaket), in Krater und Schluchten springen, ohne sich zu verletzen, in Seen aus flüssigem Sauerstoff baden, ohne zu erfrieren.

Auch Simulationen irrealer Vorgänge sind so möglich. So könnte man im Cyberspace etwa einen elektronisch erzeugten Ball gegen eine ebenso künstliche Wand werfen. Der Computer weiß, ähnlich wie in der Computeranimation, wie der Ball zu fliegen hat und wird es als bewegtes Bild (also als unser Blickfeld!) umsetzen. Spannend wird eine solche Simulation spätestens dann, wenn man beispielsweise die virtuelle Schwerkraft verdoppelt –

schon fliegt unser »Ball« auf Bahnen, die in der Praxis der wirklichen Welt nie zu erleben wären. Ein Demonstrationsprogramm der Firma VPL-Research (Redwood City, Kalifornien), die maßgeblich an der Cyberspace-Entwicklung beteiligt war[45], simuliert einige Szenen aus Lewis Carrolls *Alice's Adventures in Wonderland*. Da kann man zu einer Cyber-Alice werden, in den Kaninchenbau fallen, sich riesig groß oder winzig klein machen – wenn das keine Perspektiven sind!

Aber es gibt noch weitere Möglichkeiten. Man kann sich nämlich auch in eine computergenerierte Figur hineinversetzen. Die Figur wird dann alle Bewegungen nachvollziehen, die der »wirkliche« Mensch in seinem elektronischen Overall ausführt. Hebt er die Hand, so hebt auch die computeranimierte Figur die Hand; dreht sich unser Mensch um 90 Grad nach rechts, so dreht sich auch die Figur im Bild nach rechts.

Das alles läßt sich kombinieren: Dann können sich mehrere Teilnehmer in virtuelle Figuren hineinversetzen, sich im virtuellen Raum begegnen und interagieren! Wie hat man sich das vorzustellen? Bleiben wir beim Beispiel *Alice*: Claudia schlüpft mit ihrem DataSuit und ihrem EyePhone in die computergenerierte Figur der Alice, Jürgen nimmt auf die gleiche Weise die Rolle des Hutmachers ein. Cybernautin Claudia sieht im virtuellen Wohnzimmer nunmehr den Hutmacher vor sich, während Jürgens Gegenüber Alice ist. Nun können die beiden in der Märchenlandschaft zum Beispiel Verstecken spielen: Claudia-Alice versteckt sich in der Teekanne, und Jürgen-Hutmacher muß sie suchen. Per Mikrophon können

---

[45] Die geistigen Eltern des virtuellen Raumes sitzen bei der NASA. Die Idee wurde dann jedoch von einer Reihe kleiner, unabhängiger Firmen aufgegriffen und bis zum heutigen Stand entwickelt.

sie sich natürlich auch unterhalten. Allerdings können die Computerfiguren die Mundbewegungen (noch) nicht nachvollziehen. Der hinterlistigste Trick bei diesem Versteckspiel übrigens ist, sich sehr klein zu machen und sich im Kopf des Gegners zu verstecken – das nämlich ist der einzige Platz, den dieser nicht erreichen kann.

Fast unnötig zu erwähnen im übrigen, daß sich Claudia und Jürgen dabei nicht einmal wirklich im selben Zimmer befinden müssen. Sie müssen lediglich am selbem Computer hängen; wofür aber eine Datenfernübertragung vollkommen genügt. So können sich die beiden im virtuellen Raum begegnen, sei es im Wunderland, sei es auf Triton, während Jürgen tatsächlich in München und Claudia in Düsseldorf sitzt.

Einen Schönheitsfehler allerdings hat die ganze Angelegenheit bislang noch: Die Bewegungen verlaufen stets ruckartig und mit leichter Zeitverzögerung, weil der Computer je nach Art und Komplexität der Manipulation das Bild für beide Monitore etliche Male pro Sekunde neu berechnen muß. Das sind pro Mini-Monitor (es handelt sich um Flüssigkristallmonitore) trotz der noch recht groben Bildauflösung immerhin 86.000 Pixels!

Wahnsinn, Traum oder Alptraum? Ersatzhalluzinogen, Spiel oder Weltfluchtinstrument? Horror oder künftiges Paradies? Wahrscheinlich nichts von alledem allein. Mehr als bloße Spielerei jedoch ist die Cyberspace-Technologie definitiv, und das bereits heute. Und mittel- bis langfristig wird sie mindestens die gleiche Sprengkraft haben wie seinerzeit die Erfindung des Filmes oder des Fernsehens. Wer versucht, konsequent weiterzudenken, was da entwickelt worden ist, wird unschwer erkennen, daß diese Behauptung nicht zu hoch gegriffen ist.

Schon das Beispiel von der Wanderung auf Triton weist die Stärken dieses Systems klar aus. Daß zukünftige Architekten Wettbewerbe nicht mehr mit Papp- oder

Holzmodellen ihrer Entwürfe gewinnen werden, ist offensichtlich. Denn der Vorteil liegt auf der Hand: Cyberspace macht es möglich, in den entworfenen Gebäuden spazierenzugehen, bevor überhaupt der erste Maurer zur Kelle greift. Und natürlich kann der Computer, wenn er denn schon alle Daten an Bord hat, auch gleich die Baupläne für das geplante Gebäude ausdrucken – aber das ist ja schon fast selbstverständlich. Ebenso kann ein Chirurg zunächst einen kleinen Rundgang durch die Bronchien seines Patienten unternehmen, bevor er das Skalpell ansetzt – im Cyberspace werden Computertomographien »begehbar«.

Die Bezeichnung Cyberspace übrigens stammt aus William Gibsons Science Fiction-Roman *Neuromancer*. Gibson selbst allerdings steht dieser Technologie eher skeptisch gegenüber: »Außer für Querschnittgelähmte sehe ich nicht, wie virtuelle Realität jemandem nützen soll. . . . Künstliche Realität wird höchstens ein Spielzeug für die reichen Länder werden, und für das Militär. Am unteren Ende wird es gerade mal als besseres Nintendo-Spiel enden« (zit. n. taz; 6.9.90). Wir werden es abwarten müssen!

Bleibt zu sagen: Per Cyberspace und DataSuit können Bewegungsabläufe für Computeranimationen unmittelbar und direkt in den Computer übertragen werden; man muß sie nicht mehr detailliert berechnen. Man muß also nicht unbedingt mehr Formeln oder Algorithmen vorgeben, sondern der Computer lernt auf direktem Weg: Aha, so bewegt sich ein Mensch. »Lernen« ist hier – siehe neuronale Netzwerke – sicher kein ganz falscher Begriff, denn er wird ja nicht eine »Formel« daraus ableiten, sondern den Bewegungsablauf wieder als »Ganzheit« speichern – und bearbeiten, wenn man es will.

Ohne hier neue Themenfelder eröffnen zu wollen, sollen zwei mögliche Weiterentwicklungen des Cyberspace-Prinzips zumindest angerissen werden, denn sie werden auf uns zukommen – früher oder später.

Das eine Feld hängt zusammen mit der Holographie. Bislang gab es keine Möglichkeit, Hologramme anders als auf Papier, Glas, Pappe, Metall oder anderen Materialien festzuhalten. Nun aber ist es am Media Lab des Massachusetts Institute of Technology (MIT) erstmals gelungen, ein *Hologramm zu projizieren*, so daß es dreidimensional mitten im Raum steht (vgl. Brand 1990). Wenn auch noch nicht in Originalgröße, aber es muß ja nicht alles auf einmal sein. Das bedeutet möglicherweise die Befreiung des Cybernauten von EyePhone und Data-Suit; es könnte gelingen, Menschen in holographische Landschaften hineinzustellen.

Das zweite Themenfeld betrifft die sogenannte *Nano-Technologie;* ein Gebiet, das zur Zeit noch absolut utopisch anmutet – aber wir sollten inzwischen gelernt haben, wie schnell Utopien manchmal zur Wirklichkeit werden können. Nano-Technologie, abgeleitet von Nanometer, dem milliardstel Teil eines Meters, ist Technologie auf molekularer Ebene. Das darf man sich genau so vorstellen, wie es hier steht: Die Nano-Technologie will Maschinen und Geräte in Mikro-Größenordnungen bauen; Geräte, mit denen man vielleicht sogar Moleküle wie Bausteine greifen, transportieren und bearbeiten kann. Zur Steuerung solcher Instrumente bietet sich die Cyberspace-Technologie an. Es ist zum jetzigen Zeitpunkt zwar noch recht unsinnig, darüber zu spekulieren; das Prinzip jedoch ist zu erahnen und sollte hier wenigstens erwähnt worden sein. – Dennoch kann man sich eines leicht unbehaglichen Gefühls nicht erwehren, wenn man sich die Spiel-Versionen vorstellt, die es auch hier unweigerlich geben wird. *Der kleine Gentechniker* läßt grüßen.

Hier komponiert für Sie: Kollege Computer

Wie hat sich der Fortschritt der Computertechnologie in der *elektronischen Musik* bemerkbar gemacht? Vorgestellt wurde bereits der Einsatz neuer Technologien in der Popmusik, im Schlager, in der Gebrauchsmusik, aber auch in der Bildungs- oder sogenannten »E«-Musik. In letzterem Musikbereich wird, wenn man so will, die »Grundlagenforschung« betrieben, wird die Entstehung und Erzeugung von Klängen erforscht. Hier werden theoretische Konzepte musikalischer und technischer Art ersonnen und praktisch erprobt; zum großen Teil ohne Rücksichtnahme auf die Publikumswirksamkeit der Resultate. Das gilt auch für die Elektronik und die Computertechnologie.

Nun also ein Blick auf die im Synthesizer-Kapitel ausgeklammerte *Partitursynthese*. Da muß man ein wenig ausholen. Eine *Partitur* ist die Darstellung eines Musikwerkes in Notenschrift; alle Stimmen des Werkes sind dort untereinander angeordnet, vergleichbar etwa einem 24-Spur-Tonband. Man kann auch sagen: Eine Partitur ist die »gespeicherte Komposition«, wobei nicht vergessen werden darf, daß bei aller Exaktheit der Notation immer Interpretationsspielraum bleibt. Die vielen Diskussionen um die »Werktreue« zeigen, wie schwer man sagen kann, welche Interpretation die »richtige« ist – das gibt die Partitur nur in Grenzen her.

In der elektronischen Musik denkt man schon lange darüber nach, ob und wie es wohl möglich sei, den Computer nicht nur Klänge, sondern auch *Kompositionen* erstellen oder modifizieren zu lassen; beispielsweise durch die Einbeziehung des *Zufalls*. Im Prinzip ist das ein alter Hut; schon aus den Lebenszeiten Mozarts oder Bachs sind *Würfelmenuette* überliefert, deren Melodien

»ausgewürfelt« worden sind. Auch andere Systeme hat man ausprobiert, die nicht ausschließlich auf dem statistischen Zufall basieren. Es gibt Kompositionen, die nach Primzahlen erstellt wurden; oder solche, denen das chinesische I-Ging zugrundeliegt (eine Spezialität von John Cage). Daß der musikalische Zufall seinen Reiz hat, ist auch an der Existenz mancher Musikinstrumente abzulesen; die unvorhersehbaren Tonfolgen etwa der *Äolsharfe,* überhaupt aller Windspiele, haben die Menschen offenbar schon immer fasziniert.

Solche Systeme oder Instrumente basieren auf dem Zufall (zumindest auf einem gesteuerten Zufall). Aber es gibt auch rechnerische Möglichkeiten der Zufallserzeugung, ihre musikalische Umsetzung erfolgt meist auf der Basis statistischer Regeln. Die Resultate solcher kompositorischen Arbeit bezeichnet man aufgrund ihrer Herkunft aus Wahrscheinlichkeitsrechnung und Statistik als *stochastische Musik.* Selbst verständlich gehört zu einer halbwegs sinnvollen stochastischen Kompositionsweise auch die Analyse bereits vorhandener Musikwerke, um zu erkunden, welchen statistischen Gesetzmäßigkeiten sie folgen, damit man überhaupt einen Einblick in die Funktionsweise des Phänomens Musik erhält.

Das sind klassische Aufgabenstellungen für den Computer, denn alles, was man in Formeln oder *Algorithmen* (das sind mathematische Rechenanweisungen für den Computer, die ihm ähnlich einem Kochrezept vorgeben, was er zu tun hat) fassen kann, ist sein Metier. Und wenn es möglich ist, stochastische und ähnliche Vorgänge in Notensymbole umzuwandeln, dann ist es auch möglich, einen Computer »Kompositionen« schreiben zu lassen. Als erster Versuch in dieser Richtung gilt die *Illiac Suite for String Quartet* aus dem Jahr 1956; erstellt von dem Computer »Illiac« an der University of Illinois (USA). Das Programm hierfür stammte von Lejaren A. Hiller und Leonard M. Isaacson. Hier hat der Computer aufgrund ihm vorgegebener Algorithmen eine auf Zufällen beruhende Musik »komponiert« und als Partitur für ein Streichquartett ausgegeben.

Der Komplexitätsgrad der realisierbaren Möglichkeiten ist stetig gewachsen. Durch die zunehmende Leistungsfähigkeit der Geräte sind mittlerweile bereits Kombinationen verschiedener Aspekte einer Computermusik zu verwirklichen, auch in der Verbindung mit *Klangsynthesen* per Computer.

Obendrein hat auch in diesem Musikbereich die *MIDI*-Technologie aus der Rock- und Popmusik Einzug gahalten. Einen bestechenden Dreh zur *graphischen Komposition* hat man beispielsweise im Studio für elektronische Klangerzeugung (SEK'D) an der Hochschule für Musik Carl Maria von Weber in Dresden gefunden; das Programm steuert per MIDI Synthesizer, Sampler oder Drumcomputer: »Eine Zeichnung wird zum Klang oder zur musikalischen Komposition. Unser Graphik-Sequenzer nutzt Zeichnungen beliebiger Malprogramme und konvertiert sie in Sequenzen, die mit unserem Sequenzer ... abgespielt werden können. Position und Farbwert jedes Pixels werden wahlweise in Tonhöhe und Anschlagsdynamik oder verschiedene Klangparameter umgewandelt. Skalierung, Takt und Tempo sind frei einstellbar« (SEK'D).

Da so jedes beliebige Zeichenprogramm zum Ausgangspunkt eines Musikstückes werden kann, bietet sich da einiges an Raffinesse; selbst mit Darstellungen fraktaler Geometrie (etwa dem berühmten »Apfelmännchen«, das sich aus der graphischen Umsetzung der von Benoit Mandelbrot entwickelten Formel ergibt) läßt sich arbeiten. Das heißt nicht weniger, als daß man Fraktale (selbstähnliche Strukturen) wie das Apfelmännchen auf Klänge und Melodien anwenden kann – ein Abenteuer, mit dem sich (wenn auch ohne Computer) György Ligeti in den letzten Jahren befaßt hat. Er hat eine fraktale Kreation des Bremer Mathematikers Heinz-Otto Peitgen zur Grundlage seiner Komposition *Désordre* gemacht. – Der Phantasie sind da kaum noch Grenzen gesetzt. Und auch dem *virtuellen Raum* nicht. Am schon erwähnten Media Lab des MIT arbeitet man an der Komposition im *Cyberspace*. Denn selbstverständlich kann man Raumstrukturen auch in Klang- und/oder Melodiestrukturen umsetzen und sie per DataGlove oder DataSuit steuern und beeinflussen. Und ist es nicht eine abenteuerliche Vorstellung, ein Musikstück wirklich durch körperliche Bewegung erwachsen zu lassen?

So hergesucht, wie es klingen mag, ist das gar nicht. Man denke nur einmal zurück an Karlheinz Stockhausens Forderung nach der Einbeziehung des Raumes in Kompositionen – *Sternklang* wäre im Cyberspace für jeden zugänglich, die Komposition und Aufführung im beliebigen Raum ist keine Utopie mehr. Erst recht ein Konzept wie das seinerzeit nicht realisierte *Hinab-Hinauf*; da genügt zur Wiedergabe schon das EyePhone! Auch die früher erwähnte Gruppe KRAFTWERK ist bei der Idee »virtueller Konzerte« sofort hellhörig geworden (vgl. Gorris 1991). Und natürlich wären auch hier wieder alle beliebigen Medien-Kombinationen vorstellbar. So könnte ein Musikstück so komponiert werden, daß sich parallel zur Musik auch der Raum verändert – oder umgekehrt. Damit aber, das darf man nicht übersehen, tun sich ästhetische Frage- und Problemstellungen auf, die alles andere als von Pappe sind. Aber genau das ist natürlich auch die Herausforderung.

Und das alles geht nur, weil Computer JA, NEIN, UND und ODER unterscheiden können. Was wird erst auf uns zukommen, wenn der erste Computer vorgestellt wird, der kapiert, was VIELLEICHT bedeutet?

178

Videoclips: Produktion, Marktbedeutung, Zuschauer

TV is great,
because when you close your eyes,
it sounds like radio.
Douglas Davis

Stellen Sie sich vor, Sie befänden sich in einem Supermarkt, in der Absicht, eine Tube Zahnpasta zu erwerben. Wie fänden Sie es da wohl, käme ein Verkäufer des Weges und versuchte, Ihnen außer der Zahnpasta auch noch eine Videokassette mit dem dazugehörigen Fernseh-Werbespot zu verkaufen?

Nicht ganz so, aber doch ähnlich stellt sich diese Angelegenheit dar, wenn es um *Videoclips* geht. Mit dem Kabel- und Satelliten-TV sind sie verstärkt auch in bundesbürgerliche Wohn- und Kinderzimmer eingezogen, jene bunten, rasant geschnittenen Musikfilmchen, ohne die kein Hit mehr zu landen ist. In den englischsprachigen Ländern ist man deutlicher: Dort gibt es keine »Videoclips«, sondern *Promotional Videos* oder kurz *Promos*. Womit die eigentliche Aufgabe dieser Filmschnipsel hinreichend umschrieben wäre. Denn letztlich sind Videoclips nichts wesentlich anderes als Werbespots. Sie sollen Popmusiktitel für die Präsentation im Fernsehen aufbereiten und Werbeträger für Schallplatten sein. Darüber hinaus sind sie aber auch Handelsgegenstand, denn man kann sie in vielen Plattenläden in Gestalt von VHS-Kassetten oder Laserdiscs für teures Geld erwerben.

Videoclips sind das erste Beispiel einer Verschmelzung verschiedener Medien (Musik und bewegtes Bild), das kommerzielle Massenverbreitung gefunden hat, und ohne die in den zurückliegenden Kapiteln geschilderten technischen Möglichkeiten wären sie nicht denkbar. Darüber hinaus beginnen Videoclips, insbesondere ihre Bildsprache, die Medienlandschaft als solche zu verändern; langsam zwar, aber um so nachhaltiger. Grund genug also, dieses Phänomen einer genaueren Betrachtung zu unterziehen.

Videoclips bewegen sich in einem Spannungsfeld, das vom ungetrübten Kommerz bis hin zu künstlerischem Anspruch reicht und wären ohne hochgezüchtete Technologien nur schwerlich im heutigen Umfang realisierbar. Neu indessen waren sie schon Mitte der 70er Jahre nicht. Bereits gegen Ende der 30er Jahre gab es in den USA *Soundies* genannte kurze Musikfilme, die gegen Einwurf von 25 Cents in Jukebox-ähnlichen Automaten mit Mattscheibe zu besichtigen waren. Auch manche Schlagerfilme der 40er oder 50er Jahre könnte man mit einiger Phantasie bereits als eine Art »Langformat-Clip« bezeichnen, denn in Filmen wie, um zwei herauszugreifen, *Jailhouse Rock*[46] mit Elvis Presley oder dem deutschen *Conny und Peter machen Musik*[47] sind mit heißer Nadel dürftige Handlungsrähmchen um Schlagerkollektionen herumgestrickt worden.

Mitte der 70er Jahre verfiel die Popmusik in allgemeine Ratlosigkeit. Die Heroen von gestern lockten keine Hunde mehr hinter dem Ofen hervor; die Hitlisten wurden von Gruppen wie ABBA geprägt, von handwerklich sauberer, meist disco-orientierter, clever präsentierter, je-

---

[46] *Jailhouse Rock (Rhythmus hinter Gittern);* USA 1957; Regie: Richard Thorpe; 96 Minuten; farbig; mit Elvis Presley, Judy Tyler, Mickey Shaughnessy, Vaughn Taylor, Dean Jones.
[47] *Conny und Peter machen Musik;* BRD 1960; Regie: Werner Jacobs; 87 Minuten; schwarzweiß; mit Conny Froboess, Peter Kraus, Gustav Knuth, Gerhard Froboess.

doch musikalisch perspektivloser Industrieware. Dazu kam ein für die US-Musikindustrie alarmierendes Phänomen: Zwar hatte das Fernsehen schon jahrelang ständig an Bedeutung zugelegt, doch hatte dies bis dahin den Hitparaden-Radiostationen nicht nennenswert geschadet. Nun jedoch, im letzten Drittel der 70er Jahre, verloren die Sender plötzlich Hörer. Der Industrie mußte etwas einfallen, um Musik ins Fernsehen zu überführen.

Da nun zufällig zu diesem Zeitpunkt auch die Videotechnologie auf einem Stand angelangt war, der einen kommerziellen Masseneinsatz bei relativ akzeptablen Kosten zuließ, hatten sich zwei Trends gesucht und gefunden: Der Videoclip erblickte das Licht der Mattscheiben[48].

Startschuß: Music Television (MTV)

Zwar wird als »der erste« Videoclip in der Regel die *Bohemian Rhapsody* der britischen Gruppe QUEEN von 1975 bezeichnet, der eigentliche Startschuß für das Medium Videoclip aber fiel dennoch erst im Oktober 1981: Da nämlich ging (nach einigen unregelmäßigen Testsendungen im New Yorker Kabelnetz) mit der Ausstrahlung des sinnfälligen Clips *Video Killed The Radio Star* von den BUGGLES die Fernsehstation *Music Television* (MTV) auf die Antenne. MTV, gegründet von der Maxwell-Gruppe, dem Plastikgeld-Unternehmen Amex-

---

[48] In diesem Buch bezieht sich der Begriff *Videoclip* immer auf Popmusik-Videos. Das ist zu betonen, denn der Begriff *Clip* wird seit einiger Zeit gelegentlich auch als Sammelbezeichnung für alle kurzen Zuspielbeiträge in Fernsehsendungen aller Art eingesetzt; der Bayrische Rundfunk nennt sogar die Kurznachrichten seines 3. Fernschprogrammes *Rundschau-Clip*.

co (American Express) und dem US-Medienkonzern Warner Communications, sendet Musik rund um die Uhr, ohne Pause, rund 300 Clips täglich, unterbrochen im wesentlichen nur von Werbung. Seither ist es in den USA praktisch nicht mehr möglich, eine potentielle Hit-Single ohne MTV-Einsatz in den Hot 100 unterzubringen.

Diese Infrastruktur schuf sich im Lauf der Jahre ihren Markt. Die Schallplattenindustrie begann ihre Musikveröffentlichungen zunehmend mit Videoclips zu unterfüttern. Später haben Paintbox, Harry, Computeranimation etc. diese Entwicklungen rasant weitergetrieben; ohne diese Technologien wären Videoclips vermutlich nie zu einem ernstzunehmenden Faktor in der Medienlandschaft geworden. Vor allem anderen nämlich muß bei der Herstellung von Videoclips eines gewährleistet sein: ein geringstmöglicher Zeitaufwand, denn Videoclips sind immer gekoppelt an die Hits der Saison. Das bedeutet für einen Clip eine Medienpräsenz von nicht mehr als sechs, vielleicht auch acht oder zehn Wochen – dann verschwindet der Hit in der Versenkung, und mit ihm der Clip. Auf diese Tatsache ist die gesamte Herstellung von Videoclips ausgerichtet.

Herstellung und Kosten

Idealtypisch läuft die Produktion eines Videoclips etwa wie folgt ab: Zunächst einmal ist ein Musikstück vorhanden, das, so Gott will, ein Hit werden soll. Da dieses ohne Videoclip zumindest international nur noch in Ausnahmefällen gelingt, haben die Plattenfirmen die Institution des *Video-Beauftragten* ins Leben gerufen, der sich ab ca. vier Wochen vor dem angepeilten Veröffentlichungstermin der Single um die Herstellung des Clips kümmert.

Daß Plattenfirmen Videoclips selbst produzieren, ist die Ausnahme; in aller Regel wird dies freien Produktionsfirmen überlassen, die über speziell darauf zugeschnittene Studios verfügen. Zu Beginn der 80er Jahre schossen solche Firmen – speziell in den USA – wie Pilze aus dem Boden. So mancher Tonstudiobetrieb nahm auch Videoproduktion und -nachbearbeitung in seine Angebotspalette auf, da sich die Tonaufnahme allein oft nicht mehr lohnte. Das ist eine Folge der im Kapitel »Klänge aus Strom« geschilderten Musiktechnologien; die Produktion von Musik verlagert sich zusehends in private Keller und MIDI-Studios. Aber auch manche Werbeagentur witterte in der Clip-Produktion ein Zubrot. Kein Zufall demnach, daß man die meisten der an der Produktion beteiligten Personen aus der Werbebranche kennt, allen voran den *Artdirector,* bei dem die künstlerische Gesamtüberwachung (man sagt auch: die *Supervision)* liegt. Die sonstigen Beteiligten sind dieselben, die man auch bei jeder Spielfilmproduktion findet: Regisseur, Kameraleute, Regieassistenten, Kulissen-, Kostüm- und Maskenbildner, Beleuchter. Toningenieure hingegen sind in diesem frühen Produktionsstadium noch nicht dabei. Sie werden erst später gebraucht; zunächst genügt ein Assistent, der Tonbänder abfahren kann. Dieses Team hat für die Produktion des Videoclips normalerweise acht bis zehn Tage Zeit, in seltenen Ausnahmefällen vielleicht auch zwei Wochen. In dieser Zeit muß alles erledigt werden, was ansteht, von der Ideenfindung bis zum Storyboard, vom Festlegen der Drehorte bis zum Anwerben eventuell benötigter Statisten, vom Bau der Dekorationen bis zu den eigentlichen Dreharbeiten. Für diese Dreharbeiten stehen selten mehr als zwei Tage zur Verfügung, denn nach den Dreharbeiten folgt ja noch die

Post-Production-Phase: Die Bilder müssen auf die Musik geschnitten, Bildeffekte ersonnen und gegebenenfalls programmiert werden. Letzteres ist relativ einfach, denn hier hilft ja wie bekannt der Kollege Computer: SMPTE heißt das Zauberwort. Sowohl auf dem Band mit dem Musikstück als auch auf dem abgedrehten Video- oder Filmmaterial sind diese Synchronisierungsimpulse gespeichert, so daß Bild und Ton problemlos auf eine $^1/25$-Sekunde genau auf die Musik geschnitten werden können.

Übrigens wird ein gar nicht mal kleiner Teil der Videoclips trotz ihres Namens nicht auf Magnetband, sondern auf herkömmlichem 35-mm-Filmmaterial gedreht. Video nämlich ist optimal geeignet zur Wiedergabe künstlicher Farben, also etwa solcher, wie sie per Paintbox oder mit Video-Digitaleffektgeräten erzeugt und ins Bild eingefügt werden können, dafür scheitert Video in der Regel an der naturgetreuen Wiedergabe von Hautfarben, grünen Wiesen, blauem Himmel etc., insbesondere, wenn das Video in der US-Farbfernsehnorm NTSC hergestellt wird. Bei Filmmaterial ist dies gerade umgekehrt. Da heute einigermaßen problemlos Video auf Film bzw. Film auf Video übertragen werden kann, bedient man sich bei der Clip-Produktion des jeweils geeigneteren Materials, soweit nicht finanzielle Aspekte den Einsatz des im Vergleich zu Videomaterial überproportional teuren 35-mm-Filmes von vornherein ausschließen.

Billig ist der Spaß ohnehin nicht. Man spricht im Regelfall von Summen zwischen 50.000 und 500.000 Mark, die die Herstellung eines Videoclips verschlingt. Ausnahmen nach oben oder unten sind möglich, auch sind Unterschiede je nach Herstellungsland festzustellen. Während in Deutschland ein Betrag von 100.000 Mark schon so etwas wie die Oberkante darstellen dürfte, gelten in den USA Produktionskosten von 250.000 Mark mittlerweile fast schon als »Low-Budget-Produktion«. Extreme Ausnahmen gibt es natürlich auch, Michael Jacksons unter der Regie von John Landis entstandener 14-Minuten-Clip *Thriller* (1983) etwa soll runde 3 Millionen Mark gekostet haben; für *Black Or White* (1991, Regie wiederum Landis) kursiert eine Zahl von 15 Millionen – diese jedoch mag aus Promotion-Gründen lanciert worden sein: Zwar ist der Clip von hoher technischer Raffinesse, eine solch hohe Summe aber ist ihm bei aller Gutwilligkeit denn doch nicht anzusehen. Daß ein Videoclip deutlich teurer ist als die Produktion des dazugehörigen Musikstückes, das immerhin ist zwischenzeitlich wohl als normal zu betrachten – für 200.000 Mark kann man durchaus schon ein komplettes Album mit Popmusik international verkaufbaren Zuschnittes herstellen.

Kostendruck und Clip-Inhalte

Die Plattenfirmen denken mit sorgsam gespitztem Rotstift darüber nach, welche Künstler sie mit welchem Aufwand promoten. Gerade bei Einsteigern wird gern gespart, solange man noch nicht weiß, wie sich der Betreffende auf dem Markt bewähren wird; auch gibt es (zumindest in Deutschland und dem europäischen Ausland noch) Musikbereiche, in denen Videoclips praktisch nicht erforderlich sind. Insbesondere sind dies der konventionelle deutsche Schlager und die volkstümliche Musik. Nicht nur, weil es keine Sender gibt, die solche Clips ausstrahlen würden, sondern weil gerade der letztere Bereich von seiner (meist zum Vollplayback präsentierten) Live-Atmosphäre lebt, vom schunkelnden Publikum und allgemeinem Festzelt-Bierdunst. Das wäre kaum in Videoclips einzufangen. Um die gewaltigen Kosten wenigstens zu dämpfen, wird zunehmend mit anderen Firmen kooperiert. In Gestalt von *Product Placement* werden Konsumprodukte ins Video eingebaut. In diesem Fall muß die Dramaturgie des Clips dann auch mit den jeweiligen Werbekunden abgesprochen werden, da denen verständlicherweise nicht gleichgültig sein wird, wie ihr Produkt im Clip erscheint. Manchmal wird dieses Problem recht elegant gelöst, in der Regel aber regiert der Holzhammer; sei es, daß die Tüten eines Londoner Kaufhauses durch das Bild getragen werden (Kevin Rowland & DEXY'S MIDNIGHT RUNNERS: *The Celtic Soul Brothers)*, sei es, daß der Sangeskünstler bestimmte Softdrinks in sich hineinschüttet, sei es, daß ein bestimmtes Auto im Clip eine Rolle spielt. Sogar Clips gibt es (auch das ein Synergie-Effekt), die von vornherein als Werbespot für ein Produkt mitkonzipiert werden; erinnert sei an den Clip *Slave to the Rhythm* mit Grace Jones, der in lediglich gekürzter Fassung auch als Spot für eine Automarke in den Werbefernsehprogrammen lief, während gleichzeitig Standfotos aus dem Clip als Zeitschriftenanzeigen geschaltet wurden.

Eine Variante dieses Kombinationsgeschäftes ist es, Tagesschlager und Popmusik in Spielfilmen und TV-Serien als *Filmmusik* unterzubringen, wobei dann später Ausschnitte des Films zu einem Videoclip zusammengestellt werden. Meist ist dies eine künstlerisch fragwürdige Angelegenheit; wer an den Musiksperrmüll mancher *Derrick-* oder *Sterne des Südens*-Folgen, aber auch an aktuelle US-Spielfilme denkt, wird diese Befürchtung sofort unterschreiben. Noch deutlicher hat *Miami Vice* gezeigt, wohin der Hase läuft: Da haben sich die Regisseure ihr Handwerk nicht nur eindeutig in der Clip-Schule angeeignet, sondern auch exemplarisch vorgeführt, wie man die Hits der Saison als Filmmusik verbrät (die man dann obendrein noch auf CD als *Miami Vice Soundtrack* verkaufen kann). Wenn man Videoclips eine eigenständige Ästhetik zuspricht, so ist zu klären, worin diese besteht. Wer an das Kapitel über Herstellung und Produktion elektronischer Popmusik zurückdenkt, wird bereits einiges ahnen: Den meisten Videoclips ist – ähnlich dem Berliner Synthesizer-Rock der 70er Jahre – anzumerken, daß die technischen Möglichkeiten bestimmenden Einfluß auf die dramaturgische und optische Gestaltung ausüben. Bis zum Exzeß werden die Hebel von Paintbox, Harry und Digitaleffektgeräten in Bewegung gehalten, Schnittfrequenzen von halben Sekunden und darunter sind keine Seltenheit. Speziell ist es offensichtlich dieser computergesteuerte Bildschnitt per SMPTE, der es den Gestaltern angetan hat; jedem Millisekundenereignis in der Musik wird punktgenau sein Bildeffekt verpaßt.

Dieses Phänomen übrigens macht sich umgekehrt zunehmend auch in der Gestaltung von Filmmusiken bemerkbar. Unter seriösen Filmkomponisten verachtet man das als *Mickey Mousing*. Um mit dem Komponisten Irmin Schmidt zu fluchen: »Es ergibt dann diese monotonen Synchronitäten, die dauernd hergestellt werden, die so einen Kasperletheater-Effekt machen. Fällt einer auf den Kopf, dann macht es *bum!* Das ist keine wirkliche Musik. Kasperletheater!« (zit. n. Schneider 1986). Die häufige Präsenz dieses Prinzips in Kino und TV zeigt indirekt, wie stark die Clipästhetik bereits heute auf die Wahrnehmungsgewohnheiten nicht nur der Zuschauer, sondern auch der Film- und Fernsehmacher abgefärbt hat!

Wenn dies für Filmmusik gilt, so funktionieren Videoclips üblicherweise gerade umgekehrt: Wenn es in der Musik »bum« macht, muß im Bild einer auf den Kopf fallen. In beiden Fällen aber ist eine Verknüpfung zweier Elemente vorhanden, und zwar – das ist das eigentlich Fragwürdige – völlig losgelöst von der Frage, ob diese Verknüpfung einen Sinn ergibt oder nicht. Wobei »Sinn« ebenso einen künstlerischen wie einen informatorisch-nachrichtlichen Sinn bedeuten kann. Auch leerer Aktionismus kann unterhaltsam sein. Auch eine Fahrt mit der Achterbahn ergibt keinen Sinn, aber Spaß macht sie dennoch. Aber was ist, wenn das Kasperletheater in der *Absicht* eingesetzt wird, den Zuschauer darüber hinwegzutäuschen, daß kein Inhalt vorhanden ist? – Womit wir messerscharf beim Videoclip gelandet wären, denn genau dieses Prinzip der optischen Mogelpackung ist dort der Normalfall. Zwar ließe sich einwenden, daß gerade der Mainstream-Pop eigentlich nie etwas anderes war als eine zeitgemäß aufgemöbelte Variante des althergebrachten Kasperletheaters – stimmt, und so gesehen ließe sich damit leben. Gegen Achterbahnfahrten ist nichts einzuwenden; offensichtlich sind Menschen nicht dazu geschaffen, immer nur sinnbestimmt und zweckrational zu handeln.

Aber Sinnlosigkeit kann verschiedene Gesichter haben. In dem Videoclip *That's What I Like* des Studiosynthetikproduktes JIVE BUNNY & THE MASTERMIXERS werden zusammengesamplete Werke aus der Rock'n'Roll- und Doo-Wop-Ära der 50er und frühen 60er Jahre zu Potpourris zusammengezimmert und unterlegt mit digital zerhackten und rhythmisierten Wochenschaubildern, durch die gelegentlich ein lieblos gezeichneter Hase hindurchflitzt. Wenn dies eine der harmlos-sinnlosen Varianten ist, so sieht das in dem Videoclip *Another Day In Paradise* von Phil Collins schon anders aus: Denn hier muß dokumentarisch gefilmtes alltägliches Straßenelend (Bettler, Obdachlose etc.) dazu herhalten, ein sozialromantisches Rührstück mundgerecht zu untermalen, ästhetisch wohlgefällig verpackt, niemals die Schmerzgrenze überschreitend, immer sorgfältig SMPTE-gesteuert synchron zur Musik, Collins mit gnadenlos betroffenem Gesichtsausdruck. Man muß dem Clip sozialkritische Absichten nicht einmal absprechen wollen, um zu erkennen, daß hier die Maßstäbe nicht mehr stimmen.

Und wenn, dieser Bildästhetik folgend, in Fernsehnachrichtensendungen sämtliche Bilder optisch aufgemotzt werden, indem man sie per Digital-Optik am Ende der Meldung in tausend kleine Mosaiksteinchen zerplatzen oder sonstwie in den Kosmos rotieren läßt, und zwar völlig unabhängig vom Inhalt der Nachricht und des Bildes – dann beginnt der Siegeszug der Verpackung über den Inhalt und das gezielte Reiz-Reaktions-Spiel mit dem Sehgewohnheitshorizont der Zuschauer.

Kunst und Innovation: Videoclips als Spielwiese

Die künstlerische Qualität der »Masse« der Videoclips ist erbarmungswürdig, nicht anders als bei Werbespots. Aber ist das angesichts der geschilderten Produktionsbedingungen ein Wunder? Pro Woche werden durchschnittlich in Deutschland 40 neue Videoclips veröffentlicht, nationale wie internationale – mithin jährlich über 2000.

Deshalb wird üblicherweise mit neuen Ideen und kreativen Gestaltungen gegeizt; der Videoclip-Produzent Adam Whittaker von der britischen Produktionsfirma Limelight sagt es: »Wenn man sich eine Reihe von Videos ansieht, die vor Klischees nur so strotzen, wird man feststellen, daß die meisten billige Kopien eines Originals sind, aber mit einem niedrigeren Budget gedreht wurden« (zit. n. Daniell 1988). Und abgekupfert wird, wo immer es nur möglich ist: Kaum noch zu zählen die Clips, die sich an Godfrey Reggios *Koyaanisqatsi*[49] anhängen (zum Beispiel Pete Bardens: *In Dreams* oder ROXETTE: *Joyride*) oder den Fritz-Lang-Klassiker *Metropolis* zitieren (relativ witzig zum Beispiel QUEEN: *Radio Gaga;* ein mißglücktes Beispiel ist Madonna: *Express Yourself).* Legion die Zahl der Videos, in denen sich die Politiker der Welt die Klinke in die Hand geben oder in die originale Spielfilm- oder Wochenschauausschnitte eingebaut wurden. Meistens geht das schief; erwähnt sei Michael Jacksons *Man In The Mirror.*

Gelegentlich werden bestimmte neue Clips in den Medien (insbesondere den Print-Medien) mit Adjektiven wie »skandalös«, »sexistisch«, »erotisch«, »brutal«, »jugendgefährdend« oder dergleichen belegt (Beispiel: etliche Clips der vorerwähnten Madonna, aber auch schon Michael Jacksons *Thriller,* der deshalb von der ARD seinerzeit erst nach 23 Uhr gezeigt wurde). Wer die Branche einigermaßen kennt, weiß, daß solches durchweg in kalkulierter Absicht geschieht. Diese besteht darin, eine Diskussion in den Medien auszulösen und so den Clip ins Gespräch zu bringen. Dieses Spielchen funktioniert natürlich nur dann, wenn man es dem Konsumenten (insbesondere dem jugendlichen) möglichst schwer macht, den Clip tatsächlich einmal in Augenschein zu nehmen. Wenigstens aus den Tagesprogrammen der einschlägigen Clip-TV-Anstalten muß er heraus – anderenfalls nämlich ist eine vorzeitige Desillusionierung unvermeidlich, das vermeintliche »Skandalvideo« entpuppt sich als lauwarme Langeweile, die beabsichtigte Werbewirkung verpufft dann in Nullkommanichts oder wird sogar durch die

---

[49] *Koyaanisqatsi;* USA 1976-82; Regie: Godfrey Reggio; 87 Minuten; Farbe. Ein aus Dokumentarmaterial collagierter Film ohne Spielhandlung, ohne Darsteller und ohne gesprochenes Wort.

Enttäuschung konterkariert. – Für Promotionkampagnen dieser Art ist es natürlich sehr hilfreich, wenn Plattenfirmen und elektronische Medien zum selben Konzern gehören. Und siehe da, so ist es denn ja auch. Aber es gibt sehr wohl auch gelungene, originelle Clips. Sie entstehen nicht selten durch Zusammenarbeit von freien Video-Produktionsfirmen mit der Musik- oder Kunstavantgarde: Videostudios stehen in härtestem Wettbewerb und müssen daher – wie jede Werbeagentur auch – Eigenwerbung machen, um Kunden zu gewinnen. Da keine Werbung so überzeugend ist wie das gelungene Produkt selbst, geschieht dies idealerweise durch Videoclips, mit denen die Produktionsfirma »zeigt, was sie kann«, in denen alle dem Studio möglichen technischen und kreativen Register gezogen werden. Dazu holt man sich gute Regisseure und Musiker, die einen Namen in der »einschlägigen Szene« haben, stellt ihnen alle Möglichkeiten des Studios unbegrenzt zur Verfügung, solange keine regulären Aufträge dagegen stehen und läßt sie ohne künstlerische Zensur oder andere Vorgaben arbeiten. Auch renommierte Künstler aus der Videokunst-Szene, die mit dem Medium Video naturgemäß bereits Erfahrungen haben, werden gern engagiert; als Beispiel sei Zbigniew Rybczinsky erwähnt, der den Clip zu *Close To The Edit* von ART OF NOISE inszeniert hat. Obwohl es da meist nicht viel zu verdienen gibt, werden Jobs dieser Art insbesondere von solchen Künstlern gern wahrgenommen, die noch auf den mittleren Sprossen ihrer Karriereleiter stehen: Dann nämlich bedeutet dies für sie, mit den besten verfügbaren technischen Mitteln arbeiten zu können; eine Möglichkeit, die sie sonst nicht oft haben.

Auf diese Weise können exzellente Clips entstehen; *Galaxy* mit dem New Yorker Schlagzeugperformer David Van Tieghem oder *Luminare* zur Musik von Daniel Lentz (vgl. Body und Weibel 1988) seien als Beispiele genannt. Der Regisseur beider Videos ist John Sanborn, im Fall Van Tieghem mit der Co-Regisseurin Mary Perillo, im Fall *Luminare* gemeinsam mit dem Choreographen Dean Winkler. Was in diesen Clips technisch passiert, reicht von der Computeranimation bis zur raffiniertesten digitalen Bildbearbeitung, bei *Luminare* kommen noch drei Ballettänzer und -tänzerinnen vor, die so in die elektronisch generierte Landschaft eingestanzt wurden, daß man zeitweise den Eindruck gewinnt, sie spielten mit den farbigen Wire-Frames. Solche Perfektion, wenn sie – wie hier – noch dazu von hoher künstlerischer Originalität ist, dürfte den Budgetrahmen eines »normalen« Popvideos bei weitem übersteigen. Da hier allerdings auch mit ungewöhnlicher Musik gearbeitet wird, erscheinen Clips dieser Art, wenn überhaupt, eher in Kultur- als in Hitparadensendungen des Fernsehens. Aber – und das schließlich ist ja Sinn der Sache – sie locken potentielle Auftraggeber an.

Auch die Clips zu kommerziell erfolgreichen Hitlistentiteln können bisweilen hervorragend sein; genannt seien *Sledgehammer* von Peter Gabriel (Regie: Stephen Johnson), *Land Of Confusion* der Gruppe GENESIS (mit Puppen der englischen TV-Satirereihe *Spitting Image),* *Road To Nowhere* von den TALKING HEADS (Regie: David Byrne und wiederum Stephen Johnson) oder Donald Fagens *New Frontier* (Regie: Annabell Jankel und Rocky Morton; die Regisseure der TV-Serie *Max Headroom),* ebenso etliche Clips von Dieter »YELLO« Meier (zum Beispiel *Desire,* das teilweise im cubanischen »Tropicana« gedreht wurde). Mancher kommerzielle Clip, so wird man durchaus behaupten dürfen, ist besser als vieles, was die »seriöse« Videokunst hervorbringt. Der visuelle Eigenwert von Videoclips kann durchaus sogar ausreichend sein, um auch in anderem Kontext zu bestehen. So taucht etwa der KRAFTWERK-Videoclip *Musique Non*

Stop auf Nam June Paiks Videoinstallation *Fin de Siècle II* (1989) gleich vierfach auf (vgl. Hanhardt 1991). Doch das ist die Ausnahme. Gleichwohl sind Videoclips neben dem Werbespot ein wichtiges Medium zur relativ risikolosen Erprobung von Innovationen oder Gestaltungsideen – wenn nicht das wichtigste. So war es beispielsweise der Videoclip *Money For Nothing* der DIRE STRAITS (1985), der erstmals ein breites Publikum mit einer Computeranimation außerhalb aufwendiger Spielfilme oder wissenschaftlicher TV-Berichte bekanntmachte. Und auch der oben erwähnte KRAFTWERK-Clip *Musique Non Stop* (von 1986), erstellt am New York Institute of Technology, war eine Innovation: In ihm treten erstmals die Musiker selbst als Computeranimation auf. Man sieht sie in verschiedenen Konstruktionsphasen, vom Wire-Frame bis zum Solid-Model.

Clips und Musiker

Auch für Popmusiker bleiben Videoclips nicht ohne Folgen. Wenn es noch vor wenigen Jahren ausreichte, daß Nachwuchskünstler oder Amateurbands Demokassetten an Schallplattenfirmen schickten, Kassetten also, die einige Hörproben enthielten und nicht über die Maßen professionell sein mußten, so gibt es heute bereits Plattenfirmen, denen das nicht mehr genügt.

Das Londoner Kreativ-Duo Godley & Creme hat etliche preisgekrönte Videoclips produziert, und man wird es glauben dürfen, wenn Lol Creme in einem Interview sagt:»Es gab Zeiten, da mußte ein Musiker nur gute Musik machen und er konnte einigermaßen davon leben. Heute sieht das viel drastischer aus. Man muß ein Allround-Entertainer sein. Das visuelle Image ist oft viel bedeutender als die Musik, die einer schreibt oder singt.

Uns sind Fälle bekannt, wo die Plattenfirma penetrant darauf pochte, daß der eventuell neu zu verpflichtende Künstler erst einmal ein Video-Demo vorweisen mußte, damit die Plattenbosse sich ein Bild machen konnten, ob sie den Neuling überhaupt vermarkten wollten« (zit. n. Fachblatt Musik Magazin 6/88). Prompte Konsequenz: Zunehmend werden kleine Video-Studios gegründet, die sich auf die Herstellung solcher Video-Demos spezialisiert haben. Tatsachen wie diese zeigen, welche Marktbedeutung den Videoclips von Seiten der Industrie mittlerweile zugesprochen wird.

Clips, Markt und Medien

Könnte es vielleicht sein, daß eine Marktbedeutung von Videoclips hauptsächlich in den Köpfen der Marketingabteilungen der Schallplattenindustrie besteht? Zum guten Teil nämlich dürfte da eine gehörige Portion Zweckoptimismus im Spiel sein, denn einige Plattenfirmen und Medienkonzerne haben durch Kapitalbeteiligungen ein vitales Interesse am Blühen und Gedeihen der entsprechenden TV-Stationen. So zog der unbestreitbare Erfolg von MTV in den USA schon bald ähnliche Gründungen im europäischen Raum nach sich, doch erwies sich das als wenig durchschlagend.

Das zeigt die Chronologie: Der erste Versuch einer MTV-Gründung (London 1982) blieb erfolglos, erst im zweiten Anlauf hatte man Glück (dazu mehr im folgenden Kapitel). Auch der englische *Super-Channel* (vormals *Music-Box,* eine Gründung unter anderem des Schallplattenkonzerns Virgin) vermochte sich ebensowenig als Musikkanal zu etablieren wie Rupert Murdochs *Sky-Channel*-Imperium. In Deutschland beriefen sich der CDU-Medienpolitiker Wolfgang Fischer und seine *mu-*

sicbox (nicht identisch mit dem obengenannten Super-Channel-Vorläufer) auf MTV:»musicbox ist keine Erfindung der letzten Tage, sondern die Orientierung am amerikanischen Popmusikkanal MTV – der erfolgreichsten Kabelstation dortzulande mit einem 24-Stunden-Programm und ca. 28 Millionen Zuschauern« (KMP-Presseinfo 1986). Die Orientierung zahlte sich auch hier nicht aus, 1988 nannte man sich um in *TELE 5*, versuchte es mit neuen Gesellschaftern und neuen Programmschemata, die am laufenden Band umgemodelt wurden. Der Sender blieb glücklos; Ende 1992 legte sich TELE 5 den neuen Namen *Deutsches Sportfernsehen* (DSF) und ein völlig neues Programmformat zu. Die Musiksendungen wurden eingestellt. Die anderen in Deutschland ansässigen Privat-TV-Sender *RTL, SAT.1, PRO 7* und *Kabelkanal* übrigens von Videoclips weitgehend die Finger, und sie werden wissen, warum. Einzig *Vox, RTL 2* und der Pay-TV-Kanal *Premiere* haben Clip-Sendungen im Programm.

Der *Musikladen,* Nachfolger des legendären *Beat-Clubs* der 60er Jahre, war die erste öffentlich-rechtliche Sendung, in der gegen Ende der 70er Jahre Videoclips auftauchten – damals noch unter der ursprünglichen Bezeichnung »Promotion Clip« und als etwas »ganz Besonderes« präsentiert. Später richtete die ARD ihre wöchentliche 45-Minuten-Clip-Schule *Formel Eins* ein, die zunächst in den jeweiligen Dritten Programmen untergebracht und 1986 ins Erste Programm umgebettet wurde. Aber auch dieses Sendereihe wurde Ende 1990 eingestellt – mangels Zuschauerinteresse.

Ein – vermutlich letztes – Projekt eines Musikkanals geistert zur Zeit unter dem Arbeitstitel *Viva* durch die Szene. Hinter diesem Sender stecken neben Thorn-EMI vorrangig die Initiatoren der Kölner *Popkomm,* einer jährlichen Popmusik-Messe; die Idee ist, deutschen

Produktionen eine Sendemöglichkeit zu geben (die sie auf MTV-Europe in der Tat kaum haben).

Der New Yorker Sender MTV, das ursprüngliche Vorbild aller Clip-Kanäle und -Sendungen, kann in den USA nur deshalb erfolgreich agieren, weil er auf die Sehgewohnheiten amerikanischer Zuschauer zugeschnitten ist. Und die setzen das Fernsehen bereits seit Jahren als eine Art »Radioprogramm mit Bildern« ein, während der Konsum der wirklichen Radioprogramme sich vorwiegend ins Auto oder per »Ghetto-Blaster« (großformatigen Stereo-Kofferradios) auf die Straßen verlagert hat. Dies aber entspricht nicht den Gewohnheiten europäischer Medienkonsumenten, auch nicht der jugendlichen. Jedenfalls heute noch nicht. Und nicht nur in Europa gibt es Probleme; 1992 mußte auch *MTV-Japan* nach kurzer Zeit wieder eingestellt werden: Das Konzept ging offenbar an der Mentalität seiner Zielgruppe vorbei.

Seit längerem ist im übrigen bekannt, daß der ständige Einsatz der immer gleichen Hits speziell in den kommerziellen Radiostationen sich negativ auf den Verkauf von Tonträgern auswirken kann. Einerseits deshalb, weil durch zu häufiges *Airplay* (wie man das Abspielen im Radio nennt) viele Musiktitel bereits auf eine Übersättigungs-Grenze bei den Hörern stoßen, bevor es zum Kauf der Platte kommt; zum anderen, weil die Hörer den Titel umso leichter privat mitschneiden können, je öfter er gespielt wird. Diese Effekte könnten bei Videoclips natürlich ebenso auftreten.

Wie auch immer: Unbezweifelbar haben Videoclips ihre innovative Zeit hinter sich. Die Medienbeobachtung zeigt, daß sie sich auf ähnliche Weise totzulaufen beginnen wie Werbespots. Es haben sich bestimmte »Standards« herauskristallisiert, die ein Videoclip bieten muß; darüber hinaus zeichnen sich momentan keine neuen Gestaltungsmerkmale ab. Einzige Ausnahme sind die vorrangig auf Computergraphik basierenden Videos der *Tekkno*-Szene, deren Reiz auf der gleichen Naivität und Respektlosigkeit vor der Technologie beruht wie die Musik selbst. Aber auch hier gilt: Seit der Erfindung von Paintbox, Harry und Computeranimation sind der Einfallslosigkeit keine technischen Grenzen mehr gesetzt. Daraus resultiert eine momentan fast aggressiv anmutende Ratlosigkeit, die sich in permanenter Hektik und wildem, sinnlosem Geflimmer äußert; Videoclips sind zur Zeit austauschbarer denn je. Und sie veralten rapide. Schon die Clips der letzten Saison wirken heute überholt – ein Indiz dafür, *wie* effektabhängig sie sind.

Daraus allerdings ableiten zu wollen, das Ende der Videoclips sei nahe, ist falsch. Auch Werbespots sind zur Zeit austauschbarer denn je, aber niemand käme deshalb auf die Idee, ihr baldiges Ableben zu prognostizieren. Denn die Rahmenbedingungen, die das Phänomen Videoclip überhaupt erst hervorgebracht haben, gelten ja weiter: Das Fernsehen existiert nach wie vor und baut seine Bedeutung als Musik-Multiplikator täglich weiter aus. Dadurch bleibt die Notwendigkeit, Musiktitel zu bebildern, erhalten und setzt die Musikindustrie weiter unter Zugzwang. Das wird sich in absehbarer Zeit nicht ändern, eher ist das Gegenteil zu befürchten.

Außerdem leben Videoclips auf andere Weise fort: Mehrfach wurde auf Gemeinsamkeiten zwischen Videoclips und Werbespots hingewiesen. Auch färbt die Clip-Ästhetik zunehmend auf die Gestaltung »normaler« Fernsehsendungen ab. Auf diese Weise prägen Videoclips Sehgewohnheiten. Darum unter anderem geht's im folgenden Kapitel – stay tuned!

Flimmern und Rauschen:
Die Medienlandschaft

*TATORT detective series set in Deutschland,
mit lots of gangsters und groovy detectives.
Sprecht in Deutsch. Ja! mit English subtitles.
Das ist gut.*

Programmankündigung im *Super-Channel*

Videoclips, so wurde im zurückliegenden Kapitel behauptet, sind die Antwort der Musikindustrie auf die zunehmende Bedeutung des Fernsehens. Zeit also, auf letzteres genauer einzugehen. Schließlich ist es in erster Linie das Fernsehen, das uns all jene in den vergangenen Kapiteln geschilderten Trends und Entwicklungen unmittelbar ins Wohnzimmer transportiert. Deswegen soll neben dem inhaltlichen auch der wirtschaftliche Aspekt der Sache einmal beleuchtet werden. Und auch das gute alte »Dampfradio« wird nicht vergessen, denn auch dort haben sich neue Technologien und neue Programmbedingungen durchgesetzt.

Schon bevor die ersten Breitband-Kabelnetze bestanden, konnte man per Dachantenne in der früheren Bundesrepublik durchschnittlich 6,9 verschiedene Programme empfangen. Die öffentlich-rechtlichen Anstalten haben also schon lange kein »Monopol« mehr, wie dies von Zeit zu Zeit – meist von interessierter Seite – kolportiert wird, sondern Zusatzangebote aus den angrenzenden Nachbarländern oder durch die Programme Alliierter Streitkräfte gab es auch schon vor dem Auftreten der kommerziellen Konkurrenz.

Aber in den Kabelnetzen tummelt sich dann doch einiges mehr. Wer seine Wohnung ans Kabel anschließen läßt, wird derzeit – je nach Wohnort – zwischen 25 und 30 Programme in verschiedenen Sprachen empfangen können. Wer über ein geeignetes TV-Gerät verfügt, kann mittlerweile von den meisten Stationen auch Videotext-Dienste empfangen. Den Fernsehprogrammen gesellen sich derzeit noch rund 25 Radioprogramme hinzu, die ebenfalls per Kabel in die Wohnungen geschüttet werden. Wer im Besitz eines Digital-Tuners ist, also eines digitalen Radioempfängers, kann neuerdings obendrein digitalen Satelliten-Hörfunk hören (dazu später mehr). Wer über ein halbes Dutzend Satellitenempfangsantennen auf dem Dach verfügt, könnte sich schon heute mit insgesamt um die 80 Fernsehprogramme aus ganz Europa eindecken; bis zum Jahr 2000 sollen es etwa 100 sein. Das wären dann einer Prognos- Studie zufolge rund 600.000 Fernsehstunden pro Jahr oder ca. 1640 Programmstunden pro Tag (vgl. Spiegel 36/90). Aus wieviel Stunden im Jahr 2000 ein Tag bestehen wird, hat Prognos leider nicht ermittelt.

Völlig abwegig sind solche Schätzungen wohl nicht. Im Kabelnetz von Manhattan sind schon heute rund 150 TV-Sender zu empfangen. 60 davon sind verschlüsselte Pay-TV-Stationen, für die man einen Decoder mieten muß. Und durch künftige *Datenreduktionsverfahren* (ähnlich wie bei der DCC-Cassette oder der MiniDisc) wird es schon bald möglich sein, die heute noch knappen Frequenzen weit effektiver auszunutzen als heute.

Fernsehen als Ware

Seit dem Auftreten kommerzieller Fernsehanbieter auf dem Markt läßt sich Fernsehen nicht mehr ohne werbewirtschaftlichen Hintergrund betrachten. Es ist selbst zum *Markenartikel* geworden. Dies hat seinen Grund in den unterschiedlichen Aufgabenstellungen der öffentlich-rechtlichen und der kommerziellen Programmanbieter. Vielleicht läßt sich der in diesem Zusammenhang wichtige Unterschied zwischen den »klassischen« öffentlich-rechtlichen und den privatwirtschaftlichen Sendern am einfachsten wie folgt erklären:

Eine *Anstalt des Öffentlichen Rechts* ist eine juristische Konstruktion, die unabhängiges Arbeiten ermöglichen soll. Öffentlich-rechtliche Anstalten sind nicht, wie viele meinen, staatliche Einrichtungen, sondern gehören niemandem. Wenn man überhaupt von einem Besitzverhältnis sprechen kann, dann gehören sie ihren Geldgebern – den Gebührenzahlern also[50]. Das bedeutet: Öffentlich-rechtliche Rundfunkanstalten produzieren *Programme*. Diese sind die Ware, die man den Zuschauern verkauft. Den »Kaufpreis« entrichten die Zuschauer in Form von Rundfunk- und Fernsehgebühren.

Anders bei den kommerziellen Fernsehanbietern. Sie erhalten keine Gebühren, sondern finanzieren sich

---

[50] Zwischen Theorie und Praxis tun sich hier allerdings Welten auf; insbesondere durch die Konstruktion und personelle Besetzung der als Aufsichtsgremium installierten Rundfunkräte. Es dürfte sich herumgesprochen haben, daß sich speziell die politischen Parteien mittlerweile Positionen in den Gremien erobert haben, die ihnen weitgehend die Verfügungsgewalt sichern. Dazu kommt, daß die jeweiligen Länderparlamente den Rundfunkanstalten mit der Festlegung der Rundfunkgebühr erhebliche »Daumenschrauben« anlegen können.

ausschließlich durch die Ausstrahlung von Werbung[51].
Sie müssen deshalb versuchen, möglichst viele Zuschauer
zu erreichen, um möglichst hohe Summen für die Ausstrahlung solcher Werbespots kassieren zu können. Das
aber führt zur Umkehrung der Frage, wer oder was da
eigentlich die Ware ist: Bei kommerziellen Fernsehanbietern ist die Ware nicht das *Programm,* sondern die *Zuschauer!* Denn: Um an Einnahmen zu kommen, stellen
kommerzielle Sender der werbungtreibenden Wirtschaft
Zuschauergruppen zur Verfügung. Der Sender, um es
vereinfacht darzustellen, argumentiert so: Du, lieber
Werbungtreibender, möchtest möglichst vielen Zuschauern dein Produkt vorstellen. Diese Zuschauer beschaffe
ich dir, aber dafür möchte ich angemessen bezahlt werden. Ich sende ein Fernsehprogramm, das genau jene
Zuschauer, die du ansprechen möchtest, vor die Mattscheibe lockt. Und in dieses Programm kannst du deine
Werbung einbauen. Solltest du vielleicht nur eine bestimmte Zuschauergruppe ansprechen wollen, so mache
ich ein spezielleres Programm (ein sogenanntes *Sparten-
programm),* für das sich möglichst genau nur diese Zuschauergruppe interessiert, so daß wir Streuverluste vermeiden können.[52]

▨ Image-Design auf allen Kanälen

Eigenartigerweise gilt die kaufmännische Binsen-
weisheit, Konkurrenz belebe das Geschäft, im Medienbereich nur bedingt. Nicht die Qualität der Programme

---

[51] Indirekt allerdings werden sie doch von den Gebührenzahlern
subventioniert, da diese nach wie vor mit ihren Gebühren die Kabelnetze mitfinanzieren.

steigt, sondern nur ihre zeitliche Dimension. Es gibt gar nicht »mehr«, sondern immer nur »mehr vom selben«; was vorher auf fünf Kanäle verteilt werden konnte, muß jetzt für fünfzehn Kanäle reichen. Den Programmanbietern bleibt in dieser Situation kaum etwas anderes übrig, als ihre Ware plakativ zu gestalten und sie mit hohem Wiedererkennungswert auszustatten. Womit wir dann bei den im vorigen Kapitel behandelten Videoclips wären – schließlich wurden die nicht ohne Grund thematisiert.

Wenn man nämlich die TV-Programme beobachtet, stellt man eine zunehmende Präsenz zwar nicht von Videoclips, wohl aber ihrer *optisch-akustischen Gestaltungselemente* fest. Denn wenn man nicht mit neuen Programminhalten auf Zuschauerfang gehen kann und alle Anbieter im wesentlichen das gleiche Repertoire spielen, läuft die Angelegenheit zwangsläufig auf Verdrängungswettbewerb nach klassischem Muster hinaus: Es besteht keine nennenswerte Aussicht, den Markt als solchen zu vergrößern, also kann man nur dann höhere Zuschauerzahlen einheimsen, wenn man sie dem Mitbewerber abjagt.

Da weder die Gesamtzahl der Zuschauer noch die Programmformen und -sparten unendlich vermehrbar sind, muß man eine relativ identische Programmgestal-

---

[52] Woraus übrigens messerscharf zu schließen ist, daß die Privaten von regionaler Berichterstattung eigentlich lieber die Finger lassen würden. Da man möglichst hohe Summen für die Ausstrahlung von Werbespots kassieren möchte, ist man an Regionalprogrammen überhaupt nicht interessiert. Im Gegenteil, je größer das Sendegebiet ist, desto besser. Daß RTL und SAT.1 dennoch lokale Fensterprogramme anbieten, liegt nur daran, daß ihnen die Landesmedienanstalten sonst keine terrestrischen Frequenzen zugesprochen hätten. Die Lokalfenster sind also der Preis, den die Privatanbieter zähneknirschend zahlen müssen, um über die Dachantenne empfangbar zu sein. Das merkt man ihnen auch an.

tung so unterschiedlich verpacken, daß sich unterschiedliche Zielgruppen vor ihren heimischen Mattscheiben versammeln. Und genau so passiert's: Die Sender versuchen sich an einer *zielgruppenspezifischen Imagebildung* – die aber läuft weniger über die Programm*inhalte* ab als über das Programm*design!*

Das Schlüsselwort hierfür lautet *Corporate Identity* und schlägt sich nieder im *Corporate Design.* Mit einem Sender soll der Zuschauer automatisch bestimmte Inhalte, einen bestimmten Programmstil verbinden, und diese Assoziation soll vorrangig mit dem optischen Erscheinungsbild des Senders erzielt werden.

Das kennt man aus der Werbung. Angesichts der Konkurrenzsituation sind Fernsehprogramme zu Markenartikeln geworden und müssen demgemäß vermarktet werden. SAT.1-Programmdirektor Martin Kraml: »Wir machen ja nicht Ideologien, wir machen Markenartikel, indem wir ein Produkt verkaufen, nämlich erfolgreiches Fernsehen« – das sei, so Kraml, die »Philosophie« des Senders (zit. n. Spiegel 48/91). – Die Philosophie ist auch nicht mehr das, was sie einmal war.

Da das »Produkt« nicht greifbar ist, nicht in die Hand genommen werden kann, muß praktisch das Unternehmen selbst zur »Marke« werden. Mit immer neuen programmlichen Sensationen ist das, wie deutlich geworden sein sollte, nicht zu machen. Also muß das Programm eines Senders in einer bestimmten Weise aufbereitet werden. Aber das ist nicht ganz einfach. Nach Ansicht einer Züricher Werbeagentur etwa hat »Design für Unternehmen und Marken . . . nur im engeren Sinne etwas mit Logos, Markenzeichen, Farben oder Schriften zu tun. Es muß als Gesamtheit aller visuellen Erscheinungsformen die Kultur, die Organisation, das regionale und internationale Umfeld, den Wettbewerb und seine Gesetze berücksichtigen« (ASGS/BBDO 1990).

Überträgt man diese Gedanken auf den Markenartikel Fernsehen, dann reichen diese Faktoren von der Kleidung und Sprechweise der Moderatoren über die farbliche, musikalische und typographische Gestaltung des Programms bis hin zu Werbe-Streichholzheftchen, Plakatwerbung für den Sender oder Zeitschriften, die man den Zuschauern auf Wunsch zuschickt. RTL bietet nicht nur eine solche Zeitschrift *(Hallo RTL)*, sondern sogar einen Zuschauerclub, dem man beitreten kann. Aber wer das bereits für das Nonplusultra hält, wird staunen, was noch alles möglich ist. Dazu begeben wir uns ins Ausland.

▨ TV Globo: Diese Welle zieht!

Essa onda pega! (Diese Welle zieht!) – das jedenfalls behauptet vollmundig der brasilianische *Globo*-Konzern über sein TV-Programm. Da können wir erleben, was das heißt: Corporate Identity. Und wir werden sehen, wie wichtig in diesem Zusammenhang das Prinzip des *Medienverbundes* ist.

Angefangen mit der im vorigen Abschnitt beschriebenen Art von Corporate Identity-Bildung und -Streuung hat nämlich nicht etwa, wie man vermuten könnte, das US-Fernsehen, sondern die kommerzielle TV-Station *Rede Globo* (die viertgrößte der Welt, die größte außerhalb der USA!) mit Sitz in Rio de Janeiros Villenviertel Jardim Botânico. Und kein Sender der Welt hat sie so weit perfektioniert.

TV Globo leistet sich eine eigenständige Design-Abteilung, die unter der Leitung des mittlerweile zum Design-Star avancierten Graphikers Hans Donner ein Programmdesign zaubert, das manchen Fernsehbetreiber grün vor Neid werden lassen dürfte. Computeranimatio-

nen und Chroma-Key-Tricks wirbeln, rotieren und fliegen, gemischt mit Zeichentrickfilmchen, Ballett, Realfilm
und Musik. Es gibt im Globo-Programm keine stehenden
Bilder, keine Pausensekunde bleibt ungestaltet; die Bildgestaltung ersetzt auch Ansagerinnen bzw. Ansager. Der
Boden zerplatzt in tausend kleine bunte Dreiecke, spie-
gelnde Hochhäuser tanzen, lebendige Tänzer steppen
computeranimierte Stufen und Pyramiden hinauf und
hinunter, und über allem geht als Sonne das Globo-Logo
(eine Kugel, eingerahmt von den Umrissen eines Bild-
schirmes) auf, daß es eine wahre Freude ist – und das
alles ist so unverschämt gut gemacht, daß man geneigt
ist, selbst tiefe Griffe in die Kitschkiste zu verzeihen. Das
Programmdesign wird laufend erneuert, lediglich Essen-
tials bleiben erhalten (unter anderem das Logo, die Regenbogenfarben, ebenso eine als »Plim-Plim« bezeichnete
zweisekündige Senderkennung, die so heißt, weil sie ein
akustisches Signal enthält, das just so klingt); Donner
kann pro Spot nicht selten Summen bis zu einer halben
Million Mark ausgeben.

TV Globo verfügt seit Ende der 60er Jahre über
eine technisch sehr gute Ausstattung; jedes Jahr werden
erhebliche Summen in neues Equipment investiert. Globo, gegründet 1925, ist ein Familienunternehmen, das
Mitte der 60er Jahre mit verbotener, jedoch stillschweigend geduldeter Hilfe des US-Konzerns Time-Life zu einem Mediengiganten ausgebaut wurde. Die Globo-Zei-
tungen hatten 1964 nach besten Kräften den Militär-
putsch unterstützt, und das Militär zeigte sich mit
Steuererleichterungen, zinsgünstigen Krediten und Sub-
ventionen erkenntlich (vgl. Hart 1988). Diese Mittel
wurden ab Mitte der 60er Jahre konsequent in den Aufbau einer TV- und Radiokette gesteckt. Mit kaum ver-
deckter Unterstützung durch die Militärregierung wurden mögliche Konkurrenten an der kurzen Leine gehal-

ten. Zum Globo-Imperium gehören heute 35 Radiostationen, eine Schallplattenfirma mit Zweigniederlassung in Frankreich, auch eine Mehrheitsbeteiligung am monegassischen *TMC* (Telemontecarlo) ist zu verzeichnen. Dazu kommen Druckereien, ein Buch- und Zeitschriftenverlag, Kosmetik- und Lebensmittelunternehmen sowie einige Ladenketten. Allein der Jahres*gewinn* (nicht Umsatz!) des Hauptfernsehprogrammes TV Globo wird auf rund eine Milliarde Dollar geschätzt (vgl. Hart 1988). Die geringe Bedeutung aller Konkurrenz-Radio- und TV-Ketten wird augenscheinlich klar, wenn man weiß, daß die Organizações Globo heute insgesamt rund zwei Drittel der Ausgaben für Werbung aller Art in Brasilien kassieren. Drei Viertel aller Ausgaben allein für Fernsehwerbung klingeln in der Globo-Kasse.

In kommunikationswissenschaftlichen Seminaren und ähnlichen Universitätsveranstaltungen wird der Erfolg von TV Globo meist – teils anklagend, teils begeistert – auf das Programmdesign zurückgeführt. Monokausale Erklärungen dieser Art sind immer beliebt, weil einfach und griffig, haben aber den Nachteil, selten zuzutreffen. Schon wenn man weiß, daß der Globo-Konzern als solcher durchaus kein besonders gutes Image in der Bevölkerung besitzt, wird klar, daß solche Erklärungsmuster zu einfach sind.

Die Brasilianer gehören zu den fernsehsüchtigsten Völkern der Welt; bei einer Analphabetenquote von rund 60 Prozent wohl kein Wunder. Dennoch ist die Dominanz des Fernsehens frappierend: Es hat praktisch Radio-Funktion. Selbst in den ärmsten Favela-Behausungen läuft ein Fernsehgerät, solange überhaupt jemand zu Hause ist. Und fast alle Geräte sind auf TV Globo eingestellt. Die Einschaltquote erreicht bisweilen den Extremwert von 100 Prozent; und niemals, zu keiner Tages- oder Nachtzeit und völlig unabhängig vom jeweils gesendeten Programm, fällt sie unter 30 Prozent. Letzteres deshalb, weil es einen erheblichen Anteil von Zuschauern gibt, die den Kanal niemals wechseln und das Gerät auch niemals abschalten – ein Phänomen, das es so nicht einmal in den USA gibt. Auch ohne Programmzeitschrift findet man sich sofort im Programm zurecht.

Globo läßt keine Zielgruppe unberücksichtigt; angefangen bei den Kindern. Ihre Tele-Leitfigur heißt *Xuxa* (das x ist im Portugiesischen als »sch« zu sprechen), ein quietschmunteres, blondes, selbstverständlich weißes, 30jähriges Fotomodell mit dem bürgerlichen Namen Maria da Graca Meneghel. Seit neun Jahren zaubert sie mit einer Schar acht- bis zwölfjähriger Kinder täglich vormittags die vierstündige, von Werbespots geradezu zerhackte *Xou da Xuxa* auf den Globo-Schirm. Aber – das ist der Trick – das alles bleibt nicht im Fernsehen: Alles, was Xuxa trägt, empfiehlt, singt oder mag, wird landesweit zum Kauf feilgeboten. »Jede Kindergeburtstagsfeier in einer brasilianischen Familie der classe media wird zum Xuxa-Fest, die Xuxinhas, die kleinen Xuxas, tanzen in der Kinderdisco natürlich nach Xuxa-Platten« (Hart 1988). Xuxa erzielt die höchsten Schallplattenumsätze Brasiliens, sie hat in bislang vier Kinofilmen mitgewirkt, eine Unzahl von Kosmetik- und Modeprodukten wird mit ihrem Konterfei versehen.

So funktioniert der Medienverbund. Der Imagetransfer zwischen Programm und Produkt verläuft von einem Medium zum anderen; jedes Produkt des Hauses Globo wirbt für jedes andere. Gleichzeitig werden Geschmäcker geprägt, Wünsche geweckt und multimedial gesteuert.

Aber auch die Erwachsenen bekommen ihr Globo-Fett ab: Vor 23 Jahren hat Daniel Filho dortselbst die Institution der *Telenovela* erfunden; Fernsehserien mit in der Regel um 170 Teilen, die täglich gedreht und gesendet werden[53]. Telenovelas funktionieren anders als die US-Endlosserien wie *Dallas*, *Denver* und so weiter oder die Daytime-Seifenopern wie *Springfield Story* und ähnliche Serien: Im Gegensatz zu diesen Serien, die niemals enden müssen, sondern über Jahre und Jahrzehnte immer weitergestrickt werden können, erzählen Telenovelas eine Geschichte, die mit der letzten Folge wirklich aufgelöst und beendet wird. Telenovelas sind in Brasilien ein nationales Ereignis. Dreimal jährlich starten neue; wer will, kann jeden Abend vier Telenovelas sehen (um 18, 19, 20 und 21.30 Uhr).

Die Folgen dauern jeweils eine knappe Stunde, 20 Minuten davon gehören der Werbung. Zwar gibt es das Verfahren des *Bartering*[54] in den Telenovelas nicht, aber dafür wird ihre Handlung oft um Konsumprodukte herumgestrickt: *Product Placement* nennt man das, nicht nur in Brasilien. Nur wird hier die Schraube noch um eine weitere Umdrehung angezogen, denn es stehen be-

---

53 Im deutschen Fernsehen laufende bzw. gelaufene brasilianische Globo-Telenovelas sind unter anderem *Vale Tudo, Das Recht zu lieben, Sinhà Moça, Spiel mit dem Feuer, Wildcat, Die Sklavin Isaura*. Ihre durchweg von Hans Donner gestalteten Vor- und Abspänne vermitteln einen relativ guten Eindruck des Programmdesigns von TV Globo.

54 *Bartering* ist ein Produktionsverfahren für TV-Serien, das aus den USA stammt: Branchenfremde Unternehmen produzieren eine TV-Serie und stellen die Folgen Fernsehsendern zu günstigen Konditionen oder sogar kostenlos zur Verfügung. Dafür erhalten sie als Gegenleistung vom Sender Werbezeit im Umfeld der Serie, und zwar ebenfalls günstig oder kostenlos. Einer der aktivsten Konzerne auf diesem Gebiet ist seit ewigen Zeiten der weltgrößte Waschmittelhersteller Procter & Gamble (Dash, Ariel u. a.) – daher die Bezeichnung *Soap-Opera* (»Seifenoper«) für diese Stücke. Procter & Gamble produziert zur Zeit sechs Bartering-Serien; darunter ter die auch in Deutschland bekannte *Springfield Story* (täglich auf RTL), die in den USA bereits über 13.000 (!) Folgen erlebt hat.

stimmte Cornflakes nicht nur beiläufig auf dem Frühstückstisch, sondern sie werden direkt in die Spielhandlung oder sogar den Dialog eingebaut. Seit allerdings Telenovelas verstärkt auch ins Ausland verkauft werden, ist diese Praktik zurückgegangen.

Telenovelas werden von meist zwei oder drei Autoren gestaltet. Dieses Team hat zum Produktionsbeginn nicht mehr fertig als die Folgen 1 bis 20, darüber hinaus existiert eine Skizze bis zur Folge 60. Weiter kann zunächst nicht geplant werden, denn man überläßt es im wesentlichen den Zuschauern, wie es danach weitergehen soll. Nach der 15., 35. und 55. Folge werden Gruppendiskussionen mit Test-Zuschauern durchgeführt, von deren Ergebnis die weiteren Vorgaben für die Autoren wesentlich abhängen (vgl. Füllgraf 1991).

Aber die einzelnen Folgen können auch noch kurzfristiger gesteuert und – in den Grenzen der zu erzählenden Geschichte – »nach Wunsch« gestaltet werden. Globo bedient sich hierzu des gleichen Prinzips wie die TV-Stationen in den USA: Nach jeder Folge werden landesweite Kurzumfragen durchgeführt, in denen es um die Sympathiewerte der Schauspieler und Schauspielerinnen, den bisherigen und zukünftig gewünschten Handlungsverlauf und dergleichen geht. Auf diese Weise können die Autoren anhand der Umfrageergebnisse mit maximal drei Tagen Vorlauf auf Zuschauerwünsche reagieren. TV Globo erfüllt auf diese Weise Wünsche, die es selbst auslöst; wenn man so will, ist dieses Prinzip eine sich selbst fortschreibende Reiz-Reaktions-Spirale.

Und auch hier funktioniert er wieder, der Medienverbund: Zu den Telenovelas gibt es Schallplatten (fast immer werden die Titelsongs von bekannten Musikern der Musica Popular Brasileira gesungen; selbst ein eher widerborstiger Star wie Caetano Veloso läßt sich einen solchen Job nicht entgehen), Heftromane, Comics, Kleidung, Bücher, Plakate, Postkarten zu kaufen. Einerseits wird so das Programm selbst zur Werbung für Produkte in eigener Sache; gleichzeitig werden diese Produkte zum Imageträger, den man sogar noch kommerziell vermarkten kann. So werden Programmdesign und Corporate Identity unter das Volk gestreut wie nirgendwo sonst auf der Welt.

Das zeigt: Es ist nicht damit getan, einer TV-Kette einfach nur eine wunderbare technische Ausstattung oder ein gelungenes Programmdesign zu spendieren. Der fast erschreckende Erfolg von TV Globo beruht weder *allein* auf der Technik noch *allein* auf den buntbewegten Pausenbildchen. TV Globo war bereits erfolgreich, als sein heute weltberühmtes Design noch gar nicht existierte (Donner ist erst 1974 zum Sender gestoßen). Diese Welle zieht also offenbar auch noch mit etwas anderem als ihrem Design. Man hat – anders als die Konkurrenten – mit dem Programm, insbesondere den Telenovelas, augenscheinlich einen »Nerv« getroffen. Und erst *dann* setzt das Corporate Design, die Technik bzw. die wirtschaftliche Infrastruktur ein, erst *dann* kann der Medienverbund greifen – nicht eher und auch keine Sekunde länger! In dem Augenblick, da es der Konkurrenz gelingt, ein für die Zuschauer attraktives Gegen-Angebot zu produzieren, ist TV Globo zu knacken – und dafür gibt es seit Anfang der 90er Jahre dann doch Ansätze, die TV-Konkurrenz ist zum Angriff übergegangen.

Und was zieht in Europa?

Mit TV Globo im Kopf ließe sich eine Refrainzeile aus einem alten Chanson von Georg Kreisler ganz neu deuten: Dreh' das Fernsehen ab, Mutter – es zieht. Verglichen mit dem, was Globo zur Bildung einer hohen Zuschauerbindung aufbietet, herrscht in den europäischen TV-Anstalten noch weitgehende Ratlosigkeit. Die Programmdesigns der diversen Sender erschöpfen sich im wesentlichen in einer bestimmten Grundform, die mit einigen *Eye-Catchern* (Blickfängern) geschmückt wird. Da hierzulande jedoch die Infrastruktur des Verbundes fehlt, bleibt die Verpackung meist eine leere Versprechung. Das Design mag optisch noch so markant sein; allein vermag es die Zuschauerbindung nicht zu erhöhen. Niemand sieht sich ein Programm der dekorativen Eins oder der freundlichen Jingles wegen an. Wäre das so, müßten ARTE, Hessen 3 oder auch die alte Tante BBC wahre Publikumsrenner sein. Das Beispiel Globo zeigt: Es ist die Kombination der Elemente, es ist die assoziative Deckungsgleichheit von Programm und Design, der Imagetransfer zwischen mehreren angebotenen Faktoren, was die Zuschauerbindung ausmacht.

Die Story der ARD-Eins

Die ARD besteht aus elf einzelnen Anstalten (vor der deutschen Einheit neun), die weiland ihre Sendungen mit einem jeweils eigenen Jingle und ihren akustischen Stationskennungen eröffneten. Der eine oder andere Leser erinnert sich vielleicht noch an das frühere ARD-Symbol (das ovale »Auge«), die Kanarienvögel, die tanticmenfrei für den Südfunk Stuttgart zwitscherten, oder das NDR-Walroß Antje. Zum Teil waren attraktive Ideen

Abb. 12. Die ARD-Eins.

dabei, insgesamt aber ergab sich der Eindruck eines
Flickenteppichs; die *Einheit* der neun ARD-Anstalten
teilte sich dem Zuschauer nicht mit. So besann man sich
darauf, daß die ARD im allgemeinen Sprachgebrauch
meist als »das Erste« bezeichnet wird. WDR-Graphiker
Stephan Boeder schließlich entwickelte daraus das Motiv
der *ARD-Eins* (Abb. 12), in welcher alle Logos zusam-
mengefaßt werden können. Computeranimiert wurde
das ganze seinerzeit von der Produktionsfirma Cranston
& Crusi in Columbus/Ohio, USA. Der Spaß hat freundli-
che 350.000 Mark gekostet, und die ARD ließ seinerzeit
in einer Presseerklärung verbreiten: »Das Computer-Design ist gegenwärtig das modernste fernsehtechnische Ge-
staltungsmittel, das in der amerikanischen Werbewirtschaft, aber auch im Bereich der Filmproduktion verwendet wird. Fernsehorganisationen, die in der
Selbstdarstellung mit der Attraktivität ihres Umfeldes
Schritt halten wollen, produzieren ihre Kennungen im
Computer-Design« (zit. n. Neumann 1989).

Modern – das ist das Schlüsselwort. Modern ist
gleichermaßen Anstoß und Sinn. Und was heißt da »Attraktivität des Umfeldes«? Liegt hier nicht eher ein Pro-

212

zeß des wechselseitigen Hochschaukelns vor? Schon der Begriff »Umfeld« als solcher ist ja eine Kippfigur: Aus der Sicht des Werbungtreibenden ist das Programm das »Umfeld« für seine Werbespots; aus der Sicht eines Fernsehredakteurs hingegen wird die Werbung zum »Umfeld« der von ihm verantworteten Sendung. Längst sind die Umfelder austauschbar, aber ihr modisches Kennzeichen ist immer das Computerdesign. Erik Spiekermann, Typographiespezialist und Chef einer Berliner Agentur für Corporate Design, bringt's auf den Punkt: »Modern heißt zur Zeit eben leider noch, solche peinlichen, banalen und kitschigen Bilder wie den *tagesschau*-Vorspann herzustellen. Das hat man jetzt so, und deswegen haben das alle. Das ist wie eine Hutmode. Zur Zeit muß es einfach jeder haben, und wehe, wer's nicht hat – der ist dann ein alter Bilderstürmer, Wiedertäufer oder irgend so ein Steinzeitmensch, der immer noch am Bleistift kaut« (zit. n. Neumann 1989).

Längst, so hieß es oben, sind die Umfelder austauschbar. Mag das im Fall der öffentlich-rechtlichen Kanäle vielleicht noch anzweifelbar klingen, so sieht es bei den Kommerziellen anders aus. Und bei MTV-Europe findet eine Trennung einfach gar nicht mehr statt.

MTV-Europe: Augenpulver mit Stereoton

Nachdem MTV in den USA die höchste Wachstumsrate hatte, die überhaupt je ein Kabelsender erzielen konnte, lag die Idee nahe, sich um den zweitgrößten Musikmarkt der Welt zu kümmern – um Europa. Aber da gab es erhebliche Startschwierigkeiten, im ersten Anlauf (1982 in London) jedenfalls ging MTV sang- und klanglos baden. 1986 aber versuchte es MTV erneut.

Unter der Leitung von William Roedy, einem ehemaligen Offizier der US-Armee, ließ man sich mit 14 Leuten auf anderthalb Etagen eines Mietshauses im Londoner Szene-Stadtteil Camden nieder und startete mit verändertem Konzept *MTV-Europe*. Über den Satelliten Astra 1B wird das Programm mit HiFi-Stereoton in 16 europäische Länder ausgestrahlt und seit Anfang 1989 auch in viele Kabelnetze eingespeist.

Diesmal scheint das Konzept aufzugehen. MTV-Europe hat mittlerweile 110 Mitarbeiter und erreicht europaweit rund 32 Millionen Haushalte, 10 Millionen davon in Deutschland. 1993 will der Sender die 50-Millionen-Grenze überschreiten; man orientiert sich deshalb zunehmend in Richtung Ost-Europa.

Während sich MTV-Europe beim ersten Versuch an das amerikanische Programmvorbild hielt, hat man diesmal nur solche Elemente übernommen, die fugenlos in die europäische Landschaft passen: Videoclips rund um die Uhr (täglich etwa 280 an der Zahl), unterbrochen von Werbung, Kinotips, Tourneeterminen und Pop-Nachrichten. Alle Übernahmen von der US-Muttergesellschaft, die von europäischen Jugendlichen als zu »typisch amerikanisch« empfunden werden könnten, sind nach und nach aus dem Programm geboxt worden.

Weil MTV-Europe einerseits seine Grenzen kennt und andererseits im Programm keine Risiken eingegangen werden sollen, gibt es nur eine einzige Live-Sendung *(Dial MTV*, eine 30-minütige tägliche Anrufsendung mit einem Moderator, der fit genug ist, auch unbotmäßig freche Anrufer in den Griff zu bekommen). Selbst die sogenannten Nachrichten sind eine Aufzeichnung. Der Sender bedient seine Zielgruppe, ohne sich an kostenintensiven und schwierigen Dingen wie politischen Nachrichten, Features etc. die Finger zu verbrennen – wohl, weil man weiß, daß man diese Aspekte eines Fernsehprogrammes selbst mit einer erweiterten redaktionellen Infrastruktur nicht ernstzunehmend abdecken könnte. Ganz abgesehen einmal davon, daß ohnehin niemand MTV einschalten würde, um sich dort politische Nachrichten anzusehen.

So ist denn eine nennenswerte journalistische Aufbereitung selbst themenbezogener Sendungen (etwa *Pulse* oder *At the Movies*) kaum feststellbar; wohl aber eine sorgfältige Abstimmung mit den Sponsoren der jeweiligen Sendungen. Und auch andere seltsame Deals gibt es gelegentlich; ein Beispiel: Um die Rechte für die Ausstrahlung des Michael-Jackson-Videos *Black or White* zu bekommen, mußte sich MTV ebenso wie seine amerikanischen Konkurrenten Fox und BET verpflichten, Michael Jackson viermal wöchentlich als »The King of Pop« zu bezeichnen (vgl. Zounds 2/92).

Innerhalb dieser selbstgesteckten Grenzen legt sich MTV-Europe allerdings ordentlich ins Zeug, wenn es um Zuschauerbindung und um Corporate Design geht: Jingles (es gibt eine Unzahl, sie werden ständig produziert und ausgetauscht), Programmkennungen und das gesamte Design sind kompromißlos den Zielgruppen und hauptsächlichen Programmbestandteilen angeglichen worden. Einen realen Hintergrund im Moderationsstudio gibt es im allgemeinen nicht, die Moderatorinnen und Moderatoren werden per Chroma-Key in einen Hintergrund aus Farbflächen, Film- und Videoschnipseln und gezielten Bildstörungen eingestanzt. Manchmal sind gute Einfälle darunter; manche müßten sich neben einem Paik-Video nicht verstecken[55].

Auch die Moderatoren (Veejay's = VJ's = Video-Jockeys genannt) sind Teil des Programmdesigns. Es gibt nur wenige, man kennt die Gesichter sehr schnell. Jede(r) repräsentiert einen bestimmten Mode- (und Musik-!) Typ und vertritt einen Moderationsstil, der zielgruppen-

MUSIC TELEVISION® **Abb. 13.** Das Logo von MTV.

spezifisch zwischen gutgelaunt-sachlich und flapsig-albern liegt. Einige allerdings haben den Umgang mit dem *Teleprompter*[56] nicht hinreichend geübt und starren in die Kamera wie hypnotisierte Kaninchen. Vor allem aber stammen die Moderatoren aus allen europäischen Ländern, in denen MTV-Europe zu empfangen ist. Die Programmsprache ist Englisch, was angesichts der Zielgruppe kein ernstliches Problem darstellen dürfte, zumal die

---

[55] Das ist nicht zufällig so, denn viele der Jingles und Gestaltungselemente werden von Studenten an Hochschulen für Kunst bzw. Design hergestellt. Dadurch kommt MTV günstig an dauernden Jingle-Nachschub heran, und die Studenten werden bereits während des Studiums »gesendet«, was ihrer Praxiserfahrung nur zugute kommt.

[56] Ein *Teleprompter* ist ein Gerät, das aus einem liegenden Monitor und einer spiegelnden Glasscheibe besteht, die im Winkel von etwa 45 Grad vor die Kamera montiert wird. Damit kann der Moderationstext so vor die Linse gespiegelt werden, daß ihn der Moderator ablesen kann, während er in die Kamera schaut. Für die Kamera selbst bleibt der Text unsichtbar. Für den Zuschauer ergibt sich der Eindruck, der Moderator spreche frei und ohne Manuskript. Der Teleprompter ist mittlerweile unentbehrliches Handwerkszeug in fast allen Sendungen, die nicht frei moderiert werden; dazu gehören unter anderem *tagesthemen* und *heutejournal*.

Moderatoren eigentlich ohnehin nichts wichtiges zu sagen haben.

MTV *sendet* nicht Videoclips, MTV *ist* ein Videoclip – und sicherlich im europäischen Raum der am weitesten fortgeschrittene Sender, wenn es um die visuelle Imagebildung geht.

Kennzeichnend für mittlerweile alle Sender: Programmdesigns sind ohne Computeranimationen, mindestens aber digitalen Bildeffektgenerator nicht zu realisieren. Dem Zuschauer wird darüber hinaus keine Ruhe gegönnt. Digitale Bildeffekte, Computeranimationen und Jingles sind selbst in Informationssendungen ständig präsent und prägen Bild und Ton. Da kann es nicht ausbleiben, daß sich Inhalt und Verpackung einander annähern – womit sie dann Programm geworden ist: die *Videoclipästhetik,* die Bild- und Tongestaltung, die aus dem Clip und aus dem Werbespot stammt. Das nämlich ist der Einfluß der Videoclips: Sie liefern das Vokabular, die Versatzstücke, mit denen jongliert wird. Leere optische Rahmeneffekte, die nach Belieben aufgefüllt werden können.

Natürlich sollte man diese vielen Bildspielereien nicht überbewerten. Sie belegen aber die früher behauptete Ratlosigkeit: Offensichtlich hat sich die Idee, mit einem bestimmten Design sei bereits automatisch ein bestimmtes Image verbunden und teile sich dem Zuschauer entsprechend mit, in der Vorstellungswelt der Programmdesigner festgesetzt – vielleicht in Ermangelung besserer Programmideen?

Und einen Haken haben solche Bilderfluten außerdem: Sie nutzen sich unglaublich schnell ab. Da sie an modische Entwicklungen gekoppelt sind, wirken sie oft schon nach wenigen Monaten einfach überholt; ein Phänomen, das übrigens auch an der schon erwähnten TV-Reihe *Miami Vice* und vergleichbaren Produktionen knabbert.

Computerdesign als Wirtschaftsfaktor

Speziell dieses letztgenannte Phänomen freut natürlich die Wirtschaft. Die Vielzahl von Logos und Animationen hat diese innerhalb der Werbe- und Videoindustrie bereits zu einem erheblichen Wirtschaftsfaktor werden lassen. Die TV-Anstalten entwerfen und animieren ihre Logos nur in Ausnahmefällen selber und sind daher wichtige Auftraggeber. Wenn auch nicht die einzigen; der andere große Abnehmer für Computeranimationen ist die Werbewirtschaft. Mittlerweile enthalten rund 90 Prozent aller Werbespots Computeranimationen, elektronische Bildbearbeitungen oder digitale Retuschen.

Die Animation von Logos ist das tägliche Brot der diversen Studios für Computeranimation. Um die 60 solcher Studios gibt es hierzulande mittlerweile. Ihre Zahl schwankt, denn die Investitionen sind erheblich und die Bruchlandungen häufig. Die Betriebe konkurrieren auf einem sehr wachstumsintensiven Markt, dessen Umsatzvolumen bereits 1987 auf rund 75 Millionen Mark geschätzt wurde und der sich nach brancheninternen Schätzungen seither verdreifacht haben dürfte.

Da aber nie genau absehbar ist, wohin sich Trends und Kundenwünsche exakt bewegen, sind wirtschaftliche Fehlentscheidungen eher die Regel als die Ausnahme. Dabei ist es eigenartigerweise gerade der technische Fortschritt, der den Unternehmen wie ein Mühlstein am Halse hängt: Die Entwicklungen der Hard- und Software überschlagen sich; Rechner und Programme sind nicht selten überholt, bevor sie sich amortisieren können. Wie soll da ein Unternehmen entscheiden, welche Investition die richtige ist? Schon morgen wird möglicherweise die neueröffnete Konkurrenz die gleiche Leistung zum wesentlich günstigeren Preis anbieten können.

Der Ideen-Rangierbahnhof: Kunst und Medienwirtschaft

Bleibt zu fragen: Woher kommen eigentlich die Ideen? Immerhin geht es hier doch um kreative, um künstlerische Vorgänge! Oder? Es ist hier kaum anders als in der »klassischen« Werbung: Dieses Geschäft hat mit Kunst soviel zu tun wie Werbespots mit Spielfilmen, obwohl es ja eigentlich naheläge. Es ist eine Form von Kunstgewerbe. Man klaut, wo man kann, ansonsten gelten Maximum- oder Minimum-Prinzip: Man versucht, entweder mit gegebenem Aufwand ein maximales Ziel zu erreichen, oder umgekehrt, ein gegebenes Ziel mit möglichst wenig Aufwand. Geklaut wird da, wo Kunst produziert und ausgestellt wird; in Galerien, Museen, bei Performances und Installationen.

Die Computeranimations- und -graphikindustrie beobachtet mit ebenso wachen Augen wie die Werbeagenturen, was im Bereich der audiovisuellen Kunst passiert. Was dort erfolgreich ausprobiert wurde, taucht alsbald in entschärfter und geglätteter Form (und meist in dieser Reihenfolge) in Pop-Videoclips, in Werbespots, im Design von TV-Sendern auf.

Was schon im »freien« Kunstbereich schiefgelaufen ist, wird kommerziell erst gar nicht mehr angefaßt. Man schafft also, wenn man so will, eine Situation, in der die Kunst Fehler machen kann, damit man sie in der kommerziellen Anwendung nicht mehr machen muß – denn dort kämen sie sehr teuer. Eigenartigerweise sagt es niemand laut, aber selbstverständlich liegt hier ein Hauptgrund dafür, daß Unternehmen als Kunst-Sponsoren in Erscheinung treten. Institute wie das *Zentrum für Kunst und Medientechnologie Karlsruhe* (ZKM) oder *art + com e.V.* in Berlin provozieren Spin-off-Effekte dieser Art sogar bewußt und mit staatlicher finanzieller Förderung.

219

Oder – das ist die andere Möglichkeit – man heuert von vornherein Künstler an und spannt sie in kommerzielle Projekte ein (wobei man dann auch später mit ihrem Namen angeben kann). Gerade mit der Produktion von Videokunst ist noch kaum Geld zu verdienen, so daß fast alle auf diesem Gebiet tätigen Künstler auf Nebenverdienste angewiesen sind. Die Künstler, die von ihrem künstlerischen Schaffen wirklich leben können, kann man an einer Hand abzählen: Es sind Leute wie Nam June Paik, Bruce Nauman, Marie Jo Lafontaine, Ulrike Rosenbach und einige andere. Doch selbst sie sind meist noch mit einer Professur an einer Kunsthochschule ausgestattet, so daß Kunst- und Lehrtätigkeit ineinanderfließen.

... und vergessen Sie nicht, Ihre Antenne zu erden: Das gute alte Dampfradio

Kümmern wir uns nun einmal um etwas anderes: den *Hörfunk*. Den gibt es ja schließlich auch noch! Das Radio ist ein gleichermaßen schnelles wie imaginatives Medium; es gilt noch immer als das schnellste Informationsmedium. Obendrein setzt es die Vorstellungskraft des Hörers in Bewegung, weil es kein Bild liefert. Dazu eignet er sich besser als jedes andere Medium zum Ausfüllen der Leerstellen des Alltags. Kein Medium kommt an den Rezipienten so dicht heran wie das Radio. Und mit der Einführung des UKW-Rundfunks in den 50er- sowie dessen Stereo-Ausstattung in den 60er Jahren hat das gute alte Dampfradio Allgegenwart in unserem Alltag gewonnen.

Die Rundfunklandschaft hat sich besonders in den letzten zehn Jahren rasant entwickelt. Mittlerweile produzieren die öffentlich-rechtlichen Anstalten der ARD über 40 Hörfunkprogramme; einige davon sind sogar noch regional gesplittet. Es ergeben sich – ohne das gemeinsame Nachtprogramm aller ARD-Anstalten und die Programme für in Deutschland lebende Ausländer – mehr als 700 öffentlich-rechtliche Radioprogrammstunden pro Tag.

Den öffentlich-rechtlichen Sendern hinzugesellt hat sich seit Mitte der 80er Jahre eine kaum noch überschaubare Anzahl kommerzieller Hörfunkanbieter jeder Größenordnung – vom landesweit aktiven Programm wie *Antenne Bayern* oder *ffn* (Niedersachsen) bis hin zu Lokalsendern, die nur stundenweise für kleinste Regionen senden. Am muntersten ist die Radiolandschaft in Baden-Württemberg und Bayern: Dort konkurrieren jeweils um die 50 Privatstationen um die Hörergunst (vgl. Spiegel 45/91). Allein im Raum München sind – neben der landesweiten Antenne Bayern – nicht weniger als neun Kommerzprogramme zu hören.

Man hat inzwischen einige zusätzliche technische Verfahren entwickelt, um den Rundfunk zu einem Serviceinstrument zu machen. Da wäre zunächst das *ARI-System* (Autoradio-Informationssystem) zu nennen: Dem Sendesignal wird eine unhörbare Kennung aufgeprägt, die von Autoradios »verstanden« werden kann. Wenn man am Autoradio die ARI-Taste drückt, empfängt es nur noch jene Sender, die regelmäßig Verkehrsfunkdurchsagen bringen, alle anderen werden automatisch unterdrückt; außerdem ist es in der Lage, selbsttätig den jeweils stärksten Sender zu finden. Damit gehört das unfallträchtige Herumkurbeln am Radio während der Fahrt der Vergangenheit an. Zudem erkennt es auch den Beginn und das Ende einer Durchsage; es kann so programmiert werden, daß Verkehrsdurchsagen »durchgeschaltet« werden, wenn man eine Kassette oder gar kein Programm hört.

Das ARI-System wurde weiter ausgebaut und kommt seitdem in der Gestalt des *Radio-Daten-Systems* (RDS) daher. Nunmehr werden dem Sendersignal zusätzlich in verschlüsselter Form Informationen über die gehörte Radiostation aufmoduliert. Ein entsprechendes Autoradio besitzt ein Anzeigeinstrument, das nicht mehr nur die Frequenz des empfangenen Senders, sondern auch dessen Namen anzeigt.

Da terrestrisch keine Frequenzen mehr zu haben sind, auf welchen man weitere Sendungen ausstrahlen könnte, setzt man seit einiger Zeit auf die Satelliten-Technik. *DSR* heißt der Fachbegriff, *Digital-Satellite-Radio;* entwickelt von der Versuchsanstalt für Luft- und Raumfahrt, dem Institut für Rundfunktechnik, der Deutschen Bundespost und diversen Wirtschaftsunternehmen. Das DSR-System stieß international auf gute Resonanz.

Die digitalen DSR-Signale werden derzeit von dem Fernmeldesatelliten Kopernikus ausgestrahlt und können entweder direkt mit einer »Salatschüssel« auf dem Dach oder über das Kabelnetz empfangen werden. Benötigt wird allerdings ein zusätzlicher Empfänger (PCM-Digitaltuner), der diese Frequenzbereiche empfangen und die digitalen Signale entschlüsseln kann[57]. Diese Geräte bieten einiges, denn dem digitalen Signal kann man über ARI und RDS hinaus auch inhaltliche Informationen mit aufprägen, die der Digitaltuner anzeigen kann. Er verfügt über Tasten, mit denen man folgende fünfzehn *Programmarten* anwählen kann:

---

[57] Vorsicht: Hier kann es technische Probleme geben, falls man in einem alten Mietshaus wohnt. Meist wird dort das Kabelprogramm in die frühere Gemeinschaftsantennen-Anlage eingespeist. Es ist nicht gesagt, daß die oft jahrzehntealten Antennenkabel diese neuen Frequenzbereiche störungsfrei übertragen können. Wer sich also einen DSR-Tuner kaufen will, sollte im Zweifelsfall vorher einen Telekom-Techniker zu Rate ziehen.

Kategorie I – Information
Nachrichtendienste
Politik und Zeitgeschehen
Spezielle Wortprogramme
Sport

Kategorie II – Bildung
Lernen und Weiterbildung
Hörspiel und Literatur
Kultur, Kirche und Gesellschaft
Wissenschaft

Kategorie III – Unterhaltung
Unterhaltendes Wort
Pop
Rock
Unterhaltungsmusik

Kategorie IV – E-Musik
Leichte klassische Musik
Ernste klassische Musik
Spezielle Musikprogramme

Innerhalb der jeweiligen Kennungen stehen dann verschiedene Sender zur Verfügung; das Prinzip der fünfzehn Programmarten bedeutet also nicht zwangsläufig, wie gelegentlich fälschlich angenommen wird, daß es nur noch fünfzehn Sender zu empfangen gäbe. Der Hörer, der beispielsweise mittags ein politisches Informationsmagazin hören möchte, wählt per Vorwahltaste »Politik«, wird von seinem Gerät informiert, ob in dieser Sparte momentan Sendungen zur Verfügung stehen und kann wählen, ob er lieber das Mittagsmagazin des Deutschlandfunks oder des SFB hören möchte. Diese Spezifikation von Programmstrukturen ist international bereits genormt und wird nicht ausschließlich dem digitalen Hörfunk vorbehalten bleiben, sondern soll auch den heute vorhandenen terrestrischen UKW-Sendern beigegeben werden, so daß ein Sender auch beispielsweise in einem Autoradio per Radio-Daten-System identifiziert und nach diesem Prinzip angewählt werden kann.

Zeitansage zwischen Jingle und blauer Musik: Computer machen Formatradioprogramme

Der geschilderte Konkurrenzdruck hat natürlich Folgen, und zwar ähnliche wie beim Fernsehen. Zwar gibt es hier naturgemäß keine Digital-Optik, aber dafür Digital-Akustik. Die heutigen Radioprogramme sind in Permanenz durchsetzt von *Jingles* (als Stationskennung) und oft auch mit akustischem Füllmaterial – Gags, Signale, Unsinn anderer Art. Auch im Radio also geht's nicht mehr ohne *Klangbild-Image*. Das liegt auf der Hand: Die meisten Radiostationen, allemal die kommerziellen, sind zu Musikteppich-Programmen übergegangen, die sich kaum voneinander unterscheiden. Also muß ein *akustisches Design* her, und es muß so häufig eingesetzt werden, daß es selbst Kurzzeit-Hörern nicht entgehen kann.

Dieses Design übrigens wird – analog zu den Designs der Fernsehsender – nicht von den Anstalten selbst hergestellt, sondern außer Haus von darauf spezialisierten Studios oder freien Musikern mit Heimstudio. Das ist zwar, siehe Musiker-Kapitel, kein beliebter, aber doch relativ einträglicher Job, der vielen Musikern die täglichen Brötchen sichert.

Nicht nur mit Jingles wird ein akustisches Image aufgebaut. Unangenehmer ist ein anderer Dreh; unangenehm deswegen, weil er massiv »da« ist, ohne daß man ihn eigentlich bemerkt: Fast alle privaten Pop-Wellen lassen mittlerweile ihr Programm über einen *Kompressor* laufen. Das ist ein Effektgerät aus der Studiotechnologie, das die Dynamikwerte von Sprache und Musik »zusammendrückt«, also den »Abstand« zwischen minimaler und maximaler Lautstärke verringert, indem es laute Signale kappt und leise Signale anhebt. So läßt sich ein gleichmäßigerer und insgesamt höherer Sendepegel erreichen, ohne daß es zu Übersteuerungen kommt. Beim Hörer ergibt sich daraus der subjektive Klangeindruck, das Musikstück komme mit mehr »Dampf« aus dem Radio. Dazu kommen noch Anhebungen im Baß- und Höhenbereich.[58] Die Folge: Zum einen werden leiser sendende Frequenznachbarn gestört, und zum anderen stolpert, wer zu Hause oder im Auto am Radio kurbelt, eher über die kommerziellen als über die öffentlich-rechtlichen Sender, weil sie lauter, »knalliger« durchkommen. Die öffentlich-rechtlichen Radiosender nämlich haben bislang aus klanglichen Gründen auf derlei Scherze verzichtet – hoffentlich bleiben sie dabei.

Wenn man eine Musiksendung im Radio hört, dann wird normalerweise zu Anfang oder Ende ein *Redakteur* genannt, der das Musikprogramm zusammengestellt hat. Ein Musikredakteur muß über ein gutes Gedächtnis für Musik verfügen, um aus dem ihm bekannten Repertoire die Musikprogramme zusammenzustellen, angepaßt an die Zielsetzung der Sendung, die Tageszeit und das »Musikdesign« (oder, wie es neuerdings heißt, das *Musikformat)* seines Senders. Die in der Sendung gelaufenen Musiktitel werden im Sendeprotokoll festge-

---

[58] Daß die Radiostationen damit durchaus mutwillig das Klangbild von Musikstücken verfälschen, bei dem sich die Musiker vielleicht ja mal etwas gedacht hatten, sei hier nur am Rande erwähnt!

halten, aus dem später die Gema bzw. GVL die fälligen Tantiemen berechnet, die der Sender für das Abspielen der Platten zu zahlen hat. – So jedenfalls war das bislang. Doch mit dem Prinzip des *Formatradios* hat sich das geändert. Speziell bei kommerziellen Radiosendern sind die Musikprogramme nicht mehr dem Geschmack eines Redakteurs oder Moderators überlassen, sondern es werden glasklar definierte *Zielgruppen* bedient. Der Sender legt sich dazu ein *Klangformat* zu, das nach demographischen, psychologischen und kommerziellen Kriterien ausgetüftelt wird – hierfür gibt es mittlerweile bereits spezialisierte Firmen. Nachrichtenauswahl, Moderationen und Jingles werden so weitgehend an die Zielgruppe angepaßt, daß diese, wenn sie den Sender einmal eingestellt hat, möglichst nie wieder am Radio kurbelt. Die wichtigste Regel hierfür lautet: Der Hörer darf weder irritiert noch überfordert werden; von der Musik so wenig wie von Länge oder Inhalt der Wortbeiträge.

Dies alles geschieht mit Computerhilfe. Schon sind die ersten computergestützten Musikarchiv-Systeme, *Selector* genannt, im Einsatz. Der Musikredakteur sitzt nunmehr am Bildschirmterminal und muß neue CD's nach einem ausgefeilten System anhand von Stichworten *charakterisieren*. Es werden also nicht nur Titel, Interpret, Spieldauer, Erscheinungsjahr und so weiter festgehalten, sondern das Musikstück wird *inhaltlich* katalogisiert.

So wird gespeichert, ob das Stück männlichen oder weiblichen Gesang in deutsch, englisch oder einer anderen Sprache enthält oder ob es ein Instrumentaltitel ist; ob der Text eine Tendenz hat (das muß keine politische sein; es gibt auch Titel, die aufgrund ihres Textes sinnvoll beispielsweise nur zur Frühstückszeit eingesetzt werden können); ob es musikalisch aggressiv, anregend oder ruhig ist; welches Tempo und welche klangliche Charakteristik es aufweist; zu welcher Tageszeit oder welchem Anlaß es besonders gut einsetzbar ist, – und so weiter. Zusätzlich können Eigenschaften noch mit Prioritäten versehen werden (etwa »erste Priorität: Zwischenmusik im Mittagsmagazin«, »zweite Priorität: Nachtprogramm«). Und es gibt Multiplikationsfaktoren: Ein Titel, der zur Zeit in den Top 10 steht, muß häufiger im Programm auftauchen als ein noch so beliebter Oldie.

Die Abläufe einzelner Sendestunden sind nun nach einem genauen Schema durchgeplant, das der Computer fest an Bord hat. Dieses Selektionsschema ist das »Strickmuster«, nach dem er die Musik zusammenzustellen hat. Jede Sendestunde läuft nach einem ausgeklügelten Fahrplan ab, und es gibt bestimmte Grundregeln im Ablaufplan der Musik, die der Computer berücksichtigt. So darf er beispielsweise nicht zwei *Slow-to-slow*-Titel hintereinandersetzen, was Musikstücke meint, die mit einer langsamen Intro beginnen und langsam enden; oder er muß darauf achten, daß nicht mehr als ein oder zwei deutschsprachige Titel pro Stunde auftauchen (falls das Senderformat es so will).

Um nun die Musik für eine Sendung, etwa ein Morgenmagazin, zusammenzustellen, gibt der Musikredakteur nur noch die gewünschten Stichworte und die Gesamtdauer der Sendung in sein Terminal ein, und der Computer spuckt nach kurzem Überlegen das Musikprogramm aus.

Als erster kommerzieller Sender im deutschsprachigen Raum hat *R.SH (Radio Schleswig-Holstein* in Kiel) dieses computergestützte Formatradio eingeführt. Machen wir's also konkret am Beispiel einer R.SH-Morgensendung fest:

Das R.SH-Archiv hat rund 6000 Musiktitel im Selector registriert. Dabei hat man die Titel in »Farbgruppen« eingeteilt, wobei die Farbe für das Alter des Titels steht, von Blau für Musiktitel von vor 1965 bis zu den aktuellen weißen Titeln. Dazu gibt es einige R.SH-Spezifika. Der »Opener« einer Sendestunde etwa soll eine *Wiedererkennungsrate* von mindestens 80 Prozent aufweisen; d. h., mindestens 80 Prozent der Hörer sollen das Stück auf Anhieb kennen. Das ist am ehesten mit Oldies zu gewährleisten, und so steht bei R.SH prinzipiell ein blauer oder grüner Titel am Beginn einer Sendestunde. Und dies ist das Schema (zit. n. Spiegel 33/90):

Zeitansage, Nachrichtenblock, Jingle
blaue Musik (immer, wie erwähnt, ein Titel mit hohem Bekanntheitsgrad)
Zeitansage, Verkehrsfunk, Wetter, Jingle
rote Musik
Zeitansage
Titel aus aktueller LP
blaue Musik
Eigenwerbung, Nachrichtenankündigung
Werbeblock I
Kurznachrichten, Sport, Jingle
weiße Musik
grüne Musik
Zeitansage
gelbe Musik
rote Musik
Übergangsjingle zu Verkehrsfunk, Wetter
blaue Musik
Zeitansage,
Eigenwerbung, Nachrichtenankündigung
Werbeblock II
Zeitansage, Schlagzeilen, Jingle
Titel aus aktueller LP
lila Musik
Zeitansage

228

gelbe Musik
rote Musik
Zeitansage
weiße Musik
Zeitansage, Nachrichtenankündigung,
Eigenwerbung
Werbeblock III

...und damit ist die Stunde um und das Spiel beginnt von vorn. Moderationen liegen zwischen zwei Musiktiteln, wobei durch die Länge der Musik, der Werbeblöcke und Nachrichten indirekt vorbestimmt ist, wieviel Zeit dem Moderator dafür bleibt. (Wobei, wie angemerkt werden soll, die Moderatoren mittlerweile fast ausnahmslos sogenannte *Selbstfahrer* sind; sie haben nicht nur einfach zu reden, sondern müssen auch die Geräte bedienen, CDs einwerfen, Jingles abrufen, sich um Telefonverbindungen für Interviewpartner etc. kümmern.) Für andere Tageszeiten gibt es entsprechende andere Schemata. Nach diesem genauen Zeit- und Musikfarbenplan stellt der Selector nun automatisch das komplette Sendeprotokoll zusammen, fordert die Tonträger aus dem Archiv an und erledigt die anfallenden Arbeiten zwecks Tantiemenabrechnung.

Das Formatradio setzt sich mit atemberaubender Geschwindigkeit durch; zunehmend auch bei den öffentlich-rechtlichen Sendern. Wortbeiträge, die länger als die legendären »Einsdreißig« dauern, werden in die Minderheits- und Featureprogramme umgebettet; Moderatoren mit zu individueller Persönlichkeit werden ausgetauscht gegen daherplappernde graue Mäuse. Ob eine(r) stimmlich oder rhetorisch überhaupt für's Radio geeignet ist, scheint bei vielen Sendern inzwischen auch keine Rolle mehr zu spielen – es ist ja auch egal, denn daß wirklich noch jemand am Lautsprecher *zuhört,* wird gar nicht mehr einkalkuliert. – Damit es hier kein Mißverständnis gibt: Den berüchtigten akustischen Permanentlächler mit dem öffentlich-rechtlichen Tremolo, wie man ihn insbesondere aus dem Nachtprogramm der ARD hinlänglich in Erinnerung hat (»Für Sie, für Sie und ganz besonders für SIE am Mikrophon: Ihr ganz ergebener Blasius Ölig, und ein Blick auf unsere große Studiouhr zeigt...«) – nein, den wünscht sich niemand zurück.

Was am Formatradio unbehagliche Gefühle verursacht, ist nicht die computergestützte Archivierung, sondern die Tatsache, daß Musiktitel, die aus dem Rahmen fallen oder sich einer Kategorisierung aus sonstwelchen Gründen entziehen, kaum noch Chancen haben, jemals irgendwo über die Antenne zu gehen. Der elektronische Musikredakteur wird einfach keine »Lücke« für sie finden. Und im Umkehrschluß ist es für jeden, der die Schallplattenindustrie auch nur ein bißchen kennt, keine Frage, daß sich die Musikproduktion von sich aus weiter auf die gewünschten Kategorien zubewegen wird.

Dagegen ließe sich einwenden, daß der Musikredakteur ja schließlich nicht aus der Welt ist und nach wie vor auch in das vom Selector ausgewürfelte Programm Titel eigener Wahl einfügen könnte. Schön wär's, doch dürfte dies an der Realität der Arbeitswelt scheitern, denn hier liegt ja der geradezu klassische Fall einer *Rationalisierungsmöglichkeit* vor, und gerade die auf günstige Kosten-Nutzen-Rechnungen naturgemäß angewiesenen kommerziellen Radios werden sie zu nutzen wissen. Die Zahl der kompetenten Musikredakteure wird drastisch reduziert werden. Ganz abgesehen davon, daß so ein maschineller Programmfahrplan ohnehin keinerlei Luft für Freiheiten solcher Art bietet, denn er ist ja gerade dafür erstellt worden, persönliche Geschmäcker aus dem Programm zu verbannen.

Noch ist das Selector-System zwar nicht vereinheitlicht, noch arbeitet jeder Sender mit mehr oder weniger selbstgestrickten Kriterien. Aber das dürfte nur noch eine Frage der Zeit sein. Und wenn die Plattenindustrie ein einheitliches Selector-System bei den Sendern erst einmal voraussetzen kann, darf sich jeder selbst ausrechnen, wie lange es dann wohl dauern wird, bis sie die Formatkennungen von vornherein mit in ihre CD's hineincodieren wird. (Technisch ist das gar kein Problem; schon heute enthalten CD's zusätzlich zur Musik etliche Steuer- und Informationsdaten). Womit sich die Musikstücke dann selbst ins Archiv einordnen könnten und den Musikredakteur endgültig überflüssig machen würden.

Radiomax im Mantel

Mantelprogramme haben nichts mit Mantel- und Degen-Programmen zu tun; Zorro tritt in diesem Zusammenhang nicht auf, auch wenn er das als Rächer der entrechteten Hörer vielleicht beizeiten sollte.

Man kennt dieses Prinzip bereits von vielen Lokalzeitungen: Kleinstadt- oder Dorfredaktionen haben häufig weder das Geld noch die Themenvielfalt, um eine komplette Zeitung zu produzieren. So erstellen sie zwei oder vier Zeitungsseiten mit Meldungen aus Lokal und Umgebung. Diese werden eingefügt in den sogenannten *Mantel,* der von einer überregionalen Zeitung hergestellt wird. Die wiederum liefert diesen Mantel an diverse Zeitungen der Region und kann es sich auf diese Weise sparen, selbst eine unmittelbare Lokalberichterstattung zu betreiben.

Genau dies geschieht nun auch im Bereich des Hörfunks unter der Bezeichnung *Mantelprogramm.* Diese sind zwar einerseits rationell und kostengünstig, sabotieren aber auf der anderen Seite die Vielfalt, die doch mit den neuen, lokalen Radiostationen erzielt werden sollte. Aber wenn man weiß, daß gerade die ganz kleinen Privatstationen manchmal mit einem Monatsetat von nur 6000 Mark auskommen müssen (vgl. Spiegel 45/91), dann wundert man sich nicht mehr.

Ein solches Mantelprogramm liefert beispielsweise der RTL-Hörfunk aus Luxemburg an 22 baden-württembergische Lokalradios – gratis. Rund um die Uhr wird ein Musikprogramm geliefert; die Lokalstation muß lediglich die Gebühren für die Übertragungsleitungen der Post übernehmen. Ihre lokale Berichterstattung kann sie nach Belieben (bzw. dann, wenn das Programmformat es vorsieht) in den Musikteppich einfügen. Eine einzige Gegenleistung hat die Station an RTL zu erbringen: Zweieinhalb Minuten Sendezeit pro Stunde müssen für bundesweite Werbung freibleiben, die natürlich von RTL gebucht, koordiniert und mit dem Musikprogramm mitgeliefert wird. Und für die natürlich RTL kassiert und nicht der Lokalsender (vgl. RadioWelt 11/90).

Trotz aller scheinbaren Regionalisierung des Rundfunks also läuft doch nur ein einziges Musikprogramm über die meisten der Lokalsender in Baden-Württemberg. Und RTL ist es gelungen, einen Fuß in die Tür der lokalen Rundfunkmärkte zu setzen, ohne selbst regulär beteiligt zu sein.

Es gibt weitere Anbieter von Mantelprogrammen. Das *Bayrische Lokal-Radioprogramm* (BLR) zum Beispiel liefert Musik, 15 Nachrichtensendungen und zwei Tageszusammenfassungen, insgesamt etwa 90 Minuten Wortbeiträge. Das Programm wird per Satellit ausgestrahlt und von derzeit 29 süddeutschen Stationen übernommen (vgl. Spiegel 45/91).

Das ist die Einfalt der sogenannten Vielfalt. Und wieder eine weitere Vereinheitlichung durch einen Medienverbund, wie sie ihren deutlichsten Ausdruck sicher in Nordrhein-Westfalen findet: »Besonders erfolgreich ist *Radio NRW*, ein No-name-Produkt, das örtliche Sender als Wirtszellen nutzt. Es definiert sich als *emotionales Begleitmedium*« (Spiegel 45/91). Hart gesagt: Der Lokalfunk in NRW ist eine Simulation; es gibt ihn gar nicht, es klingt nur so.

Die Programmstruktur solcher Mäntel ruft geradezu nach einer automatisierten Produktion. Und schon ist sie da: *Radiomax*, die vollautomatische Sendebetriebssteuerung. Benötigt wird dazu außer der in Rundfunkstudios ohnehin üblichen Ausstattung (CD-Wechsler, DAT-Recorder, Cartridge-, Kassetten- und Bandmaschinen) nur ein gewöhnlicher AT-Computer, auf welchem das Radiomax-Programm läuft.

Radiomax kontrolliert bis zu 36 CD-Wechsler mit je 60 CD's (= 2160 CD's = ca. 20.000 Musiktitel) und sämtliche anderen Abspielgeräte. Das Programm enthält ein vollständiges Selector-System und läßt sich obendrein mit den kompletten Sendestunden-Schemata für ganze Tage füttern, wie sie oben am Beispiel R.SH vorgestellt wurden. Mit diesen Angaben steuert Radiomax, einmal programmiert, den Sendebetrieb vollautomatisch – tagelang, ohne daß überhaupt ein Mensch im Sender anwesend ist. Da Radiomax auch Datum und Uhrzeit kennt (das Zeitsignal empfängt er per Funk), können Zeitansagen und Moderationstexte auf Band oder Kassette vorbereitet und pünktlich gemäß programmiertem Schema eingespielt werden. Das gilt natürlich auch für Jingles. Sollten kleinere Störungen beim Betrieb auftreten, so werden diese protokolliert und können später beseitigt werden. Im Falle einer ernsten Störung startet Radiomax ein auf Band vorbereitetes Notprogramm und ruft per Europieper oder Telefon einen Techniker zu Hilfe (vgl. Welz 1991).

Allmählich fehlt eigentlich nur noch der Computer, der den Hörer ersetzt.

Wie geht's also weiter mit unserem *dualen System* der TV- und Radiolandschaft, also dem vom Bundesverfassungsgericht wiederholt festgeschriebenen konkurrierenden Miteinander von öffentlich-rechtlichen und kommerziellen Medien?

Im Sommer 1992 zerbricht sich ZDF-Intendant Dieter Stolte öffentlich den Kopf über die mögliche Rechtsform des ZDF nach dessen Privatisierung – und bleibt Intendant. Oder: Da stellt der Vorsitzende der CDU-Bundestagsfraktion, Wolfgang Schäuble, die Notwendigkeit der Rundfunkgebühren in Frage. Der Grund: Er könne die Programme der öffentlich-rechtlichen Anstalten von denen der Privatsender nicht mehr unterscheiden (vgl. ARD/ZDF Videotext; 26.12.92).

Und wie zur Bestätigung geht das ZDF Ende 1992 statt in die Offensive zur offenen Selbstdemontage über und unterbricht neuerdings seine Hauptabendnachrichten mit einem Werbeblock. Ein duales Rundfunksystem, das solche vehementen Verteidiger hat, braucht wirklich keine Feinde mehr.

Die Mediensynthese

Das war's, von der visuellen Musik über den stummen Film bis hin zum geschwätzigen Formatradio. Üblicherweise wäre nun an dieser Stelle ein Fazit fällig. Aber dieses Buch beschreibt einen Prozeß, einen thematischen Gegenstand also, der sich ständig fortschreibt. Ein Fazit im landläufigen Sinne ist daher nicht lieferbar.

Jedes Kapitel hat bestimmte Bereiche künstlerischer, technologischer und auch wirtschaftlicher Medienentwicklung geschildert. Jede neue Entwicklung baut mehr oder minder kompatibel auf den bis dahin jeweils vorhandenen Entwicklungen auf. Das ist mehr als eine nur lineare Fortschreibung des jeweils vorher Dagewesenen. Jede neue Entwicklung fügt den vorhandenen nicht einfach nur neue Aspekte hinzu, sondern schließt zum guten Teil die alten Möglichkeiten ein – dies aber in modifizierter Weise. Das ist im Prinzip nicht neu; Marshall McLuhan hat das in seinem ebenso legendären wie visionären Buch *Die magischen Kanäle* schon 1964 beschrieben. Noch nicht erkennen hingegen konnte er die *qualitative* Dimension, die dieser Prozeß einmal annehmen würde; die möglichen Konsequenzen für gesellschaftliche Kommunikationsprozesse ebenso wie kommende Beeinflussungsmöglichkeiten waren damals in der Form, wie sie sich uns heute darstellen, nicht absehbar.

Die zentralen Aspekte in allen Kapiteln waren *Synergie* und *Synästhesie*, auch wenn die Begriffe nur selten aufgetaucht sind; es ging also um die *technischen* (synergistischen) und *inhaltlichen* (synästhetischen) Zusammenführungen und Zusammenwirkungen von Medien aller Art. Vor diesem Hintergrund fallen zwei Dinge auf: Zum einen scheint der Trend zu solchen Zusammenführungen »kulturimmanent« zu sein; er bestand offenbar immer und hat nicht aufgehört zu existieren. Zum anderen funktionierte dies immer nur bis zu einem gewissen Grad; irgendwann verbauten technische Grenzen weitergehende Zusammenführungen. Bis zum Auftreten der Digitalisierung konnte man verschiedene Medien zwar nebeneinander einsetzen, aber es blieben mehrere Medien, die nicht weiter zu verbinden waren. Doch schon das allein hat bewiesen, daß eine mehrdimensionale Beeinflussung immer schon ergiebiger war als eine eindimensionale.

Deshalb hat man schwarzweiße Filme getont und viragiert, hat Farben als emotionslenkendes Element der Bildgestaltung hinzugefügt. Deshalb hat man Filme mit Musik unterlegt und sehr viel Aufwand dafür getrieben. Deshalb hat man sich zunutze gemacht, daß wir nicht nur wahrnehmen, sondern assoziieren können, und hat Filmhandlungen mit Zwischentiteln und graphischer Symbolik ergänzt. Deshalb hat man überhaupt alle möglichen Methoden ausprobiert, um uns Zuschauer systematisch dort »hinzutricksen«, wohin man uns haben wollte – vom Off-screen-Ton bis hin zur ausgetüftelten synästhetischen Montage.

Die Videokunst leistete ihren Beitrag auf andere Weise. Die Arbeiten Paiks und anderer Künstler zeigen das: Hier wurden Medien ihrer »Lebenswelt« enthoben und ihre alltägliche Funktion auf den Kopf gestellt. Obendrein ist hier die Möglichkeit des freieren Assoziierens gegeben; es wird in der Videokunst dem Betrachter zwar meist nahegelegt, aber selten vorgeschrieben, wohin er zu denken hat. Das kann zu einem klareren Kopf, aber auch zu Mißverständnissen führen. Manche Spielarten der Videokunst, besonders die Closed-Circuit-Installationen, richten Illusionen verschiedener Art auch gegen den Betrachter – etwa dann, wenn er durch sein Handeln sein eigenes Abbild zerstört. Damit wird gleichzeitig offenbar, daß Medien wie Fernsehen und Video keine Einbahnstraßen sein müssen, sondern für Eingriffe des Betrachters offen sein können – allerdings (und das ist keine geringe Einschränkung) nur dann, wenn es der Absender der Kommunikation so will.

Ähnliche Entwicklungstendenzen zeigten sich auch in der Musik, insbesondere in der elektronischen. Die Elektronik gelangte von der zeitgenössischen Bildungsmusik in die Rockmusik und schlug von dort aus auf die Popmusik durch. Hier konnte die Elektronik im Zusammenspiel mit dem kommerziellen Markt eine Breitenwirkung entfalten, wie sie in der E-Musik nie möglich gewesen wäre. Schließlich ging vom Elektronikeinsatz in der Popmusik auch die technologische Annäherung an die visuellen Medien Video und Film aus.

Elektronische Medien in Verbindung mit der Computertechnologie eröffnen neue Möglichkeiten der Illusion; von der einfachen Bildmanipulation per Chroma-Key und ähnlichen Möglichkeiten über Paintbox und Harry bis hin zum künstlichen Raum, zur virtuellen Welt, dem Cyberspace.

Mit der Digitalisierung von Informationen, ihrer Umwandlung in kompatible Datensätze hat die Angelegenheit nun aber einen qualitativen Sprung wie noch niemals vorher erlebt; der Umgang mit Medien verschiedenster Art ist heute offener und flexibler möglich als zu jedem beliebigen Zeitpunkt der Vergangenheit. Jedes

Medium läßt sich in jedes andere überführen, Fiktion wird Bildschirmrealität, Gebrauchsgegenstände werden zu Kunstobjekten (aber nicht in jenem früheren Sinne der Ready-mades, wie sie Marcel Duchamp konzipiert hat), Graphik wird Musik, Musik wird Video, Video wird kybernetischer Raum, in den man einsteigen kann, als gäb's ihn wirklich – kurz: Informationen können zu Kunstwelten, Kunstwelten zu Informationen werden, wobei »Kunst« durchaus doppelsinnig aufzufassen ist. Ein technischer Sprung hat Grenzen zusammenbrechen lassen; die Digitalisierung eröffnet die Möglichkeit, Zusammenführungen und -wirkungen über die Phantasie hinaus in zumindest virtuelle Realität umzusetzen.

In Werbespots und Popvideos ist das schon heute offensichtlich: Da treten lippensynchron singende Hunde auf – Unterkiefer und Zunge sind eine Computeranimation, der restliche Hund ist echt (dieses Verfahren wird übrigens *Morphing* genannt). Der Dampf über der Kaffeetasse ist in aller Regel schon heute vom Computer hinzugefügt – er sieht einfach echter aus als der echte, und er vereinfacht die Dreharbeiten. Die Glanzlichter, als die sich die Straßenlaternen auf dem Lack des neuen City-Autos spiegeln, stammen ebenso aus dem Harry-Computer wie der Sternenhimmel, der den Bildhintergrund bildet. Die flüssige Schokolade, aus der der Schokoriegel auftaucht – auch sie ist eine Computeranimation (früher hat man für solche Bilder braune Lackfarbe verwendet).

Solche Tricks haben mittlerweile eine kaum noch erkennbare Perfektion erreicht. Damit wird die bisherige Art, in der wir Wirklichkeit und Fiktion, persönliche Information, politische Nachricht und Unterhaltung voneinander zu trennen gewohnt sind, fragwürdig. Und wenn wir bisher dachten, es gäbe bereits eine sehr große Palette von Möglichkeiten, uns zu beeinflussen und zu manipulieren, so werden wir uns jetzt erst recht überlegen müssen, was auf diesem Sektor künftig wohl noch auf uns zukommen wird und wie wir darüber die Kontrolle behalten könnten. Denn ist angesichts der täglich bedrängendere Ausmaße annehmenden Auswirkungen unseres bisherigen Umgangs mit Technologien aller Art nicht zu befürchten, daß wir uns auch bei diesen Kommunikationsmöglichkeiten (wieder einmal?) auf etwas eingelassen haben, dessen Folgen wir gar nicht überblicken können?

In der Schlußsequenz des Michael-Jackson-Videoclips *Black Or White* (1991, Regie: John Landis) verwandeln sich etliche Gesichter fließend und ohne Unterbrechung der Bewegungsabläufe in immer neue, andere Gesichter. Vielleicht war das eine Art letzte Warnung; eine letzte Computeranimation, die mit offenen Karten spielt. In anderen Fällen kann und soll man solche Morphing-Effekte bereits nicht mehr wahrnehmen: Wenn, unfreundlich gesagt, das Schlagersternchen für einen attraktiven Videoclip zu fett ist, dann wird eben sein Doppelkinn digital wegretuschiert. Das sieht selbst der nicht mehr, der's weiß.

Aber es gibt noch andere Konsequenzen. MTV etwa ist ein Beispiel dafür, daß sich ein Medium von seinem angestammten Platz löst und die Rolle des Fernseh-Programmes aufgibt. MTV läuft mit größter Selbstverständlichkeit nicht nur auf dem Bildschirm zu Hause, sondern auch in Cafes, Kneipen, Diskotheken, Schaufenstern, Boutiquen, Kaufhäusern. Es ist allgegenwärtig und sogar ohne Ton sofort als MTV erkennbar.

Der Werbespot ist aus dem Fernseher und dem Kino ausgerückt. Er begegnet uns mittlerweile im Supermarkt, auf einem LCD-Bildschirm am Einkaufswagen. Kaum nähern wir uns der Käseabteilung, flimmert der Käse-Spot über den Monitor.

Und das Radioprogramm? Da ist es nicht anders. Es gibt mittlerweile ein spezielles *Supermarkt-Radio*, das bundesweit per Satellit ausgestrahlt wird. Jeder Supermarkt kann es empfangen und seine eigenen Sonderangebots-Durchsagen bei Bedarf einklinken.

Solche Phänomene sind mit Begriffen wie »Synergie-« oder »Synästhesie-Effekt« nicht mehr zu fassen. Wenn Medien aller Art in dieser Weise verschmelzen, dann muß man von einer *Mediensynthese* sprechen. Da ist er nun, der schon im einleitenden Kapitel angekündigte Begriff. Aber nun erklärt er sich beinahe von selbst. Diese Mediensynthese hebt nicht nur die Trennung zwischen einzelnen Medien auf, sondern auch die bisherige Inkompatibilität ihrer Inhalte. Es ist, so kann man mit anderen Worten sagen, einer Darstellung in einem Medium (egal welchem!) nicht mehr anzusehen oder anzuhören, ob es die Realität abbildet, ob das, was man sieht oder hört, rein rechnerischer, synthetischer Herkunft ist, oder ob es sich vielleicht um rechnerisch veränderte Wirklichkeit handelt. Die wirkliche Wirklichkeit ist nur noch eine von mehreren Möglichkeiten.

Mit dieser Situation hat sich die Kommunikationswissenschaft auseinanderzusetzen. Anfänge gibt es, immerhin. Institute wie das Media Lab des MIT, der Verein art + com in Berlin oder das erwähnte Zentrum für Kunst und Medientechnologie Karlsruhe sind die Konsequenz dieser Situation. Was noch fehlt, ist der Versuch einer (längst überfälligen!) kommunikationssoziologischen Umsetzung dessen, was technisch schließlich längst praktiziert wird.

Vielleicht muß erst folgendes Szenario eintreten: Der Bundeskanzler, in der Lobby des Bundestages stehend, verkündet am selben Abend in der *tagesschau* eine Steuersenkung und im *heute-journal* eine Steuererhöhung. Anschließend läuft ein Dementi des Kanzleramtsministers als Eilmeldung über die Ticker sämtlicher Agenturen: Der Kanzler habe überhaupt keinem Sender ein Interview gegeben, er sei heute nicht einmal im Bundestag gewesen, sondern weile in Bitterfeld. Vielleicht würde es uns dann klar, daß die *Informationsgesellschaft* inzwischen zur *Illusionsgesellschaft* geworden ist.

Medien sind die wesentlichen Träger gesellschaftlicher Kommunikationsprozesse, sie sind aber auch Lieferanten von »Agenda« – von Wirklichkeit also. Diese Wirklichkeit ist schon heute etwas anderes als früher, und sie wird in Zukunft wiederum immer wieder neu zu definieren sein. Wirklichkeit ist variabler als jede Theorie. Sie ist niemals »falsch« oder »richtig«; Wirklichkeit *ist.*

Entwicklung oder Fortschritt der Kommunikationsmedien hat deshalb nicht nur Rückwirkungen auf Produkte und künstlerische Prozesse, sondern auch auf gesellschaftliche oder politische Prozesse. Das ist die Ebene, auf der sich in einer demokratischen Gesellschaft handeln läßt – so oder so: Der Golfkrieg beispielsweise war ein Medienkrieg, die in ihm eigentlich angewandte Waffe war *Kommunikation.* Der ölverklebte Kormoran, angeblich ein Opfer der Ölpest, die durch die von den Irakern geöffneten Pipelines entstand, geisterte bereits durch die Medien, bevor der Ölteppich überhaupt den Strand erreicht hatte. Er stammte in Wahrheit aus einer anderen Ölpest, die zwei Tage vorher entstand, als ein Tanker bei einem Angriff zu Bruch ging.

Ted Turners *Cable News Network* (CNN) zeigte, was *Infotainment* rund um die Uhr wirklich bedeutet: Schnelle Schnitte, ständige Action, keine Sekunde Stillstand. Kommt uns das nicht bekannt vor? Wenn hier die Behauptung aufgestellt wird, CNN sei die Fortsetzung von MTV mit anderen Mitteln, so mag das polemisch klingen, falsch ist es nicht.

Alle genannten Faktoren gehen *gemeinsam* in die Mediensynthese ein; jeder Faktor steuert und beeinflußt jeden anderen, technisch wie konzeptionell oder inhaltlich. Die Mediensynthese verarbeitet jeden dieser Faktoren. Aber natürlich sind dies erst Anfänge, keine endgültigen Strukturen. Genau darin liegt aber die Chance: Die Kraft solcher Strukturen liegt darin, daß sie *nicht* endgültig sind und es nie sein werden, in ihrer Flexibilität, in der ihnen eigenen Fähigkeit, sich neuen Problemstellungen zu öffnen und offen zu bleiben. Genau deshalb allerdings werden sie auch nie prognostizierbar sein.

Wir werden es daher zukünftig mit einer Fülle divergierender Tendenzen zu tun haben, die ihren Kritikern immer schon voraus sein werden. Werden wir lernen, mit elektronisch erzeugten und übermittelten Illusionen vernünftig umzugehen? Worin bestehen die Risiken? Könnte es vielleicht, ähnlich wie im physischen Umweltbereich, so etwas wie »Informations-Giftmüll« geben? Wird die Informationsgesellschaft durch die Illusionsgesellschaft abgelöst? Und wird eine solche Gesellschaft einen positiven oder einen negativen Beiklang haben? Darauf muß sich jeder selbst seinen Reim machen; dieses Buch liefert keinen.

Gefordert sind spielende Wissenschaftler, forschende Künstler, Kaufleute mit musikalischem Hinterkopf, Pädagogen, die sich vorstellen können, etwas anderes als Pädagogen zu sein, Politiker, die nicht im Vierjahrestakt argumentieren – kurz: Gefordert sind alle, die Unwägbarkeiten als Chance begreifen; Leute, deren Ordnung das Chaos nicht nur auf ihrem Schreibtisch ist. »Ich mache Fehler über Fehler, und das Ergebnis ist immer positiv. Das ist die ganze Geschichte meines Lebens«, sagt Paik (zit. n. Albig 1991).

Machbarkeits- oder High-Tech-Fanatismus ist gefährlich. Alsdann, liebe Militärs und sonstige technikbesessene Geheimniskrämer, die ihr bis dato so oft die Regie geführt habt: Wir haben, um mit Goethes *Zauberlehrling* zu sprechen, eurer Gaben vollgemessen.

Literatur

Albig J-U (1991) Paik: Odysseus der Neuen Medien. In: art 11: 32–46

ARD/ZDF Videotext 26.12.92 Medien: Schäuble für Gebühren-Abschaffung. Tafel 611

ARS ELECTRONICA 89 Im Netz der Systeme Linz/Donau, 13.–16.9.89. Festival-Programm Linzer Veranstaltungsgesellschaft (LIVA) Linz 1989

ASGS/BBDO (Hrsg) (1990) ASGS Identity. Werbeagentur ASGS/BBDO, Zürich

Birett H (1988) Alte Filme: Filmalter und Filmstil. Statistische Analyse von Stummfilmen. In: Ledig E (Hrsg)Der Stummfilm. Konstruktion und Rekonstruktion. Schaudig/Bauer/Ledig, München

Body V, Weibel P (Hrsg) (1987) Clip, Klapp, Bum. Von der visuellen Musik zum Musikvideo. DuMont, Köln

Body V, Weibel P (Hrsg) (1987) Clip, Klapp, Bum. Von der visuellen Musik zum Musikvideo. VHS-Cassette zum Buch. DuMont, Köln

Brand S (1990) Media Lab. Computer, Kommunikation und neue Medien: Die Erfindung der Zukunft am MIT. Rowohlt, Reinbek

Claus J (1988) Der Traum von Licht und Raum. In: ZeitMagazin 19: 72–74

Daniell A (1987) Die Genesis eines Popvideos. In: Body V, Weibel P (Hrsg) Clip, Klapp, Bum. Von der visuellen Musik zum Musikvideo. DuMont, Köln, S 182–195

Decker E (1988)Paik Video. DuMont, Köln

Decker E (1989) Künstlerlexikon. In: HerzogenrathW, Decker E (Hrsg) Video-Skulptur – retrospektiv und aktuell. 1963–1989. Ausstellungskatalog. Dumont, Köln, S 57–319

Decker E (1991) Hardware. In: Stooss T, Kellein T (Hrsg) Nam June Paik: Video Time – Video Space. Ausstellungskatalog. Cantz, Stuttgart, S 67–75

Dietz P (1988) Die Eno-Tapes. In: Jazzthetik 7–8: 8–13

Ehnert G, Kinsler D (1984) Rock in Deutschland. Lexikon deutscher Rockgruppen und Interpreten. Taurus, Hamburg

Eisner LH (1980) Die dämonische Leinwand. Fischer, Frankfurt

Emmerling H (1989) Vom Klang der Bilder. Die neuen Beziehungen zwischen bildender Kunst und Musik. Prod. NDR/SDR 1985. West 3; 14.5.89

Fachblatt Musik Magazin (1988) Godley & Creme (Interviewer: Willi Andresen) 6: 20

Füllgraf F (1991) Alles ist nicht möglich. Aus der Werkstatt der brasilianischen Telenovelas. ARD 4.11.91

Gandert G (1977) Ein Kinoorchester-Dirigent erinnert sich. Gero Gandert im Gespräch mit Werner Schmidt-Boelcke. In: Stiftung deutsche Kinemathek (Hrsg) Stummfilmmusik gestern und heute. Volker Spiess, Berlin, S 35–50

Goergen J-P (1987) Walther Ruttmann – Der Visionär bewegter Rhythmen. Ein Radioportrait. BR 2; 8.5.87

Gorris L (1991) Kraftwerk. In: ZeitMagazin 42: 112–118

Halbscheffel B, Kneif T (1992) Sachlexikon Rockmusik. Rowohlt, Reinbek

Hanhardt JG (1991) Nicht-fatale Strategien. Die Kunst von Nam June Paik im postmodernen Zeitalter. In: Stooss T, Kellein T (Hrsg) Nam June Paik: Video Time – Video Space. Ausstellungskatalog. Cantz, Stuttgart, S 79–84

Harenberg M (1989) Neue Musik durch neue Technik? Musikcomputer als qualitative Herausforderung für ein neues Denken in der Musik. Bärenreiter, Kassel Basel London New York

Hart K (1988) Großmacht Globo. In: Merian (Brasilien), November 1988, S 74–77

Hemken K-U (1990) El Lissitzky – Revolution und Avantgarde. DuMont, Köln 1990

Hermanns P (1988) Computer der 5. Generation. Japans großer Sprung nach vorn. BR 3; 15.2.88

Kahlenberg FP (1977) Der wirtschaftliche Faktor »Musik« im Theaterbetrieb der UFA in den Jahren 1927 bis 1930. In:

Stiftung deutsche Kinemathek (Hrsg) Stummfilmmusik gestern und heute. Volker Spiess, Berlin, S 51–71

Keyboards (1985) Zukunftsmusik auf dem Trautonium? Interview mit Oskar Sala (Interviewer: Gerald Dellmann) 1: 14–19

Keys (1991) Express: DCC und MiniDisc. 6: 16

KMP-Presseinfo (1986) Das Produktions- und Sendeschema der musicbox. Kabel Media Programmgesellschaft, München

Kruchen C (1991) Reportage über Xuxa. In: Kultur aktuell, N3, 24.10.91

Ledig E (Hrsg) (1988) Der Stummfilm Konstruktion und Rekonstruktion. Schaudig/Bauer/Ledig, München

Ledig E Ullmann G (1988) Rot wie Feuer, Leidenschaft, Genie und Wahnsinn. Zu einigen Aspekten der Farbe im Stummfilm. In: Ledig E (Hrsg) Der Stummfilm Konstruktion und Rekonstruktion. Schaudig/Bauer/Ledig, München, S 89–116

Lexikon des internationalen Films (1987) Das komplette Angebot in Kino und Fernsehen seit 1945. 21.000 Kurzkritiken und Filmographien. 10 Bde., Ergänzungsband 87/88. Rowohlt, Reinbek (Ergänzungsband: Rowohlt, Reinbek 1989)

Lindlar H et al. (Hrsg) rororo Musikhandbuch. 2 Bde., Rowohlt, Reinbek

Lorez L (1991) El Lissitzky (1890–1941). 1PLUS, 14.12.91

Lüttichau M-A von (1988) Der Blaue Reiter, München 1911 In: Stationen der Moderne. Die bedeutenden Kunstausstellungen des 20. Jhds. in Deutschland. Ausstellung der Berlinischen Galerie/Museum für moderne Kunst, Photographie und Architektur im Martin-Gropius-Bau, Berlin, 25.9.88 – 8.1.89. Ausstellungskatalog, 2. Aufl. Nicolai, Berlin, S 108–129

Maibohm L (1988) Fritz Lang und seine Filme. 2. Aufl. Heyne, München

Medienreport Sammelband 12 (1989) Medien 89 – Zwischenbilanzen. NDR-Öffentlichkeitsarbeit/NDR-Red. Medien und Kommunikation (Hrsg) Hamburg

Neumann U (1989) Falsche Bilder auf dem Schirm? In: Medienreport Sammelband 12, S 199–209

Prokop D (1988) Hollywood, Hollywood. Geschichte, Stars, Geschäfte. vgs, Köln

Radiowelt (1990) RTL-Mantel. 11: 14

rororo Filmlexikon (1988) 6 Bde. Rowohlt, Reinbek

Rumler F (1990) Hochpolitische Angelegenheit – Die Tonträgerwaffe »Volksmusik« In: Spiegel 14: 307–314

Schäffer A (1989) Von der Faszination des Machbaren. Zweitlg. Dokumentation über Computergraphik und -animation. SFB/N3, 8. und 15.5.89

Schmitz R (1987) Der trommelnde Roboter. In: Keyboards 10: 38–42

Schneider NJ (1986) Handbuch Filmmusik. Musikdramaturgie im Neuen Deutschen Film. Ölschläger, München

SEK'D – Musiksoftware für den Amiga. Hochschule für Musik Carl Maria von Weber, Studio für elektronische Klangerzeugung. Dresden o.J.

SPIEGEL (1990) Tempolimit aufgehoben. 6: 260–262

SPIEGEL (1990) Aroma mit Format. 33: 190–192

SPIEGEL (1990) 600.000 TV-Stunden pro Jahr. 36: 288

SPIEGEL (1991) Kraftwerk: Robopop mit Doppelgängern. 43: 309

SPIEGEL (1991) Verföntes Mondkalb. 45: 335–339

SPIEGEL (1991) Wer soll uns im Wege stehen? 48: 262–271

Stationen der Moderne (1988) Die bedeutenden Kunstausstellungen des 20. Jhds. in Deutschland. Ausstellung der Berlinischen Galerie/Museum für moderne Kunst, Photographie und Architektur im Martin-Gropius-Bau, Berlin, 25.9.88 – 8.1.89. Ausstellungskatalog, 2. Aufl. Nicolai, Berlin

Stiftung Deutsche Kinemathek (Hrsg) (1977) Stummfilmmusik gestern und heute, Volker Spiess, Berlin

Stockhausen K (A) Gesang der Jünglinge/Kontakte. LP-Cover DGG 138811

Stockhausen K (B) Sternklang. LP-Cover DGG 2707123

Stockhausen K (1971) Texte zur Musik, Bd. 3 (1963–1970). DuMont, Köln

TAGESZEITUNG (5.2.92) New Kids verklagt. S 20

TAGESZEITUNG (6.9.90) Dataismus. S 17

Töteberg M (1985) Fritz Lang. Rowohlt, Reinbek

Volkmann B, Raddatz R-F (1982) Hans Richter: 1888–1976. Dadaist, Filmpionier, Maler, Theoretiker. Ausstellungskatalog. Frölich & Kaufmann, Berlin Zürich München

Weibel Peter (1987) Von der visuellen Musik zum Musikvideo In: Body V, Weibel P (Hrsg.) Clip, Klapp, Bum. Von der visuellen Musik zum Musikvideo. DuMont, Köln, S 53–165

Welz H (1991) Radiomax: Retter der Lokal-Radios? In: Radio-Welt 5: 17f

Wolff R (1991) Veni, vidi, video. In: ZeitMagazin 43: 82–93

Zounds (1992) »Intro«-Notiz. 2: 18

Sachverzeichnis

253

254

Namensverzeichnis

Titelverzeichnis

Springer-Verlag und Umwelt

Als internationaler wissenschaftlicher Verlag sind wir uns unserer besonderen Verpflichtung der Umwelt gegenüber bewußt und beziehen umweltorientierte Grundsätze in Unternehmensentscheidungen mit ein.

Von unseren Geschäftspartnern (Druckereien, Papierfabriken, Verpackungsherstellern usw.) verlangen wir, daß sie sowohl beim Herstellungsprozeß selbst als auch beim Einsatz der zur Verwendung kommenden Materialien ökologische Gesichtspunkte berücksichtigen.

Das für dieses Buch verwendete Papier ist aus chlorfrei bzw. chlorarm hergestelltem Zellstoff gefertigt und im ph-Wert neutral.